教育部人文社会科学研究专项任务项目（高校辅导员研究）"新时代劳模精神融入大学生劳动教育的路径研究"（20JDSZ3117）成果

浙江省哲学社会科学规划高校思想政治工作专项课题项目"讲好浙江故事：浙江精神融入高校教师思政工作研究"（18GXSZ007YB）成果

高校教师思想政治教育研究

熊红斌 王志军 著

中国社会科学出版社

图书在版编目(CIP)数据

高校教师思想政治教育研究 / 熊红斌, 王志军著. —北京: 中国社会科学出版社, 2023.12
ISBN 978-7-5227-2905-3

Ⅰ.①高… Ⅱ.①熊…②王… Ⅲ.①高等学校—教师—思想政治教育—研究—中国 Ⅳ.①G645.16

中国国家版本馆 CIP 数据核字(2023)第 246032 号

出 版 人	赵剑英
责任编辑	田 文
特约编辑	金 泓
责任校对	张爱华
责任印制	王 超

出　　版	中国社会科学出版社
社　　址	北京鼓楼西大街甲 158 号
邮　　编	100720
网　　址	http://www.csspw.cn
发 行 部	010-84083685
门 市 部	010-84029450
经　　销	新华书店及其他书店

印　　刷	北京明恒达印务有限公司
装　　订	廊坊市广阳区广增装订厂
版　　次	2023 年 12 月第 1 版
印　　次	2023 年 12 月第 1 次印刷

开　　本	710×1000　1/16
印　　张	15.5
插　　页	2
字　　数	263 千字
定　　价	88.00 元

凡购买中国社会科学出版社图书, 如有质量问题请与本社营销中心联系调换
电话:010-84083683
版权所有　侵权必究

前　言

百年大计，教育为本。教育承载着民族复兴、国家腾飞的希望，是一个民族最根本的事业。教育大计，教师为本。教师是立教之本、兴教之源，是人类灵魂的工程师，教师传道授业解惑，教书育人，承担着神圣的使命，作为传道者自己首先要明道、信道。高校教师要坚持教育者先受教育，努力成为先进思想文化的传播者、党执政的坚定支持者，更好地担起学生健康成长指导者和引路人的责任。2018年全国教育大会上明确提出"思想政治工作是学校所有工作的生命线"。高校教师思想政治建设对高等教育发展和社会主义事业发展具有重要意义，高校思想政治工作关系到立德树人、培根铸魂的根本任务。高校教师的思想政治素质如何直接影响着高校思想政治工作的成效。当前高校的思想政治工作主要是聚焦于学生，对于高校教师的思想政治工作尚未有特别有效的抓手。高校教师是高校思想政治工作的实施者，高校思想政治工作水平的高低是由高校教师的思想政治能力决定的。高校教师承担着培养社会主义建设者和接班人，办人民满意教育的重担，大学生的健康成长离不开教师的辛勤培育，教师的人格以及一言一行都具有巨大的教育价值，教师的人生观、世界观和价值观都对学生有着深远影响。习近平总书记2018年5月2日在北京大学师生座谈会上的讲话中指出："马克思主义是我们立党立国的根本指导思想，也是我国大学最鲜亮的底色。……我们的教育要培养德智体美全面发展的社会主义建设者和接班人……教师队伍素质直接决定着大学办学能力和水平……建设政治素质过硬、业务能力精湛、育人水平高超的高素质教师队伍是大学建设的基础性工作……教师思想政治状况具有很强的示范性。……让教师更好担当起学生健康成长指导者和引路人的责任。"①

  高校教师是高等教育中传播社会核心价值观的教育主体,他们的思想政治状况直接影响着广大学子,影响着高等教育的成效和国家未来的发展。高校教师思想政治工作不仅直接关系到社会主义高校"为谁培养人"和"培养什么样的人"这一核心问题,关系着高校的办学方向和育人效果,也是高校实现"立德树人"这一根本任务的重要保障。全国高校思想政治工作会议和全国教育大会召开后,高校教师思想政治工作进入了新的发展时期。党中央先后出台了《关于加强和改进新形势下高校思想政治工作的意见》《关于全面深化新时代教师队伍建设改革的意见》等一系列文件,将高校教师思想政治工作提到了前所未有的重要位置。

  然而,不可否认的是,当前部分人士对新时期高校教师思想政治工作的主要任务还存在一些模糊认识,高校教师思想政治工作也还存在一些共性的问题。高校教师思想政治素质参差不齐,部分教师思想政治素质低下,严重影响大学生思想政治素质的提高和培养。有些教师面临着来自生活和工作中的各种压力,同时容易受到西方资产阶级社会意识形态的影响。首先,我国改革开放进入不断深化的重要转型期,处于社会矛盾多发、价值观多元化的时期,传统的价值观念和主流意识不断受到冲击。其次,全球化的浪潮和互联网的发展,又让西方民主意识,资本主义思想文化随着我国改革开放的深入而扎根发芽,再加上高等学校本身思想政治素质建设的弱化,使得拜金主义和个人主义盛行,部分教师重享受轻奋斗、重物质轻精神,政治观念淡化,爱国情结薄弱,缺乏政治信仰。鉴于此种情况,提高高校教师的思想政治素质,加强教师思想政治素质建设,成为我国高校始终坚持社会主义办学方向、培养德智体美劳全面发展的大学生不容忽视的环节,对于我国高等教育事业的发展具有重要意义。现阶段,我们要结合高校工作的实际情况,充分认识高校教师思想政治教育工作的重要性,加强高校教师的思想政治工作,促进教师坚守正确的成长方向,提供教师成长道路上需要的资源,解决教

---

① 习近平:《在北京大学师生座谈会上的讲话》,人民出版社 2018 年版,第 4、6、7、8 页。

师成长中遇到的问题，促进教师的成长发展，从而提升教师队伍整体的政治素质、能力素质等，促进教师队伍的可持续发展，不断提高育人质量。

本书将目光聚焦于高校教师的思想政治现状，希望通过分析新时期高校教师思想政治工作的主要任务，梳理当下高校教师思想政治工作普遍存在的共性问题，审视产生这些问题的根本原因，最终提出解决这些问题的对策，期望能够对我国高校教师思想政治工作有所裨益。然而，高校教师思想政治工作是一个系统工程。因此，开展该项研究对我们来说，既有无限动力，也更加充满挑战。

值得庆幸的是，由于工作便利的原因，这些年坚持开展相关研究并积累了不少第一手调研资料，期间也有机会系统考察一些高校在教师教育管理及培养服务等方面的有效做法，收获了不少启迪和思考。督促我们在开展实际工作的同时，能够进一步集中精力，在党和国家高度重视高校教师思想政治工作的新形势、新要求和新期待下，完成预期研究目标，在大家比较熟悉的领域里找到共识的东西，为高校教师思想政治工作有效性的提升、为高校人才培养尽一份绵薄之力。

目 录

第一章 我国高校教师思想政治教育的发展历程及经验启示 ………（1）
  第一节 我国高校教师思想政治教育的发展历程 ……………（2）
  第二节 我国高校教师思想政治教育的经验和启示 …………（14）

第二章 新时代高校教师思想政治教育的内涵 ………………（19）
  第一节 新时代高校教师思想政治教育的特性 ………………（19）
  第二节 高校教师思想政治教育的重要意义 …………………（24）
  第三节 新时代高校教师思想政治工作的内涵与要求 ………（27）

第三章 高校教师思想政治教育的相关理论 …………………（31）
  第一节 马克思主义经典作家关于思想政治教育的论述 ……（31）
  第二节 中国共产党主要领导人关于思想政治教育的论述 ……（36）
  第三节 新世纪新阶段思想政治工作创新和发展的理论
        基础 ……………………………………………………（44）

第四章 高校教师思想政治教育的知识借鉴 …………………（50）
  第一节 中国共产党思想政治工作的知识借鉴 ………………（50）
  第二节 高校教师思想政治教育对相关学科知识借鉴 ………（55）

第五章 高校教师思想政治教育现状的调查分析 ……………（69）
  第一节 调查问卷与访谈实施概况 ……………………………（69）
  第二节 大学生对高校教师的认同度的实证分析 ……………（70）

第三节 高校教师思想政治状况的实证分析 …………………（83）
第四节 高校教师思想政治教育取得的基本经验 ……………（95）
第五节 高校教师思想政治教育存在的问题 …………………（96）
第六节 高校教师思想政治教育存在问题的原因分析 ………（101）
第七节 高校教师思想政治教育改进措施 ……………………（107）

第六章 高校教师思想政治教育的目标和任务 …………………（109）
第一节 高校教师思想政治教育的根本目标 …………………（109）
第二节 高校教师思想政治教育的主要任务 …………………（113）

第七章 高校教师思想政治教育的要求 …………………………（117）
第一节 高校教师思想政治教育基本要求 ……………………（117）
第二节 高校教师思想政治教育主体要求 ……………………（119）
第三节 高校教师思想政治教育需要处理好几种关系 ………（121）

第八章 加强高校教师思想政治教育引导 ………………………（126）
第一节 强化高校教师政治理论学习 …………………………（126）
第二节 加强自身修养提高政治素养 …………………………（129）
第三节 开展高校教师理想信念教育 …………………………（132）

第九章 强化党的思想引领 ………………………………………（137）
第一节 加强高校教师党员队伍建设的重要意义 ……………（138）
第二节 高校教师党员队伍建设存在的问题 …………………（139）
第三节 加强高校教师党员教育的重要举措 …………………（140）

第十章 深化高校教师师德师风建设 ……………………………（146）
第一节 创新高校教师师德师风建设形式 ……………………（146）
第二节 建立健全高校教师师德建设长效机制 ………………（148）
第三节 完善高校教师师德师风建设领导体制和工作机制 ……（150）

第十一章 拓宽高校教师思想政治教育途径 (156)
- 第一节 地方精神文化融入高校教师思想政治教育 (156)
- 第二节 大学精神融入高校教师思想政治教育 (170)
- 第三节 创业教育融入高校教师思想政治教育 (171)
- 第四节 微学分素质教育课程融入高校教师思想政治教育 (172)
- 第五节 劳动教育融入高校教师思想政治教育 (174)
- 第六节 创新高校教师网络思想政治教育 (175)

第十二章 着力解决高校教师的实际困难 (178)
- 第一节 加强对高校教师的人文关怀 (178)
- 第二节 着力解决高校教师待遇问题 (179)
- 第三节 关注高校教师心理健康 (180)
- 第四节 搭建高校教师成长发展平台 (181)

第十三章 强化高校教师思想政治教育的组织领导 (186)
- 第一节 完善高校教师思想政治工作体系和工作机制 (186)
- 第二节 落实高校教师思想政治教育基础保障 (188)

第十四章 增强新时代高校教师思想政治工作实效性 (199)
- 第一节 新时代高校教师思想政治工作的实效性现状 (200)
- 第二节 新时代高校教师思想政治工作实效性不强的成因分析 (202)
- 第三节 新时代增强高校教师思想政治工作实效性的途径 (205)
- 第四节 新时代增强高校教师思想政治工作实效性成功经验的个案分析 (209)

第十五章 新时代高校教师思想政治工作的现实困境与路径选择 (213)
- 第一节 新时代高校教师思想政治工作的现实困境 (214)
- 第二节 当前高校教师思想政治工作陷入困境的原因 (216)

第三节　高校教师思想政治教育工作的路径选择 …………（219）

结　语 ……………………………………………………（229）

参考文献 …………………………………………………（230）

后　记 ……………………………………………………（240）

第一章

我国高校教师思想政治教育的发展历程及经验启示

"思想政治工作"是一个高频词，内涵十分丰富。1983年7月，《国营企业职工思想政治工作纲要（试行）》，首次从理论上对思想政治工作的概念进行了明确，指出"职工思想政治工作主要是指职工的思想政治教育，是党的政治工作的一个组成部分，但不是政治工作的全部"[1]。一般认为，"教师思想政治工作包括教师思想政治教育、教师日常的思想政治工作和教师管理工作，涉及政治教育、思想教育、道德教育、心理教育及促进教师全面发展等多方面内容"[2]。

新中国刚成立的时候，高校教师思想政治工作主要是让高校知识分子为国家建设事业服务。1953年3月颁布的《关于目前高等学校教学改革的情况与问题的报告》指出："必须加强对教师的思想政治领导，达到政治与业务水平不断提高并相互结合。"在建设社会主义时期，高校教师思想政治工作主要是以"又红又专"为目标培养教师队伍。《中华人民共和国教育部直属高等学校暂行工作条例（草案）》于1961年9月颁布，提出"高等学校必须继续努力培养又红又专的教师队伍"，这在当时的高校教师思想政治工作中具有方向性意义。"'文化大革命'时期，高校思想政治工作以阶级斗争为纲，使得这一时期的高校教师思想政治工作，在指导思想、方针原则和内容方法上出现了根

---

[1] 李传华等：《中国思想政治工作全书》上卷，中国人民大学出版社1990年版，第340页。
[2] 郝文斌：《高校教师思想政治工作实证研究——以黑龙江75所高校为例》，博士学位论文，哈尔滨师范大学，2010年。

本性、全局性的错误。"① 党的十一届三中全会后，高校教师思想政治工作快速发展。1978年4月，在全国教育工作会议上邓小平提出，"毫无疑问，学校应该永远把坚定正确的政治方向放在第一位"②。1989年6月，十三届四中全会召开以后，高校教师思想政治工作主要是"加强教师教育工作，提高教师职业道德水平"。2002年9月，在庆祝北京师范大学建校100周年大会上江泽民同志提出，"广大教师，要率先垂范，做先进生产力和先进文化发展的弘扬者、推动者，做青少年学生健康成长的指导者、引路人，努力成为无愧于党和人民的人类灵魂的工程师"。2010年7月13日，胡锦涛同志在全国教育工作会议上指出，"教育大计，教师为本。要把加强教师队伍建设作为教育事业发展最重要的基础工作来抓，充分信任、紧密依靠广大教师，进一步激发和保护他们投身教育改革创新、推动教育事业发展的积极性、主动性、创造性，着力提升教师素质、优化队伍结构，着力加强中青年教师和创新团队建设，健全教师管理制度，努力造就一支师德高尚、业务精湛、结构合理、充满活力的高素质专业化教师队伍"③。2011年12月，教育部印发《高等学校教师职业道德规范》，从爱国守法、敬业爱生、教书育人、严谨治学、服务社会、为人师表六个方面，对高校教师职业责任、道德原则及职业行为提出了要求。

第一节　我国高校教师思想政治教育的发展历程

我国高校教师思想政治工作的发展历程，按时间顺序可初步划归三个阶段。

一　党的十一届三中全会前的探索阶段（1949—1978）

党的十一届三中全会前高校教师思想政治工作在曲折中前进，既有

---

① 康秀云、郗厚军：《新中国70年高校教师思想政治工作的历程与经验》，《贵州省党校学报》2019年第6期。
② 《邓小平文选》第2卷，人民出版社1994年版，第104页。
③ 《胡锦涛文选》第3卷，人民出版社2016年版，第425—426页。

经验也有教训。

（一）新中国成立初期的高校教师思想政治工作

1. 引导高校知识分子积极投身新中国建设事业

高等教育要积极推动经济、文化事业的发展。其中，"要改变中国经济文化的落后面貌，必须把知识分子团结在党和人民政府周围，充分利用他们的科学文化知识为新中国建设事业服务"①。1949年12月，时任教育部副部长钱俊瑞在第一次全国教育工作会议上指出，"对新区学校安顿以后的主要工作，是有计划、有步骤地在教师和学生中进行政治与思想教育，其主要目的乃是逐步地建立革命的人生观"②。1950年6月，毛泽东提出要"有步骤地谨慎地进行旧有学校教育事业和旧有社会文化事业的改革工作，争取一切爱国的知识分子为人民服务"③。1953年3月，政务院颁布《关于目前高等学校教学改革的情况与问题的报告》，强调要"团结、改造与提高旧有教师，大力培养新师资。首先，必须加强对教师的思想政治领导，达到政治与业务水平不断提高并相互结合"④。可见，我们党注重高校知识分子思想改造工作，引导他们为国家和人民服务。

2. 设置课程以提升知识分子理论水平

1950年6月，毛泽东指出，"对知识分子，要办各种训练班，办军政大学、革命大学，要使用他们，同时对他们进行教育和改造。要让他们学社会发展史、历史唯物论等几门课程"⑤。1952年10月，教育部制定了《关于全国高等学校马克思列宁主义、毛泽东思想课程的指示》，规定在全国高校要开设《辩证唯物论和历史唯物论》《政治经济学》等必修课程。此外，也有的高校组织了教师寒暑假学习会、教师培训班和业余学习小组，一起学习《新民主主义论》《社会发展史》《共同纲领》等理论和时事政策，把高校教师的政治课在思想政治工作中的主渠道地位提升了，这样高校教师就可以牢牢掌握马克思主义思

---

① 《中国共产党历史（1949—1978）》第2卷（上），中共党史出版社2011年版，第155页。
② 《中国教育年鉴（1949—1981）》，中国大百科全书出版社1984年版，第685页。
③ 《毛泽东文集》第6卷，人民出版社1999年版，第71页。
④ 《中国教育年鉴（1949—1981）》，中国大百科全书出版社1984年版，第359页。
⑤ 《毛泽东文集》第6卷，人民出版社1999年版，第74页。

想武器。

3. 参加实践以提高政治觉悟

高校教师在党的领导下，积极参加有目的的政治运动，在实践中使他们接受教育，增强斗争本领。如在抗美援朝运动中接受爱国主义和国际主义教育，在土地改革运动中进行反封建思想洗礼，在镇压反革命运动中受到巩固人民民主专政教育，在"三反""五反"运动中增强抵制资产阶级腐朽思想侵蚀能力，在思想改造过程中提高政治觉悟，在实践中提升科学文化素质。

4. 基本形成政治教育工作体制

1950年5月，《高等学校暂行规程》指明大学及专门学院采取校（院）长负责制，其中一个重要职责就是领导"全校（院）教师、学生、职员、工警的政治学习"。1952年10月，教育部颁发《关于在高等学校有重点地试行政治工作制度的指示》，指出要在高校设立政治辅导处，配备政治辅导员负责实施高校师生的政治理论教育工作。1955年3月，全国学校教育工作座谈会明确党委对学校教育工作的领导和监督，强调学校领导和党、团对师生共产主义道德教育肩负重大责任。1955年12月，中央发布《关于配备高等学校政治工作干部的指示》，强调要"调整党委书记、人事处长等政治工作领导骨干，把党团组织和人事、保卫等政工部门充实起来，以增强高校政治工作的力量"①。经过几年的发展，高校教师思想政治工作基本形成党委统一领导、校长负责以及各级党团组织分工配合的工作体制。

(二) 全面建设社会主义时期的高校教师思想政治工作

1. 提出高校知识分子要树立无产阶级的世界观

在世界形势复杂多变、国内社会经济深刻变化的时期，毛泽东深刻指出，"在知识分子和青年学生中间，最近一个时期，思想政治工作减弱了，出现了一些偏向。在一些人的眼中，好像什么政治，什么祖国的前途、人类的理想，都没有关心的必要。好像马克思主义行时了一阵，现

---

① 王树荫、王炎：《新中国思想政治教育史纲（1949—2009）》，人民出版社2010年版，第127页。

在就不那么行时了。针对着这种情况,现在需要加强思想政治工作"①,尤其是"要加强学校政治思想教育"②。应当看到,"广大的知识分子虽然已经有了进步,但是不应当因此自满。为了充分适应新社会的需要,为了同工人农民团结一致,知识分子必须继续改造自己,逐步地抛弃资产阶级的世界观而树立无产阶级的、共产主义的世界观"③。因此,高校教师思想政治工作需要不断加强,"除了学习专业之外,在思想上要有所进步,政治上也要有所进步,这就需要学习马克思主义,学习时事政治。没有正确的政治观点,就等于没有灵魂"④。

2. 思想和业务都强的角色目标定位

1957 年 2 月,毛泽东强调:"我们的教育方针,应该使受教育者在德育、智育、体育几方面都得到发展,成为有社会主义觉悟的有文化的劳动者。"⑤ 1961 年 9 月,《中华人民共和国教育部直属高等学校暂行工作条例(草案)》颁布实施,明确规定高等学校必须继续努力培养又红又专的教师队伍,这是这一时期高校教师思想政治工作的发展方向,提出"红"与"专"的目标,就是要通过加强高校教师思想政治工作,使教师在思想上始终与党中央保持高度一致,在业务上达到"精"的水平。

3. 进一步明确了马克思主义理论教育的内容

1957 年 3 月,毛泽东指出:"在知识分子当中提倡学习马克思主义是很有必要的,要提倡大家学他十年八年,马克思主义学得多了,就会把旧思想推了出去。"⑥ 高校知识分子在"过去几年,他们受了一些马克思主义的教育,有些人并且很用功,比以前大有进步。但是就多数人来说,用无产阶级世界观完全代替资产阶级世界观,那就还相差很远"⑦,这是因为一个人要形成马克思主义的世界观并非一日之功,

---

① 《毛泽东文集》第 7 卷,人民出版社 1999 年版,第 226 页。
② 《毛泽东文集》第 7 卷,人民出版社 1999 年版,第 247 页。
③ 《毛泽东文集》第 7 卷,人民出版社 1999 年版,第 225 页。
④ 《毛泽东文集》第 7 卷,人民出版社 1999 年版,第 226 页。
⑤ 《毛泽东文集》第 7 卷,人民出版社 1999 年版,第 226 页。
⑥ 《毛泽东文集》第 7 卷,人民出版社 1999 年版,第 261 页。
⑦ 《毛泽东文集》第 7 卷,人民出版社 1999 年版,第 271 页。

只有久久为功才可能形成。1958年9月,中共中央国务院在《关于教育工作的指示》中明确提出要在高校中进行马克思列宁主义的政治教育和思想教育,培养广大高校师生工人阶级的群众观点、劳动观点和辩证唯物主义观点。

4. 运用多种教育方法

一是说服教育法。毛泽东指出:"知识分子的问题首先是思想问题,对于思想问题采取粗暴的办法、压制的办法,那是有害无益的。知识分子的改造,特别是他们的世界观的改变,要有一个长时期的过程。我们的同志一定要懂得,思想改造的工作是长期的、耐心的、细致的工作,不能企图上几次课,开几次会,就把人家在几十年生活中间形成的思想意识改变过来。要人家服,只能说服,不能压服。"① 二是榜样教育法。运用榜样人物的先进事迹教育引导教师向榜样人物学习,如"为人民服务"的雷锋,"心中装着兰考人民"的焦裕禄,"不惜放弃北大,执意回乡务农"的董加耕,高校教师的思想和行为深深受到这一系列榜样人物的影响。三是实践教育法。1958年1月,毛泽东在《工作方法六十条(草案)》中提出"一切农业学校除了在自己的农场进行生产,还可以同当地的农业合作社订立参加劳动的合同,并且派教师住到合作社去,使理论和实际结合"②。1964年9月,中共中央、国务院就"高等学校文科脱离实际的倾向十分严重,资产阶级的和修正主义的思想影响相当普遍"的判断,发出《关于组织高等学校文科师生参加社会主义教育运动的通知》。《通知》指出:"今后的方向,是使文科院校附设工厂或迁到农场,办成半工半读或半耕半读的学校。必须抓紧组织高校师生参加社会主义教育运动,使他们在实际斗争中接受教育和锻炼,提高社会主义觉悟,改造世界观。"

(三)"文化大革命"时期的高校教师思想政治工作

一方面,"文化大革命"时期歪曲和破坏了高校教师思想政治工作。这一时期党的思想政治工作的指导思想是"以阶级斗争为纲",中

---

① 《毛泽东文集》第7卷,人民出版社1999年版,第279页。
② 《毛泽东文集》第7卷,人民出版社1999年版,第360页。

心任务是搞政治运动，对社会主义基本矛盾的把握不当，没有抓住社会主义建设时期的主要矛盾，没有处理好敌我矛盾和人民内部矛盾。因而，这个时期的高校教师思想政治工作在指导思想、路线方针、基本原则和方式方法上出现了比较大的错误。如唯心主义盛行颠覆了思政工作的理论基础，阶级斗争运动扩大化影响了教师工作的内容和方法，煽动"甩开党委领导"动摇了教师工作的组织基础，流行"假、大、空"破坏了教师工作的优良传统，一些高校教师"在这种长期的不利的社会环境下，不再有能力，也不再奢望自己保持作为全社会的良知和引路人的形象，形成了心态与自我意识的偏差，对自己的定位和社会价值处于彷徨、迷惑之中"①。另一方面，"文化大革命"时期，正义与反动的斗争一直都没有停止。正是无产阶级革命家和群众的顽强斗争和抵制，广大高校教师也是顶住压力、坚决斗争，保护了学校的教学设施，等等，这些贡献对教育工作来说是难能可贵的。

二 实施改革开放以来的推进发展阶段（1978—2012）

党的十一届三中全会作出重大决策，确定了正确的思想路线，实施改革开放，开创了社会主义现代化建设新局面。伴随这一变革历程，我国高校教师思想政治工作步入改革推进期。

（一）高校教师思想政治工作的恢复发展

1. 进行拨乱反正

一是妥善处理冤假错案。1979年3月，党中央撤销对教育战线上"两个估计"的错误定性，摘掉强加在教师头上的"资产阶级知识分子"帽子，肯定广大教师是认真执行党的教育方针的好老师。随后，党中央对被错误划为右派的高校教师给予复查纠正，平反了一批冤假错案。如，"截止1984年，上海市在7年里共平反了1373件高等学校的冤假错案。黑龙江省共为高等学校中涉及冤假错案的3472人平反昭雪"②。二是明

---

① 林樟杰：《高等学校教育工作新认知》，上海教育出版社2009年版，第189页。
② 改革开放以来的教育发展历史性成就和基本经验研究课题组：《改革开放30年中国教育重大历史事件》，教育科学出版社2008年版，第23页。

确教育发展方向。1979年5月,《人民教育》刊登《按照教育工作的客观规律来办高等学校》的文章,指出"在现阶段,教育就是要为我国社会主义四个现代化服务",明确要坚持"又红又专"的社会主义教育事业方向。1978年4月,邓小平在全国教育工作会议上提出,"我们的学校是为社会主义建设培养人才的地方","毫无疑问,学校应该永远把坚定正确的政治方向放在第一位","必须培养具有高度科学文化水平的劳动者,必须造就宏大的又红又专的工人阶级知识分子队伍"。①

2. 开展"反对资产阶级自由化"的教育

资产阶级自由化这股思潮是要把我们引导到资本主义方向。高校教师群体中受到资产阶级自由化思潮的影响,"知识分子中出现了极少数以骂共产党、骂社会主义出名的所谓'精英'。他们已经自己撕去'爱国'、'民主'的外衣"②,崇拜西方的自由和民主。一些高校教师的理想信念出了问题,对中国的社会主义道路产生了质疑,还有少数高校教师煽动学生闹事,搞资产阶级自由化。党提出了"各级党委和学校的党组织,应该热情地关心和帮助教师思想政治上的进步,帮助他们认真学习马克思列宁主义、毛泽东思想,使更多的人牢固地树立起无产阶级的共产主义的世界观"③。

3. 确立了以教育帮助为主的原则

邓小平指出,"学校中清洗了一些有政治问题的人是必要的,但处理要非常慎重,因为这些人往往就是民族中的上层分子,甚至其中全部是上层分子,所以在处理时需要非常慎重"④;"至于他们身上还存在着的缺点错误,那是教育、帮助的问题,要用批评和自我批评的方法来解决。没有缺点错误的人是没有的"⑤。邓小平认为:"对于犯了错误的人,有的需要有适当的惩处。但不要强调惩处,要强调帮助,

---

① 《邓小平文选》第2卷,人民出版社1994年版,第103—104页。
② 《江泽民文选》第1卷,人民出版社2006年版,第61页。
③ 《邓小平文选》第2卷,人民出版社1994年版,第109页。
④ 《邓小平文集(一九四九——一九七四年)》(上),人民出版社2014年版,第386页。
⑤ 《邓小平文选》第2卷,人民出版社1994年版,第93页。

满腔热情地帮助他们改正错误,帮助他们进步。"① 在党中央的领导下,高校积极响应,迅速在教师中开展思想政治教育。

(二) 高校教师思想政治工作的改革发展

十三届四中全会以后,我国进入改革开放新时期,党的第三代中央领导集体特别重视学校思想政治工作,高校教师思想政治工作也在不断加强和改进。

1. 做人类灵魂的工程师

1999年8月,教育部印发《关于新时期加强高等学校教师队伍建设的意见》,提出要"加强教师教育工作,提高教师职业道德水平"②。2002年9月,江泽民在庆祝北京师范大学建校一百周年大会上指出,"我国广大教师要率先垂范,做先进生产力和先进文化发展的弘扬者、推动者,做青少年学生健康成长的指导者、引路人,努力成为无愧于党和人民的人类灵魂的工程师"③,并对教师提出"三点希望",即做到"志存高远、爱国敬业","为人师表、教书育人","严谨笃学、与时俱进",为高校教师思想政治工作目标定位提供了价值依循。

2. 凸显辩证唯物主义教育内容

为深入开展揭批"法轮功"斗争以厘清马克思主义唯物论与唯心论、无神论与有神论、科学与迷信的界限,各高校在广大师生中开展了马克思主义唯物论和无神论的教育。如,1999年8月,教育部印发《关于开学后在高校深入开展揭批"法轮功"斗争进一步做好教育工作和稳定工作的通知》;2001年2月,教育部等部门印发《关于在各级各类学校广泛开展"校园拒绝邪教"活动的通知》。这些《通知》要求,教师一定要为人师表、先行一步,在思想政治上、道德品质上和学识学风上,全面以身作则,自觉做崇尚科学、遵纪守法、破除迷信、抵制邪教的表率。

---

① 《邓小平文选》第2卷,人民出版社1994年版,第51页。
② 《关于新时期加强高等学校教师队伍建设的意见》,《中华人民共和国国务院公报》2000年第5期。
③ 《江泽民文选》第3卷,人民出版社2006年版,第501页。

3. 创新教师思政教育工作的方式方法

一是用正确的思想方法把握现实形势。对思想政治领域的问题需要用正确的思维方式来指导，防止片面性、唯心主义的思维模式。二是解疑释惑与解决实际问题相结合。要从教师最关心、与教师利益最密切的问题入手，把各方面工作做到教师心坎上。三是讲求方式方法。如利用互联网等多种形式吸引高校教师学习马克思主义理论。四是开展系列思政教育活动。如开展"三讲教育"、反对"法轮功"主题教育及精神文明建设活动。五是建立法律法规。1993年《中华人民共和国教师法》规定要"加强教师的思想政治教育和业务培训"。

(三) 高校教师思想政治工作的全面推进

1. 注重师德建设的价值导向

2010年7月13日，胡锦涛同志在全国教育工作会议上指出，新时期要"努力造就一支师德高尚、业务精湛、结构合理、充满活力的高素质专业化教师队伍"①，这给做好高校教师思想政治工作提出了重要价值导向。早在2004年10月，中共中央、国务院就印发了《关于进一步加强和改进大学生思想政治教育的意见》，《意见》指出："教师要提高师德和业务水平，爱岗敬业，教书育人，为人师表，以良好的思想政治素质和道德风范影响和教育学生。"② 2007年8月，胡锦涛在全国优秀教师代表座谈会上对广大教师提出"四点希望"，即"爱岗敬业、关爱学生"，"刻苦钻研、严谨笃学"，"勇于创新、奋发进取"，"淡泊名利、志存高远"。③ 2011年12月，教育部印发了《高等学校教师职业道德规范》，"从爱国守法、敬业爱生、教书育人、严谨治学、服务社会、为人师表六个方面，对高校教师职业责任、道德原则及职业行为提出了要求"。

2. 加强高校教师思想政治教育

一是加强高校教师理想信念教育。加强理想信念教育，用共同理想团结和凝聚高校教师。二是开展中国特色社会主义相关理论教育。

---

① 《胡锦涛文选》第3卷，人民出版社2016年版，第425—426页。
② 《进一步加强和改进大学生思想政治教育》，《人民日报》2004年10月16日第1版。
③ 胡锦涛：《在全国优秀教师代表座谈会上的讲话》，《人民日报》2007年9月2日第1版。

通过开展马克思主义中国化最新成果进高校教师头脑工作，让高校教师了解和把握党的最新理论。三是开展爱国主义教育。如以弘扬航空航天精神为主题的爱国主义教育，广大教师能够深刻认识到航空航天事业对加快我国社会主义现代化事业建设、提升综合国力以及提升国际地位的战略意义。四是开展教师职业道德教育。根据高校教师师德内容要求，大力开展廉洁教育和社会主义核心价值教育融入高校师德建设中的活动，在高校教师岗前教育中加强学术道德和学术规范教育。五是开展形势与政策教育。开展国际国内形势教育，我国政府的原则立场教育，党的基本理论教育，国家发展基本经验、成就教育等。

3. 拓展了学科专业支撑

长期以来教师思想政治工作缺乏学理支撑。随着教师师德建设研究兴起，这一情况在 21 世纪初期得到明显改善。2005 年 1 月，教育部印发《关于进一步加强和改进师德建设的意见》，"明确对教师师德建设的总体要求、主要任务、主要措施等问题进行了详细说明，随之在高校兴起师德建设研究热潮"[①]；2005 年 12 月，教育部等部门印发《关于调整增设马克思主义理论一级学科及所属二级学科的通知》，"新设马克思主义理论一级学科及下属五个二级学科"[②]；2008 年教育部又增设"中国近现代史基本问题研究"二级学科。这些为新时期研究和开展高校教师思想政治工作拓展了学科边界和专业支撑力量。

三 党的十八大以来创新发展提升阶段（2012 年至今）

党的十八大以来，党中央从全局和战略高度回答了高校教师思想政治工作的若干重大问题，作出了一系列重要决策部署。在党的指导下，各高校采取有力措施，积极主动开展工作。

（一）出台一系列政策文件进行全局性部署

2013 年 5 月，教育部等部门颁布《关于加强和改进高校青年教师

---

① 教育部：《关于进一步加强和改进师德建设的意见》，2005 年 1 月 13 日。
② 《马克思主义理论研究和建设工程工作会议发言摘编（二）》，《人民日报》2012 年 6 月 8 日第 1 版。

思想政治工作的若干意见》，提出要"加强高校教师队伍建设，提高教师思想政治素质"①。2014年9月，教育部颁布《关于建立健全高校师德建设长效机制的意见》，指出要"大力加强和改进师德建设，对建立健全高校师德建设长效机制的原则要求、主要措施、机制保障、责任主体作了细致说明和详细部署，并提出高校师德'红七条'的底线"②。2017年8月，教育部印发《关于加强新形势下高校教师党支部建设的意见》，指明要"突出抓好党支部教师教育工作，把加强教师理想信念教育作为党支部工作的首要任务"③。2018年1月，教育部印发《关于全面落实研究生导师立德树人职责的意见》，"对强化研究生导师政治素质过硬、师德风尚高尚、业务素质精湛的基本素质要求以及明确研究生导师立德树人职责作出具体阐释和规定"④。2018年1月，中共中央、国务院印发《关于全面深化新时代教师队伍建设改革的意见》，强调要"着力提升思想政治素质，全面加强师德师风建设"⑤。2018年11月，教育部印发《新时代高校教师职业行为十项准则》⑥和《关于高校教师师德失范行为处理的指导意见》⑦。2019年4月，教育部印发《普通高等学校思想政治理论课教师队伍培养规划（2019—2023年）》的通知。⑧这些关于高校的政策文件对做好新时期高校教师思想政治工作具有十分重要指导意义。

（二）明确高校教师思想政治工作的目标是培养大国良师

按照习近平总书记对高校教师队伍建设的部署，教育部党组明确提

---

① 中共教育部党组：《关于加强和改进高校青年教师思想政治工作的若干意见》，2013年5月17日。
② 教育部：《关于建立健全高校师德建设长效机制的意见》，2014年9月30日。
③ 中共教育部党组：《关于加强新形势下高校教师党支部建设的意见》，2017年8月2日。
④ 教育部：《关于全面落实研究生导师立德树人职责的意见》，2018年1月18日。
⑤ 《关于全面深化新时代教师队伍建设改革的意见》，《人民日报》2018年1月20日第1版。
⑥ 教育部：《新时代高校教师职业行为十项准则》，2018年11月14日。
⑦ 教育部：《关于高校教师师德失范行为处理的指导意见》，2018年11月14日。
⑧ 教育部：《普通高等学校思想政治理论课教师队伍培养规划（2019—2023年）》，2019年4月18日。

出要"努力培养造就堪当民族复兴大任的大国良师"①。根据这一目标，高校教师要"努力成为先进思想文化的传播者、党执政的坚定支持者，更好担起学生健康成长指导者和引路人的责任"②。一是积极做到高等教育"四为服务"。新时代高等教育的使命就是"为人民服务，为中国共产党治国理政服务，为巩固和发展中国特色社会主义制度服务，为改革开放和社会主义现代化建设服务"③。可见，教育的使命同党、国家的使命密切相关、融为一体。"四为服务"既有思想高度也有战略高度，高校教师应以这一要求为基准，做高等教育事业发展的贡献者。二是做人民满意的"四有好老师"。每一位高校教师都在认真思考和探索怎样才能成为一名优秀的好老师这一问题。成为一名优秀的好老师也是每一位高校教师的价值追求。对此，习近平总书记在与北京师范大学师生代表进行座谈时明确提出了做"四有好老师"的标准，即"'有理想信念'、'有道德情操'、'有扎实学识'、'有仁爱之心'"④。三是做学生成长的"四个引路人"。当前，国际竞争越来越激烈，人才资源的潜在力量和后发优势越发明显，我们对高质量教育的需求和渴望比以往任何时候更加迫切，这就要求高校教师更加要落实立德树人根本任务"做学生锤炼品格的引路人，做学生学习知识的引路人，做学生创新思维的引路人，做学生奉献祖国的引路人"⑤，担当起中华民族筑梦人的历史使命。四是做"六要"践行者。2019年3月，习近平总书记在学校思政课教师座谈会上强调，"思政课教师要做到'政治要强'、'情怀

---

① 中共教育部党组：《努力培养造就堪当民族复兴大任的大国良师》，《求是》2018年第4期。
② 《把思想政治工作贯穿教育教学全过程　开创我国高等教育事业发展新局面》，《人民日报》2016年12月8日第1版。
③ 《把思想政治工作贯穿教育教学全过程　开创我国高等教育事业发展新局面》，《人民日报》2016年12月8日第1版。
④ 习近平：《做党和人民满意的好老师——同北京师范大学师生代表座谈时的讲话》，《人民日报》2014年9月10日第1版。
⑤ 习近平：《全面贯彻落实党的教育方针努力把我国基础教育越办越好——在北京市八一学校考察时的讲话》，《人民日报》2016年9月10日第1版。

要深'、'思维要新'、'视野要广'、'自律要严'、'人格要正'"①,这为教师角色定位提供了价值遵循。

（三）持续强化对高校教师的价值引领

一是高校教师要有理想有信念。"老师肩负着培养下一代的重要责任。正确理想信念是教书育人、播种未来的指路明灯。不能想象一个没有正确理想信念的人能够成为好老师"②。二是高校教师在教书育人的过程中要体现社会主义核心价值观，准确理解和把握社会主义核心价值观的内涵和实践要求，内化于心、外化于行。三是高校教师要增强文化自信，不断增强自己对中华优秀传统文化和社会主义先进文化的认同。

（四）积极推动高校教师思想政治工作改革创新

一是结合高校教师思想实际开展工作。思政教育者正在积极转变高校教师思想政治工作理念，从教师的思想实际出发，建立了领导联系教师和谈心谈话制度，及时掌握教师思想状况和有关诉求。二是创新教育工作方式方法。高校可以积极主动利用好网络教育工作阵地，加强高校网络道德建设，教育引导高校教师正确使用网络工具，注重网络言行的法律意识，有效应对舆论事件，形成良好的网上舆论氛围。三是开展主题教育和实践活动。如组织开展"爱国主义"主题教育活动、"暑期社会实践考察活动"、教师团队创建活动等。

第二节　我国高校教师思想政治教育的经验和启示

一　坚持围绕党的中心工作育人育才

党的思想政治工作具有围绕党的中心任务开展工作的优良传统。围绕什么中心来开展高校教师思想政治工作，这并不能任意选择，其确立的基本原则主要有两点：一是国家当前的根本任务以及党的中心工作；

---

① 张烁：《用新时代中国特色社会主义思想铸魂育人贯彻党的教育方针落实立德树人根本任务》，《人民日报》2019年3月19日第1版。

② 习近平：《做党和人民满意的好老师——同北京师范大学师生代表座谈时的讲话》，《人民日报》2014年9月10日第1版。

二是国家教育的培养目标。新中国成立以来，我国高校立足于自身实际工作，紧紧围绕办学治校、育德育才这个中心，聚焦改革稳定的大局开展工作，不断提升开展高校教师队伍思想政治工作的能力和水平，调动了广大高校教师参与国家建设的热忱和激情，充分发挥了教师导向、激励和育人功能。高校教师责任重大、使命光荣。历史经验表明，高校教师工作如果偏离了国家的教育目标、党的教育方针所明确的根本要求，就容易出现发展方向上的偏差，也培养不好社会主义建设者和可靠接班人。要始终围绕办学育人这个高等教育的中心工作开展高校教师思想政治工作，夯实党长期执政的基础，服务于国家实现富强，服务于民族实现复兴，不断满足人民对高等教育的诉求。

二 坚持教育者先受教育的理念

马克思提出，"有一种唯物主义学说，认为人是环境和教育的产物，因而认为改变了的人是另一种环境和改变了的教育的产物，——这种学说忘记了：环境正是由人来改变的，而教育者本人一定是受教育的"[①]。毛泽东指出，"我们的文学艺术家，我们的科学技术人员，我们的教授、教员，都在教人民，教学生。因为他们是教育者，是当先生的，他们就有一个先受教育的任务。在这个社会制度大变动的时期，尤其要先受教育"[②]。邓小平提出，"要教育人民，必须自己先受教育。要给人民以营养，必须自己先吸收营养"[③]。江泽民提出，"教书者必先强己，育人者必先律己"[④]。胡锦涛指出，"科技专家学习政治理论，要坚持少而精，重要的是要树立正确的世界观和科学方法论"[⑤]。习近平总书记提出，"师德需要教育培养，更需要老师自我修养"[⑥]。在新中国 70 多年的发展历程中高校教师思想政治工作取得了较好的成就，主要是得

---

① 《马克思恩格斯选集》第 1 卷，人民出版社 2012 年版，第 138 页。
② 《毛泽东文集》第 7 卷，人民出版社 1999 年版，第 270—271 页。
③ 《邓小平文选》第 2 卷，人民出版社 1994 年版，第 211 页。
④ 《江泽民文选》第 3 卷，人民出版社 2006 年版，第 502 页。
⑤ 《胡锦涛文选》第 1 卷，人民出版社 2016 年版，第 197 页。
⑥ 习近平：《做党和人民满意的好老师——同北京师范大学师生代表座谈时的讲话》，《人民日报》2014 年 9 月 10 日第 1 版。

益于遵循了教育者先受教育的规律。这一规律的重要内容是高校教师要先学后教、德业并重和知行合一。先学后教是高校教师履职的前提，是新时代发展的需要，更是助力大学生成长成才的必然要求；德业并重是高校教师受教育的内容要坚持以德为先和精通专业知识，既要不断提升自身思想道德素质，也要不断提升自身科学文化素质；知行合一是高校教师知行有机转化的过程，高校教师要明道、悟道，也要信道和传道，将二者有机结合，形成言传和身教的有机统一。正是广大高校教师认真地开展自我学习和教育，坚持教育者自己首先受教育，既体现了教育工作的主体性，也体现了教育工作的主导性。高校教师工作注重把教育者的主导作用发挥出来，育人者首先作表率，同时充分尊重受教育者的主体性，不断涌现出一大批好老师。

三 解决思想问题同解决实际问题相结合

高校教师的各种思想问题多数情况下都由学习、工作、生活等实际问题引发。以往经验表明，高校教师思想政治工作常常与高校教师切身利益密切关联，脱离高校教师日常实际而空谈教育工作往往收效甚微。马克思指出，"大家知道，有一种心理学专门用细小的理由来解释大事情。它正确地猜测到了人们为之奋斗的一切，都同他们的利益有关，但是它由此得出了不正确的结论：只有'细小的'利益，只有不变的利己的利益"①。高校教师在日常生活中遇到一些实际问题时往往会产生一些思想问题。这些思想问题往往是实际利益问题的主观反映和表现。只有紧紧抓住和解决高校教师思想问题背后的实际困难和矛盾，才能有效解决高校教师的思想问题。高校教师思想政治工作是做人的工作，要不断增强服务意识，尊重教师的劳动成果，理解教师工作和生活的难处，关心教师的成长，用和谐的校园文化凝聚教师，第一时间用教师取得的成就激励教师。从高校教师的思想实际出发，坚持以公平、民主、和善的态度，不断增强高校教师思想政治工作吸引力。有针对性地解决实际问题时，注重运用沟通、交流、说理和服务的方法。解决高校教师的实际

---

① 《马克思恩格斯全集》第1卷，人民出版社1995年版，第187页。

问题，一定要时刻注意区分他们的合理诉求与不合理诉求的界限。

四 坚持思政工作与实践相结合

历史与实践表明，我国高校教师思想政治工作需要与实践相结合。实践是高校教师自身发展的需要，健康成长的需要。缺乏实践经验的高校青年教师通过向实践学习，容易跳出从"高校"到"高校"的状态。广大高校教师于改革开放伟大实践中，逐渐成长为优秀的人民教师。理论来源于实践，理论又必须应用于实践，任何理论如果脱离实际就会失去应有的活力和价值。高校教师已用他们的亲身经历证明，实践是高校教师业务成长的需要，也是高校教师思想成长的需求。我们既要注意防止轻视实践的偏向，也要注意防止简单结合实践的偏向。

五 坚持高校党对思政工作的全面领导

新中国成立以来，我国高校教师思想政治工作一直能够沿着正确的发展方向不断地改进和加强。这主要得益于高校党委领导体制的确立和对高校教师思想政治工作的坚强领导。习近平总书记指出，"办好我国高等教育，必须坚持党的领导，牢牢掌握党对高校工作的领导权，使高校成为坚持党的领导的坚强阵地。各级党委要把高校思想政治工作摆在重要位置，加强领导和指导，形成党委统一领导、各部门各方面齐抓共管的工作格局"①。高校党委领导这一政治优势和组织优势是高校教师思想政治工作的坚强保障。历史经验表明，必须坚持把教师思想政治工作纳入高校党委日常工作的重要议程，纳入意识形态工作责任制。党委对高校教师思想政治工作的统一领导可以通过成立党委教师工作部进行规划、决策和部署。发挥党组织和党员的作用，发挥各职能部门的价值，坚持高校教师思想政治工作制度化，坚持融入高校管理全过程，整体推进参与思想政治工作。

习近平总书记在庆祝中国共产党成立95周年大会上指出："一切向

---

① 《把思想政治工作贯穿教育教学全过程 开创我国高等教育事业发展新局面》，《人民日报》2016年12月8日第1版。

前走，都不能忘记走过的路；走得再远、走到再光辉的未来，也不能忘记走过的过去，不能忘记为什么出发。"① 回顾高校教师思想政治工作的历程，梳理高校教师思想政治工作的脉络，总结高校教师思想政治工作的经验，反思高校教师思想政治工作的不足，能够为新时代高校教师思想政治工作科学化发展融入历史智慧，凝聚时代力量。

高校教师思想政治工作在历史前进的逻辑中推进，在时代更迭的潮流中发展，着眼于培养社会主义建设者和接班人，进一步贯彻落实《中共中央国务院关于全面深化新时代教师队伍建设改革的意见》的要求和精神。要深刻认识和把握新时代做好高校教师思想政治工作的新要求、新定位，深刻认识和把握新时代教师队伍建设面临的新矛盾、新挑战，深刻认识和把握新时代高校教师队伍建设的新使命、新任务，积极推动高校教师思想政治工作因事而化、因时而进、因势而新。

---

① 习近平：《在庆祝中国共产党成立95周年大会上的讲话》，《人民日报》2016年7月2日第2版。

第二章

新时代高校教师思想政治教育的内涵

高校教师思想政治教育内容随着特定的时代条件、当时科学实践水平等时代特性而变化，需要把握时代的脉搏，使高校教师思想政治工作不断焕发生机与活力。2018年9月，全国教育大会在北京召开，习近平总书记在这次大会上深刻指出："教师是人类灵魂的工程师，是人类文明的传承者，承载着传播知识、传播思想、传播真理、塑造灵魂、塑造生命、塑造新人的时代重任。"① 党的十九大最重要的论断就是中国特色社会主义进入新时代，最鲜明的特征就是时代性。因此我国的高校教师思想政治工作必定要与这一时代声音相适应，伴随着时代的发展不断地向前发展。

第一节 新时代高校教师思想政治教育的特性

新时代的高校教师思想政治工作需要坚持因事而化、因时而进、因势而新。习近平总书记在关于教师、教育的一系列重要讲话中多次谈到高校教师的培养和高校教师思想政治工作的创新，曾指出，"建设政治素质过硬、业务能力精湛、育人水平高超的高素质教师队伍是大学建设的基础性工作。评价教师队伍素质的第一标准应该是师德师风。师德师风建设应该是每一所学校常抓不懈的工作，既要有严格制度规定，也要有日常教育督

---

① 《坚持中国特色社会主义教育发展道路　培养德智体美劳全面发展的社会主义建设者和接班人》，《人民日报》2018年9月10日第1版。

导"①。他在全国高校思想政治工作会议上强调,"要加强师德师风建设,坚持教书和育人相统一,坚持言传和身教相统一,坚持潜心问道和关注社会相统一,坚持学术自由和学术规范相统一,引导广大教师以德立身、以德立学、以德施教"②。习近平总书记的重要论述对把握新时代高校教师思想政治工作规律和与时俱进地开展好工作提供了方向指引。

一 新时代高校教师思想政治教育的时代性

习近平总书记在全国高校思想政治工作会议上讲道:"传道者首先要明道信道。"因此,高校教师的思想政治教育工作必然要"加强师德师风建设,坚持教书和育人相统一,坚持言传和身教相统一,坚持潜心问道和关注社会相统一,坚持学术自由和学术规范相统一,引导广大教师以德立身、以德立学、以德施教",必须以党的十九大精神为行动纲领和思想引领,时刻铭记"不忘初心,牢记使命",不断增强其时代性。2018年召开的全国教育大会提出我国教育的根本任务是立德树人,新时代高校教师是落实立德树人根本任务的主力军。高校教师要在专业知识上做到"传道授业解惑",在师德方面更要高尚,使学生"亲其师而信其道"。在新时代,随着信息技术的飞速发展,多元文化不断冲击着大学生,他们的世界观、价值观也趋向多元化发展,有的大学生因为缺少政治信仰和信念,存在自我中心观念,奉行实用主义和金钱至上,表现出了道德观念淡薄、个人行为失范等现象。高校教师在新的形势下要理直气壮地抵制社会不良风气,加强师德修养,在对学生的教育过程中将专业科学精神、道德情操、奉献精神发挥出来,通过一言一行引导大学生积极、健康、向上,成为大学生心目中的表率和典范。

二 新时代高校教师思想政治教育的传承性

我国开启高等教育以来,高校教师思想政治工作在探索中不断总结经

---

① 习近平:《在北京大学师生座谈会上的讲话》,《人民日报》2018年5月3日第1版。
② 《把思想政治工作贯穿教育教学全过程 开创我国高等教育事业发展新局面》,《人民日报》2016年12月8日第1版。

验，形成了一些好的传统。比如，坚持党的领导和落实党的高校政策，把党的领导贯穿高校教师队伍建设的全过程，确保高校教师队伍建设始终沿着正确的发展方向前进。坚持正确的人才观，抓业务同时也抓思想，要求高校教师不仅要做本专业领域的研究者，也要拥有优秀的政治素质和道德品质，做到知行合一、为人师表。坚持课程思政建设，教育引导高校教师在传授专业知识的同时，引导大学生形成正确的人生观、世界观、价值观，注重以理服人、以情感人，做到全过程、全方位育人。坚持教学相长理念，倡导师生之间相互尊重、良性互动。在生活上关心教师，帮助教师成长，表彰优秀教师和树立师德典型，为高校教师成长发展创造良好的内外部条件和营造良好的学术氛围，等等。这些优良的传统和做法，在当前应该继续传承和弘扬。

三　新时代高校教师思想政治教育的政治性

加强教师思想政治教育要用习近平总书记有关教育的重要论述统一思想和行动。第一，从国家层面为高校教师思想政治教育工作的开展提供方向和支持。党和国家一直都十分重视高校教师的思想政治教育工作，一直根据新时期时代变化不断推动高校教师的思想政治教育工作发展。习近平总书记强调："随着办学条件不断改善，教育投入要更多向教师倾斜，不断提高教师待遇，让广大教师安心从教、热心从教。"[①] 为了加强思想政治教育工作，政府出台了一系列的政策文件保证教师思想政治工作顺利开展，例如《关于加强和改进高校青年教师思想政治工作的若干意见》《关于全面深化新时代教师队伍建设改革的意见》等文件，为高校教师思想政治教育工作的开展指明方向，如在思想政治教育工作平台搭建、思想统领上都有较大的政策倾斜。

第二，从学校层面为思想政治教育工作提供正确的世界观和方法论。从学校层面讲，一些高校不太重视教师思想政治教育工作，注重形式胜于注重内容，很少引起教师的共鸣。主要原因，一方面是因为当前的高

[①]《坚持中国特色社会主义教育发展道路　培养德智体美劳全面发展的社会主义建设者和接班人》，《人民日报》2018年9月10日第1版。

校教师思想政治教育工作体制还不够健全,另一方面是由于思想政治工作的主体地位在市场经济带来的市场本位冲击下发生偏移,导致高校教师思想政治教育有所淡化。所以,高校在开展教师思想政治教育工作时,需要注重从意识根源抓起,创设正确而强有力的意识形态环境,为高校教师思想政治教育工作提供世界观和方法论,将马克思主义科学理论作为高校教师思想政治教育基本的指导思想,特别是将唯物论、辩证法、实践论等这些科学方法应用于日常科研和教学工作中,坚持认同社会主义核心价值观,树立正确的思想政治观。高校要营造尊师重教的良好氛围,建立师德师风建设长效机制,坚持把师德师风作为评价高校教师队伍素质的第一标准。并且,在具体实施思想政治教育工作时注意针对性和侧重点。高校要有区别地开展高层次人才、优秀青年教师、海外留学归国人员等思想政治教育工作。

第三,从教师个人层面要坚定理想信念和政治立场。从个人层面来说,高校教师要在政府和学校的宏观指导下,坚定理想信念和政治立场,做一个有高尚师德、有修养、有境界的教师。在面对消费主义、泛娱乐主义的大环境时,要保持清醒的头脑,要清晰地认识和正确地判断多元化的社会思潮和价值观取向,会鉴别相异的世界观和价值观,正确认识不同的社会形态和文化差异,杜绝随意盲从。要能够抵御外界的冲击,坚持以马克思主义科学理论武装自身,努力构建马克思主义意识形态场域。要对教师职业常怀敬畏之心,致力于立德树人、教书育人,有热爱高等教育的定力、淡泊名利的坚守。高校教师在新时代的大环境下,应当不忘培养社会主义建设者和可靠接班人的初心,牢记立德树人的使命,不断提高自身思想政治素养,为实现"教育强国梦"贡献力量。解决当前高校教师思想政治工作中出现的新情况新问题,要以发展的视角创新工作理念和方法,不断提升工作的针对性和实效性。教育部对高校教师师德师风状况高度关注,出台了相关文件,站在高等教育发展全局的高度对提高高校教师自身思想政治素质和加强队伍建设提出了原则性要求,体现了人民之需、学生之需,执行到位就能够把握新时代高校教师思想政治教育的正确方向,明确目标定位。当前,高校校园越来越社会化,社会越来越网络信息化,价值取向越来越多元化,师资队伍越来越国际化，针对在教师思想政治工作上的这些新形势，需要树立新理念，使用新技术，靶向引领、精准施策，进一步缩短与高校教师的心理和情感距离，全面加强新时代高校教师的思想引领，不断提高舆论引导能力。

四 新时代高校教师思想政治教育的系统性

高校教师生活在现实社会中，社会大环境影响高校教师的思想观念和情绪波动，做好高校教师思想政治工作需要整体把握与学校内部情况关系密切的外部环境，协同推进。系统推进高校教师思想政治工作需要健全工作体系，完善运行机制。社会意识形态越来越多元化，高校教师是社会群体中的一部分，也有着自身的独特性，需要不断提高高校教师的思想政治素养。新时代的高校教师群体很多是具有海外留学背景的高级知识分子群体，具有较高的文化水平、深厚的专业素养和扎实的学术功底，特别是年轻教师，他们成长的环境、社会背景和个人经历变得复杂，思想和人格的形成趋于多元化。随着经济全球化的发展，世界多元文化交流互鉴，意识形态领域在互联网的日益推动下呈现出多元化发展，形成多元化意识形态，带来多元化的价值取向，这些多元的价值取向会影响高校教师的政治素养。所以，高校教师的思想政治教育越来越重要。同时，高校教师传播社会价值的情况是受自身思想政治素养影响的。高校教师用自己的学术思想和研究成果教导大学生、影响社会，他们教授的大学生正处于思想转变和定型的"拔节孕穗期"，在生理和心理上逐渐成熟。大学生对事物表现出极浓厚的兴趣，学习能力强，容易快速接受新鲜事物。但是大学生对这个世界和新鲜事物缺乏理性判断能力，所以需要高校教师对他们进行正确引导。在这个过程中，高校教师向大学生传播社会价值观，他们的思想政治素养直接或间接地影响大学生。高校教师向学生传播自身的价值观，影响着整个社会价值传播。高校教师肩负着人才培养、科学研究、社会服务和文化传承的重任，是科研队伍的主力军，坚实的思想政治素养是教师开展好工作的重要保障。因而高校需要在新时期不断提高高校教师思想政治素质，使高校教师师德高尚，本领高强。师德建设是进行高校教师思想政治教育最直接的抓手，需要具体化、制度化；坚持正向激励，尤重视理论武装，坚定教师的理想信念，培育家国情怀，拓展教师了解国情民情渠道。

第二节　高校教师思想政治教育的重要意义

思想政治工作是我国高校的特色，也是办好我国高校的优势。新中国成立以来高校的办学实践表明，思想政治工作是高校各项工作的生命线。科学开展高校教师思想政治工作能够保障高校各方面工作的健康平稳发展。长期以来，高校特别关注大学生思想政治工作，进入新时代，开始更多、更深入地关注高校教师思想政治工作。随着高等教育发展进入历史新阶段，高校教师在学校中发挥的作用和所产生的社会影响越来越大。在 2016 年 12 月召开的全国高校思想政治工作会议上，高校教师思想政治工作被摆在非常重要的位置进行讨论。2017 年 2 月，中共中央、国务院发布的《关于加强和改进新形势下高校思想政治工作的意见》强调要提升教师思想政治素质，加强思想政治工作。2018 年 1 月，中共中央、国务院发布《关于全面深化新时代教师队伍建设改革的意见》，明确提出要提高教师思想政治素质和职业道德水平，突出师德养成，创新教师思想政治工作方式方法。而对新时代党和国家要求以及社会期待，教育部门、高校的领导及专家进行了积极的理论研究和工作实践，努力推动高校教师思想政治工作水平的不断提升。

一　加强高校教师思想政治工作有利于推动我国高等教育事业发展

当前的中国正处于历史上最好的发展时期，我们比历史上任何时期都更接近实现中国梦的宏伟目标。习近平总书记在 2018 年全国教育大会上强调，新时代新形势对教育和学习提出新的更高的要求，即把全面加强教师队伍建设作为一项重大政治任务和根本性民生工程，建设一支政治素质过硬、业务能力精湛、育人水平高超的高素质教师队伍。我们要认清大势，融入大局，明确新时代高校教师的使命与担当。高等教育的目标就是为国家培养社会主义事业的合格建设者和可靠接班人，因此在高等教育上，必须落实和贯彻国家的方针，牢牢把握住社会主义的办学方向。习近平总书记曾在多次讲话中高度评价教师的地位和作用："一个人遇到好老师是人生的幸运，一个学校拥有好老师是学校的光荣，一个民族源源不断涌现出一批又一批好老师则是民族的希望"。① 加强和改进高校教师的思想政治工作是我国高等教育的根本要求，也是社会主义发展的重要指标。在高校教师的思想政治工作落实上，要坚持"立德树人"的教育方针，以德育教育为主，以认真负责的态度培养合格的社会主义接班人。思想政治素质高的高校教师在对大学生的思想教育上，能够将社会主义核心价值观教育融入课程思政，培养大学生的爱国主义精神，使大学生树立正确的世界观、人生观、价值观，全面推进社会主义事业的发展。习近平总书记强调，建设政治素质过硬、业务能力精湛、育人水平高超的高素质教师队伍是大学建设的基础性工作。高校教育教学改革是顺应时代发展的必然趋势，随着高等教育的持续发展，新型教育理念倡导以人为本，注重培养学生的全面素质。高校教师的思想政治素养能直接影响到高校学生未来的就业、人生规划、个人品德修养等。因此加强高校教师队伍的思想政治教育，一方面不仅可以保障和提高教师队伍高水平的教学状态和思想境界，另一方面可以借助教师对学生的榜样示范引领作用，帮助当代大学生树立健康的人生观、世界观和价值观，引导大学生增强"四个意识"、坚定"四个自信"、做到"两个维护"，将爱国之情、强国之志、报国之行融入中国特色社会主义事业、建设社会主义现代化强国、实现中华民族伟大复兴的奋斗之中。

二 加强高校教师思想政治工作有利于推动教师的职业发展

邓小平同志曾经说过，学校能不能为社会主义的建设培养合格的德智体美全面发展的人才，关键在于教师。师德，是新时代教师坚守岗位，加强道德操守，进行自我约束的基本准则。尤其是在全球化时代，高校教师更应当有良好的师德师风，注重自身思想政治建设，加强道德和文化学习，提升个人品格和政治修养，不仅能坚守好教师岗位，履行好教书育人的职责，更应当塑造教师队伍良好的社会形象，向公众和社区传播健康正面积极信息，推动高级知识分子形象建设。对高校教师而言，不仅是知识的传

---

① 《习近平总书记在北京市八一学校考察时的讲话引起热烈反响》，《人民日报》2016年9月10日第1版。

授者，更是学生品德修养的领路人。大学生正处于世界观人生观价值观成形的关键时期，需要品德高尚、学识渊博的教师的正确引导，因此在对学生的思想政治教育中，教师的作用是至关重要的。教师的职责不仅仅是传授学生知识，更重要的是要培养学生做一个什么样的人，在新时期的社会主义建设中怎样发挥自己的作用。在学生的眼中，一个优秀的教师不仅需要具备渊博扎实的学科知识，还需要具备高尚的道德情操，才能赢得学生的尊重和爱戴。因此，加强教师的思想政治工作不仅是教师职业本身的需求，也是做好学生思想政治工作的前提。

三 加强高校教师思想政治工作有利于推动教师自身发展

高校教师队伍培养是高校改革的重要组成部分，更是高校长远发展的内在需要。教师队伍的思想政治水平对教师的职业素养、执教能力、科研水平以及社会形象都有极深的影响作用，一支优秀的高水平的教师队伍能有效提高高校的核心竞争力。因此增强高校教师的思想政治水平，对高校的长远发展有积极作用。随着时代的发展，对学生进行全面的素质教育已经成为了现代教育的主要目标，也是实现人的全面发展的重要途径。同时，在教师自身的发展上，也离不开思想政治素质的提高，良好的思想政治教育是提高教师思想政治素质的重要途径。通过思想政治教育，不仅能激发教师的主观能动性，还能帮助教师把握正确的教育方向，引导教师努力工作潜心育人，尽可能地发挥教师的职能和作用。除此之外，良好的思想政治教育还可以调动高校教师的积极性和创造性，从根本上改善对思想政治工作的认识，从而以一种积极创新的态度开展教学工作，促进良好的学习氛围的形成。通过加强高校教师的思想政治工作，全面调动教师的积极性和创造性，在培养学生的同时也促进了自身的发展。新时代需要高素质高觉悟的师资力量去培养高素质的人才，去培养勇于探索勇于创新的社会主义建设者，为我国社会主义事业的发展奠定坚实的基础。

四 加强高校教师思想政治工作有利于全面推进素质教育

随着社会的发展，传统的应试教育已经很难满足现代教育的需求，甚至会带来一些问题，对学生的发展和社会的发展都是不利的。因此，现代教育的主要目标是全面推进素质教育。素质教育的宗旨是全面提高大学生的基本素质，使大学生的德智体美劳全面发展。素质教育既要传授学生知识，也要培养学生的综合素质能力，更要培养学生的创新精神和实践能力。在全面推进素质教育的要求下，只有对高校教师开展思想政治教育工作，整体提升教师的水平，才能更好地为培养高素质的可靠人才作贡献。习近平总书记指出："一个人遇到好老师是人生的幸运，一个学校拥有好老师是学校的光荣，一个民族源源不断涌现出一批又一批好老师则是民族的希望。"[①] 高校教师要认真领会习近平总书记的嘱托，做到师德高尚，乐于奉献爱心，对学生倾注真情，真心呵护每一个学生，让他们坚定社会主义理想信念；帮助他们扣好人生第一粒扣子，努力成为学生健康成长的指导者和引路人，做学生人生梦想的指导者。高校教师在课程思政中，要注重对学生素质的培养，包括学生的思想品质等方面的素质和为人处事等方面的素质。因此，全面加强高校教师的思想政治教育是全面推进素质教育的必然要求，是以全面提高人的基本素质能力而开展的正向的教育活动。思想政治素质是人内在素质的灵魂和核心，是一切人的素质的根本，对人的全面发展起着十分重要的作用。只有拥有一支高素质的教师队伍，才可能培养出高素质的大学生，才能实现大学生的全面发展，才能满足社会发展对人才的需求。

第三节　新时代高校教师思想政治工作的内涵与要求

高校教师是人才培养的关键，大学办学能力和水平由教师队伍素质决定。建设高素质教师队伍是大学建设的基础性工作，这样的队伍需要由一个一个好老师带出来。高校教师是大学生成长的引路人和指导者，他们对青年学生具有很强的影响力和感染力，一言一行都给学生以极大影响，在思想传播方面起着十分重要的作用。教师是人类灵魂的工程师，

[①]《习近平总书记在北京市八一学校考察时的讲话引起热烈反响》，《人民日报》2016年9月10日第1版。

承担着神圣使命。要加强师德师风建设，教师要以德立身、以德立学、以德施教，坚持"四个统一"，即教书和育人相统一，言传和身教相统一，潜心问道和关注社会相统一，学术自由和学术规范相统一。其一，坚持教书和育人相统一是对高校思想政治理论课教师的职业素质要求。其二，坚持言传和身教相统一是对高校思想政治理论课教师的人格素质要求。其三，坚持潜心问道和关注社会相统一是对高校思想政治理论教师的专业素质要求。其四，坚持学术自由和学术规范相统一是对高校思想政治理论课教师的政治素质要求。新时代高校教师思想政治工作的要求，主要有以下几个方面：

第一，新时代高校教师思想政治工作要长期坚持社会主义方向。

新时代高校教师思想政治工作要坚持党的领导，全面贯彻党的教育方针，立足基本国情，扎根中国大地，服务于办好中国特色社会主义大学。世界各国高等教育都致力于本国政治经济的发展。中国的大学要为中国共产党治国理政服务，为政治经济与社会的发展服务，为社会主义现代化建设服务。高校能不能坚持这个社会主义办学方向，能不能为中华民族伟大复兴培养合格的人才，培养有社会主义觉悟的德智体美劳全面发展的可靠接班人，关键在于教师。明确高校培养什么样的人以及为谁培养人这一根本问题，坚持为实现中华民族伟大复兴的中国梦源源不断培养大批德才兼备的优秀人才，是做好高校教师思想政治工作的基础。

第二，新时代高校教师思想政治工作要致力于高等教育内涵式发展。

高校实现内涵式发展，要以育人为核心使命，坚定立德树人的培养目标，要以提升教育教学质量为落脚点，切实加强师资队伍建设，不断提升教学育人水平，服务于学生的成长成才。加快一流大学和一流学科建设是高等教育在新时代的奋斗目标，以"双一流"建设为引领，促进高校教育教学质量整体提升，推动高等教育高质量发展。随着学习方式的变化，学生自主学习的特点日益明显，高校教师需要提供差异化的教育服务，实现以学为中心，以学生为中心。"四有好老师""四个引路人"的重要论述，不仅为教师教育工作指明了方向，更为全社会尊师重教加重了分量、加深了内涵。教师要心有大我、至诚报国的爱国情怀，教书育人、敢为人先的敬业精神，淡泊名利、甘于奉献的高尚情操，把爱国之情、报国之志融入祖国改革发展的伟大事业之中、融入人民创造历史的伟大奋斗之中，为实现"两个一百年"奋斗目标、实现中华民族伟大复兴的中国梦贡献智慧和力量。建设高层次教师人才队伍，并加强学科体系建设，全面提升高校人才培养质量，推动高水平科研成果融入教学课程，实现高等教育内涵式发展。

第三，新时代高校教师思想政治工作要培养能担当大任的时代新人。

人民有信仰，民族有希望，国家有力量。在实现中华民族伟大复兴的道路上，离不开思想的引领、价值的领航。高校教师思想政治工作要凝聚共识、团结力量、以身作则，创造一种价值语境和化育氛围，形成良性的影响环境，对身处其中的学生进行引导，共同推动复兴大业向前进。在人才成为推动经济社会发展的今天，高校要担起发现人才、培育人才的任务，高校教师要用高尚的人格感染学生，用真理的力量感召学生。培养有家国情怀、有全球意识、有综合素养、有创新能力的时代新人，要以坚定的理想信念筑牢精神之基，高校教师是培养人才的人才，教师有坚定的理想信念，学生才会有对中国特色社会主义的高度自信。作为教师，教人求真，首先自己要求真，求真的道德、真的知识、真的本领。教师只有自己天天学习，教育者先受教育，才能常教常新。学而不厌是诲人不倦的基础。学习是教师每天的必修课，是教师的存在方式，学习是教师职业发展和个人成长的必由之路。教师担负着学生健康成长指导者和引路人的职责，担负培养中国特色社会主义事业建设者和接班人的使命。教师要把学生放在心中最高位置，在工作中关心学生、关爱学生、关注学生的成长；要用发展的眼光看待学生，他们是不断成长完善的个体生命，满足学生成长与发展的期待和需要是教师的职责所在。

第四，新时代高校教师思想政治工作要满足人民对高等教育的需求。

四十年前，高校为了解决人民群众"有大学可以上"的问题，进行不断扩招；今天，如何解决人民群众"上一所好大学"的问题，摆在各高校面前。这是人民群众的呼声，反映出人民群众接受更好高等教育的新需求。面对人民群众"上一所好大学"的朴素愿望和强烈需求，我们需要建设一大批"一流"大学。教师队伍建设是"一流"大学建设的根本。高校培养一流学生、创造一流科研、传承一流文化和提供一流社会服务，关键在教师。习近平总书记在多个场合对"好老师"的标准进行了阐述：教师要争做"四有好老师"，做好学生"四个引路人"，坚持"四个相统一"，成为党和人民满意的好老师。高校要永远把人民对"上一所好大学"的向往作为奋斗目标，破解现阶段高等教育各种突出矛盾，打造一支理想信念坚定，师德高尚，师艺精湛，满怀仁厚师爱，能成为学生指导者和引路人的"好老师"队伍。

第三章

高校教师思想政治教育的相关理论

第一节 马克思主义经典作家关于思想政治教育的论述

一 马克思主义人学理论

马克思主义人学理论是以人的存在及本质问题为研究对象,致力于推动人类解放事业,是开展思想政治教育工作的根本。年轻时的马克思,特别关注人的本质与异化劳动的批判,曾系统而全面地运用唯物史观探究了人类生存方式,探究了旨在追求全人类的解放,促进人类全面、协调、可持续发展的共产主义理论。马克思致力于研究人类的存在与发展,马克思主义人学的研究核心是客观存在的人和人类的存在。马克思将人的存在状态划分为三种,即个体存在、群体存在和人"类"存在。马克思认为:"人并非单纯意义上的合群动物,更有着显著的政治性,是与社会相对独立的动物。"[①] 从群体意义来说,人是一种社会存在,时代变迁与人类生存、发展之间存在紧密联系,人类生存与发展促进社会的进步。既要看到人的社会存在,也要关注人的个性问题。马克思主张,社会并不完全是抽象性的东西,它促进人的职责与义务的发展,比如判断能力,等等。

(一) 马克思关于人的需要理论

人的生存和发展过程是改造自然界和社会的过程,以此来提升自身能力及满足生存发展的需要,动机源自于利益和需要,然后形成了思想,再用来支配人的行为。人的需要驱使人们产生对能量、物质及信息交换

---

① 《马克思恩格斯全集》第2卷,人民出版社1995年版,第2页。

等的获取，用来维持生命个体生存和发展过程。此过程既体现了人们对外部环境的依赖，又体现人作为生命物体获得周围事物的能力，同时展现了特定的生理机能。马克思通过对人类社会发展的研究，认为人在社会中存在许多需要，并从三个层次把人的需要进行了分类。

第一个层次是人的生存和物质需要。马克思认为："人们为了能够'创造历史'，必须能够生活。但是为了生活，首先就需要吃喝住穿以及其他一些东西。"① 同时物质生活是"一切人类生存的第一个前提，也就是一切历史的第一个前提"②。人们的生存需要是人最基本的需要，人活着，才可能通过自己的智慧和双手改造世界，书写历史，因此人类生存是人类发展的必要前提，为了生存，必须生产出人们所需的物质资料，只有当人们的第一个层次的需要得到基本满足时，人们的需要才会进一步地向前推进，产生更高层次的需要。

第二个层次是人的精神需要。马克思认为："已经得到满足的第一个需要本身、满足需要的活动和已经获得的为满足需要而用的工具又引起新的需要，而这种新的需要的产生是第一个历史活动。"③ 按照马克思的观点，作为高级动物存在的人，除了生存和物质的需要，还有更高层次的精神需要。人的精神需要是在第一个层次需要即生存和物质需要得到基本满足之后的基础上产生的，但它是又高于人们的生存和物质需要的更高层次需要。

第三个层次是人的社会需要。马克思认为，人在低层次的物质和精神需要都基本得到满足后，人的需要会向较高层次发展。马克思在《德意志意识形态》中指出："生命的生产，无论是通过劳动而达到的自己生命的生产，或是通过生育而达到的他人生命的生产，就立即表现为双重关系：一方面是自然关系，另一方面是社会关系。"④ 人是具有自然属性的，也是具有社会属性的，人生来就是社会的，作为社会的人，人的需要通过个人劳动得到充分的发展，从自然属性发展成为社会属性，从

---

① 《马克思主义经典著作选读》，人民出版社1999年版，第11页。
② 《马克思主义经典著作选读》，人民出版社1999年版，第11页。
③ 《马克思主义经典著作选读》，人民出版社1999年版，第12页。
④ 《马克思主义经典著作选读》，人民出版社1999年版，第13页。

生存和物质以及精神的自然需要发展成为社会需要，社会需要也就成为了更高级层次的需要。

人们在个人为延续生命而产生的对物质和信息等的客观需求与利益的驱动下采取多种多样的活动来改造社会与自然，提升了自身能力，保障了个人生存发展的基本生活，推动了人类社会的发展。着眼于生理层面的欲望表现在心理层面是要求与期望，是生命体积极参与多样化的内在动机、活动形式与客观依据，也是自我保存的前提条件。根据一定标准细化了人类的需求，认为这些需求由三大类构成，即精神需求；以生存需求为代表的物质需求；以社交与劳动需要为主的社会需求。在马克思看来，文明人需要运用各种手段与大自然作斗争，这样人的需求也会随之扩张，顺应自身发展的趋势。为使不断扩张的需求得到满足人们必须进一步发展社会生产力。精神需求和物质需求都是处于动态变化的状态下，只有从物质、精神两方面同时满足人的需求，才能实现人类可持续发展的目标。

（二）马克思关于人的全面发展理论

马克思主义理论的核心之一是人的全面发展，这也是马克思主义的终极目标之一。马克思认为，人类在可持续性的发展过程中呈现出一种最理想化的状态，即人的全面发展。

马克思关于人的全面发展的理论对当今社会发展有两大启示作用：

其一，发展手段和发展目标间是高度一致的。在对人的全面发展的研究过程中，马克思特别关注人与动物间的本质区别，认为人的全面发展的基础是人的绝对自由，人为了追求生活的自主性努力为人类创造更好的物质环境。高校教师会基于自身爱好进行差异性专业课程的选择，因所教课程的差异，在自身学科知识方面也是存在着显著的差异，致力于人文科学研究的教师对自然科学的认识会相对浅显。因此，只有从各学科入手促进人的综合能力的提升，才能实现人的全面发展。

其二，人是活动主体。人类活动是多元化的，比如个人活动、群体活动以及社会活动。个人活动是个体力量的直观表现，社会活动则是许多活动形式的集中表现。社会活动促使人与自然间的关系动态转变，推进了人类社会的发展。从完整的社会体系来看，人的全面发展为人本质力量的客观表现创造条件,最终实现真正意义上人的自由。在马克思看来,人在自然界享有明确的主体地位,这样能为人类的全面发展、可持续发展创造环境。人也会基于个人发展的需求及偏好进行方式的选择,推动社会发展。

(三)马克思主义灌输理论

灌输理论是马克思主义理论的一个重要组成部分。1844年马克思在《〈黑格尔法哲学批判〉导言》中就指出,先进的理论是不会自发产生的,必须加强对无产阶级的思想理论灌输。1887年恩格斯在致弗·凯利·威士涅威茨基夫人的信中写道:"我们的理论是发展着的理论,而不是必须背得烂熟并机械地加以重复的教条。越少从外面把这种理论硬灌输给美国人,而越多由他们通过自己亲身的经验(在德国人的帮助下)去检验它,它就越会深入他们的心坎。"[①] 强调灌输必须与自身体验、自我领悟相结合才能达到较好的效果。此后,列宁进一步丰富和发展了灌输理论。1894年列宁在《什么是"人民之友"以及他们如何攻击社会民主党人》中明确提出,"他们应该进而把这个理论通俗化,把它灌输给工人,应该帮助工人领会它并制定一个最适合我国条件的组织形式,以便传播社会民主主义并把工人团结为一支政治力量。"[②] 1900年在《我们运动的迫切任务》一文中,列宁明确指出要"把社会主义思想和政治自觉灌输到无产阶级群众中去,组织一个和自发工人运动有紧密联系的革命政党"。[③] 在《怎么办?》一书中列宁强调:"我们说,工人本来也不可能有社会民主主义的意识。这种意识只能从外面灌输进去,各国的历史都证明:工人阶级单靠自己本身的力量,只能形成工联主义的意识,即确信必须结成工会,必须同厂主斗争,必须向政府争取颁布对工人是必要的某些法律,如此等等。"[④] 列宁对灌输理论的概念、内容及意义做了详尽的论述,成为开展高校教师思想政治教育工作的重要指导思想。

作为高校教师思想政治教育重要理论基础的马克思主义灌输理论,

---

① 《马克思恩格斯选集》第4卷,人民出版社1995年版,第681页。
② 《列宁全集》第1卷,人民出版社2013年版,第290页。
③ 《列宁选集》第1卷,人民出版社1972年版,第209页。
④ 《列宁选集》第1卷,人民出版社1995年版,第317页。

对开展高校教师思想政治教育工作有着重要指导意义。其一，高校教师思想政治教育工作应该坚持不懈地加强对高校教师的理论宣传教育。毛泽东曾指出，"没有正确的政治观点，就等于没有灵魂"①。正确的政治观点、政治理论很难自发地在高校教师头脑中产生，施教者通过对高校教师进行马克思主义理论知识的宣传和灌输，帮助高校教师树立正确的价值观，不断提高高校教师的思想政治素质。其二，灌输的形式可以多样化。高校教师思想政治教育的内容需要通过灌输的形式来实现。但灌输并不是方法简单的、粗暴的、强硬的、内容枯燥的，而应该在教育方法上既注重科学性又注重艺术性。针对不同专业、学历水平、思想实际的教师分别采取不同的教育方法，比如舆论导向、参观考察、榜样示范、自我阅读等行之有效的教育方法；在教育内容上要注意运用马克思主义大众化成果，与高校教师思想变化实际情况相结合，与社会变化和现有国情实际相结合，使原本抽象、枯燥的思想理论内容更加贴近生活，更加形象化，易于高校教师接受。

二 列宁、斯大林关于思想政治教育的理论

列宁认为："政治文化、政治教育的目的是培养真正的共产主义者，使他们有本领战胜谎言和偏见，能够帮助劳动群众战胜旧秩序，建设一个没有资本家、没有剥削者、没有地主的国家。"② 思想政治教育具有特别重要的地位，可以培养目标坚定的无产阶级战士。列宁首次提出了"政治教育"和"政治工作"等概念，主张在工人、农民和知识分子中开展思想政治教育，特别是对于社会主义和共产主义的理解也比较深刻。列宁认为青年是世界的未来，必须在青年中加强马克思主义理论学习教育，掌握科学知识。

列宁号召："我们应当积极的对工人阶级进行政治教育，发展工人阶级的政治意识。"③ 列宁坚持马克思主义理论教育，指出："只有革命马

---

① 《毛泽东文集》第 7 卷，人民出版社 1999 年版，第 226 页。
② 《列宁选集》第 4 卷，人民出版社 1972 年版，第 368 页。
③ 《列宁选集》第 1 卷，人民出版社 1995 年版，第 342 页。

克思主义的理论,才能成为工人阶级运动的旗帜。"①

斯大林指出:"巩固党及其领导机关的另一件很紧要很重大的工作,就是党的口头上和刊物上的宣传鼓动工作,用马克思列宁主义精神教育党员和党的干部的工作,提高党及其工作人员的政治和理论水平的工作……工作人员的政治水平和马克思列宁主义觉悟程度愈高……工作也就愈有成效;反过来说,……就愈可能在工作中遭受挫折和失败,就愈可能使工作人员本身庸俗化和堕落成为鼠目寸光的事务主义者,就愈可能使他们蜕化变质。"②

斯大林第一次提出了"思想工作"和"政治思想工作"等概念,主张用社会主义精神和共产主义精神教育人民:旧社会遗留下来的旧的习气、习惯、传统和偏见是社会主义最危险的敌人。这些传统和习气控制着千百万劳动群众,它们有时笼罩着无产阶级各阶层,有时给无产阶级专政的存在造成极大的危险。因此,我们在政治思想工作方面的任务是克服这些传统和习气,并且以无产阶级的社会主义精神教育新的一代——这就是我们党的当前任务,不执行这些任务,就不能取得社会主义的胜利。③

第二节　中国共产党主要领导人关于思想政治教育的论述

毛泽东在"古田会议"上指出,党内最迫切的问题是红军教育的问题,要在党内红军中有计划地进行教育,也就是要明确在一定时期内教育要达到的目标以及实现目标的方法路径,使红军的思想和党的生活都政治化、科学化。

毛泽东认为,从教育上提高党内的政治水平……必须有计划的加强马克思列宁主义的理论教育,教育党员懂得党的组织的重要性,加强教育,从思想上纠正个人主义。④

---

① 《列宁专题文集·论无产阶级政党》,人民出版社2009年版,第338页。
② 《斯大林文选(1934—1952)》(上册),人民出版社1962年版,第246—247页。
③ 参见《斯大林全集》第13卷,人民出版社1991年版,第321页。
④ 参见《毛泽东选集》第1卷,人民出版社1991年版,第87—93页。

毛泽东指出"政治工作是一切经济工作的生命线",形象地概括了政治工作在经济建设中的地位和作用。"在现时,毫无疑义,应该扩大共产主义思想的宣传,加紧马克思列宁主义的学习,没有这种宣传和学习,不但不能引导中国革命到将来的社会主义阶段上去,而且也不能指导现时的民主革命达到胜利。"①

1945年在中共"七大"上,毛泽东明确提出,"掌握思想教育,是团结全党进行伟大政治斗争的中心环节"。②

刘少奇指出:"思想斗争是一切革命斗争的前提。不做思想斗争,不宣传马列主义,就不能有真正的自觉的革命斗争。"③ 随着中国革命斗争的胜利,全党工作重心将转移到经济建设中去,这时思想政治工作更加重要了。"而如果埋头到这些实际工作中去,不加强政治学习,不加强马列主义理论学习,那就有危险性,就会脱离政治,脱离基本理论,使非无产阶级思想发展起来。"④ "我们要总结经验,发扬成绩,并用各种办法逐步克服工作中的缺点,真正做到在全国范围内和全体规模上来宣传马列主义,用马列主义教育人民,提高全国人民的阶级觉悟和思想水平,为在我国建设社会主义和实现共产主义打下思想基础。"⑤

邓小平同志一直以来都十分重视高校的思想政治教育工作,在1978年4月22日召开的全国教育工作大会上,邓小平同志指出,高校办学方向是第一位的,我国高校一定要牢牢记住社会主义制度,加强高校的思想政治教育工作;邓小平同志在1980年12月召开的中央工作会议上明确指出要加强包括德育和人生观、世界观、价值观教育在内的高校思想政治教育。

邓小平指出:"毫无疑问,学校应该永远把坚定正确的政治方向放在第一位。"⑥ 1987年5月13日至18日,邓小平同志为了进一步加强高校的思想政治工作,提倡召开了全国高等学校思想政治工作会议。这次会议更

---

① 《毛泽东选集》第2卷,人民出版社1991年版,第706页。
② 《毛泽东选集》第3卷,人民出版社1991年版,第1094页。
③ 《刘少奇选集》下卷,人民出版社1985年版,第83页。
④ 《刘少奇选集》下卷,人民出版社1985年版,第90页。
⑤ 《刘少奇选集》下卷,人民出版社1985年版,第91页。
⑥ 《邓小平文选》第2卷,人民出版社1994年版,第104页。

加坚定了高校的政治路线和方向，对于加强高校教师的思想政治工作具有十分重要的意义。高校党委是高校工作的领导核心，要积极地在教师队伍中建立教师党支部，不断加强基层教师党支部的组织建设，全面做好基层党建工作和教师的思想政治工作。

江泽民同志非常重视高校的思想政治教育工作，在多个会议和谈话中都对高校思想政治教育工作作出了要求。江泽民同志于1990年3月23日到北京大学考察工作，在师生座谈会上，江泽民提到我国是社会主义国家，我们高校是社会主义的学校，教师在传道授业解惑的同时，更重要的是要使学生的思想政治素质得到提高。身教重于言教，高校教师只有全面提高自身的思想政治素质，才能成为学生学习的榜样和表率，通过耳濡目染的方法潜移默化地加强对学生的思想政治素质教育工作。

江泽民同志在1996年6月15日参加第三次全国教育工作会议时指出，高等学校要认识到思想政治工作的重要性，在任何时候都要重视该项工作。同时，高校要全面加强教师队伍的政治素质建设工作，让教师积极宣传马克思列宁主义，高举中国特色社会主义道路伟大旗帜，一定要审查和把控教师讲堂上的教学内容，防止高校教师在学校讲堂上发表资产阶级自由化言论，阻止资本主义思潮对我国学校教育的冲击。

江泽民同志于2000年6月28—29日在中央思想政治工作会议上提出，党的思想政治工作是一切工作的生命线。党建与思想政治教育是高校各项工作中的重点。两者相辅相成，高校党建工作离不开思想政治教育工作，做好思想政治教育工作是搞好高校党建的重要环节。高校思想政治教育工作是党建工作的基础，党建工作是思想政治教育工作的深化。只有不断加强高校基层党建工作与思想政治素质教育工作，高校才能达到育人的目的。

胡锦涛同志在2007年8月31日参加全国优秀教师代表座谈会，讲到教师要爱岗敬业、志存高远、淡泊名利、关爱学生，号召广大教师要热爱教师岗位，加强思想政治素质建设，继承我国教育事业的优良传统，为我国的社会主义事业培养更多人才。

胡锦涛同志在2011年4月24日清华大学百年校庆上指出：高校教师是当代大学生成长道路上的引路人，高校教师要担负起教书育人的神圣使命，通过加强自身思想政治素质和师德师风建设，以崇高的人格魅力感染当代大学生。

胡锦涛同志在2012年11月8日党的十八大报告中指出，教育是民族振兴和社会进步的基石。高等学校要坚持立德树人的根本任务，践行教育为社会主义现代化建设服务的目标，为社会主义建设培养合格的建设者和接班人，同时高校要注重教师队伍建设和基层党组织建设，切实提高高校教师的思想政治素质。

习近平总书记对高校教师思想政治教育工作非常重视，在会议和考察时提出了新时代我国高校思想政治教育一系列的理论，这些理论继承和发展了马克思主义关于思想政治教育的理论，为高校教师思想政治教育工作的开展提供了理论指导。特别是对高校教师思想政治教育工作提出了更高的要求和希望。高校教师要以新时代中国特色社会主义思想为指导、以校园文化和大学精神为引领，不断加强师德师风建设，整体提升师资力量。

2012年1月4日习近平总书记会见第二十次全国高校党建会参会代表时强调，要把加强高校青年教师队伍思想政治建设工作作为高校党的建设的一项重要内容来抓。高校教师是人类灵魂的工程师，是广大青年学生成长的重要指导者和引路人。教师自身的道德品质和思想政治素质，对青年学生具有强大的影响力和感染力，在传播思想方面起着特别重要的作用。这就充分肯定了高校教师对于我国社会发展的贡献。高校需要通过加强党的建设来增强高校教师特别是青年教师的思想政治素质。由此可见，习近平总书记非常重视高校教师的思想政治建设，他要求高校党建要集中力量抓思想政治素质建设。高校党建的重要内容是要加强青年教师这一特殊群体的教育引导，提高他们的思想政治素质。

2013年五四青年节习近平总书记与青年代表座谈，在座谈会上他指出：青年为国家建功立业正当时，高校青年教师要加强自身思想政治素质建设，把握住机会，利用高校为青年教师搭建的优质平台，努力创先争优。由此可见，习近平总书记非常重视高校青年教师的思想状况，通过召开座谈会的形式了解青年教师的真实生活和内心想法，并对青年教师的成长发展提出了要求。

2014年5月4日，在北京大学召开的师生座谈会上，习近平总书记讲道："我为什么要对青年讲讲社会主义核心价值观这个问题？是因为青年的价值取向决定了未来整个社会的价值取向，而青年又处在价值观形成和确立的时期，抓好这一时期的价值观养成十分重要。"① 可见，习近平总书记对青年的人生观、世界观、践行社会主义核心价值观等方面提出了根本要求。

2014年9月9日，教师节前夕，习近平总书记在同北京师范大学师生代表交流时表示："第一，做好老师，要有理想信念。第二，做好老师，要有道德情操。第三，做好老师，要有扎实学识。第四，做好老师，要有仁爱之心。"② "百年大计，教育为本。教育大计，教师为本。"③ "各级党委和政府要从战略高度来认识教师工作的极端重要性，把加强教师队伍建设作为基础工作来抓，满腔热情关心教师，改善教师待遇，关心教师健康，维护教师权益，充分信任、紧紧依靠广大教师，支持优秀人才长期从教、终身从教，使教师成为最受社会尊重的职业。"④ 可见习近平总书记从培养社会主义事业建设者和接班人的高度充分肯定了教师工作的重要性，青年思想政治素质的提升要抓个人，更要抓队伍。遵循我国办学宗旨，坚持我国社会主义的办学方向，需要抓教师队伍的思想政治素质。

2016年9月10日，习近平总书记在北京市八一学校考察时指出："教育决定着人类的今天，也决定着人类的未来。"⑤ 2014年9月10日，习近平总书记在同北京师范大学师生代表座谈时讲到："教师重要，就在于教师的工作是塑造灵魂、塑造生命、塑造人的工作。"⑥

---

① 习近平：《在北京大学师生座谈会上的讲话》，《人民日报》2014年5月3日第1版。
② 习近平：《做党和人民满意的好老师——同北京师范大学师生代表座谈时的讲话》，《人民日报》2014年9月10日第1版。
③ 习近平：《做党和人民满意的好老师——同北京师范大学师生代表座谈时的讲话》，《人民日报》2014年9月10日第1版。
④ 习近平：《做党和人民满意的好老师——同北京师范大学师生代表座谈时的讲话》，《人民日报》2014年9月10日第1版。
⑤ 《习近平总书记在北京市八一学校考察时的讲话引起热烈反响》，《人民日报》2016年9月10日第1版。
⑥ 习近平：《做党和人民满意的好老师——同北京师范大学师生代表座谈时的讲话》，《人民日报》2014年9月10日第1版。

习近平总书记还非常重视高等教育的发展,在 2016 年 4 月 22 日清华大学建校 105 周年时,习近平总书记在贺信中指出办好我国高等教育,事关我们国家的发展、事关中华民族未来。

2017 年 2 月,中共中央、国务院印发了《关于加强和改进新形势下高校思想政治工作的意见》,指出:"要坚持社会主义办学方向,坚持马克思主义指导地位,坚持以人民为中心的发展思想,更好为改革开放和社会主义现代化建设服务、为人民服务。"

为了更好地部署高校思想政治建设工作,习近平总书记在 2016 年 12 月召开的全国高校思想政治工作会议上强调:"教师是人类灵魂的工程师,承担着神圣使命。传道者自己首先要明道、信道。高校教师要坚持教育者先受教育,努力成为先进思想文化的传播者、党执政的坚定支持者,更好担起学生健康成长指导者和引路人的责任。"① 他充分肯定教师职业,并要求高校教师要提升自身的思想政治素质,切实践行社会主义核心价值观,做当代大学生的榜样,真正承担起教师传道授业这一神圣使命。

2017 年 8 月,中共教育部党组印发《关于加强新形势下高校教师党支部建设的意见》,明确指出:"高校各级党组织要认真梳理、摸清青年教师思想政治状况,使党的工作覆盖到每一位青年教师,主动帮助引导青年学术骨干、学科带头人、拔尖领军人才和海外留学归国教师向党组织靠拢,条件成熟的及时确定为党组织发展对象,把符合党员条件的优秀青年教师吸收入党。"②

党的十八大以来,针对高校思想政治工作,党中央多次召开专题工作会议,习近平总书记深刻分析了当前面临的新挑战,对新形势下高校教师思想政治工作发表了一系列重要论述,深入回答了涉及高校教师思想政治工作的许多重大问题。教育者要先受教育,高校教师的思想政治教育工作应该走在其他工作的前面。

---

① 《把思想政治工作贯穿教育教学全过程 开创我国高等教育事业发展新局面》,《人民日报》2016 年 12 月 8 日第 1 版。
② 中共教育部党组:《关于加强新形势下高校教师党支部建设的意见》,2017 年 8 月 2 日。

2019年3月18日，习近平总书记在学校思想政治理论课教师座谈会上强调指出："办好思想政治理论课关键在教师，关键在发挥教师的积极性、主动性、创造性。"① 对习近平总书记有关高校教师思想政治教育工作的重要论述从内涵、价值和实践三个方面进行梳理，能够更加深入地认识高校教师思想政治工作的现实性，更加从容地面对高校新时期思想政治教育工作出现的新问题，更好地探索新规律，为培养担当民族复兴大任的良师和高校落实立德树人的根本任务指明方向。

习近平总书记关于高校教师思想政治工作重要论述的现实价值：

第一，为高校教师思想政治工作提供理论指导。

习近平总书记非常重视高校教师的思想政治教育工作，对开展新时期高校教师思想政治教育工作提出了更新、更高的要求。高校要以习近平总书记关于教师思想政治工作的系列重要论述为指导，开展教师思想政治教育，做好思想政治工作。坚持践行"四个相统一"，提高学生思想政治素质，明确教师"四有好老师"担当，贯彻落实"因事而化、因时而进、因势而新"理念。

高校教师思想政治工作的目的在于培育中国特色社会主义建设者和接班人，培育对民族有益的人才。习近平总书记指出，高校教师要落实全程育人、全方位育人，将思想政治教育工作贯穿于教育教学全过程中。因此，高校教师思想政治教育工作既要总结吸收过去思想政治教育的成功经验，又要不断开展思想政治教育的创新实践，不断拓展思想政治教育形式，树立以人为本的思想政治理念，充分调动大学生思想政治理论课学习的兴趣，最终实现教学相长。

第二，推进高校教师师德师风建设。

习近平总书记非常注重高校教师队伍建设，在不同场合多次强调提升高校教师师德师风。习近平总书记在北京师范大学参加师生座谈会上的讲话指出："评价教师队伍素质的第一标准应该是师德师风。师德师风建设

---

① 《习近平主持召开学校思想政治理论课教师座谈会强调用新时代中国特色社会主义思想铸魂育人贯彻党的教育方针落实立德树人根本任务》，《人民日报》2019年3月18日第1版。

应该是每一所学校常抓不懈的工作，既要有严格制度规定，也要有日常教育督导。"① 这一重要论述，为高校开展师德师风建设指明了方向。高校教师师德师风建设的推进需要高校和高校教师两个方面形成合力共同作用。高校可以通过严抓教师师德师风，不断深化新时代高校教师队伍建设和改革，一方面要在遵循教育规律中严守师德师风，另一方面要遵循教师成长发展规律，教育督导与严格规定双管齐下，使教师素质和能力得到全面提升，使高校教师时刻遵守系统的制度规范。习近平总书记强调："办好思想政治理论课关键在教师，关键在发挥教师的积极性、主动性、创造性。"② 高校教师在教书育人的工作中，尤为重要的是要注重自身师德师风建设。加强高校教师的师德师风建设，培养一批高素质高校教师队伍，才能够很好地教育学生。高校教师必须言行一致率先垂范，让自身成为马克思主义理论的忠实传播者、中国特色社会主义事业的积极建设者、中国共产党治国理政的坚定拥护者，才能以良好的道德修养、深厚的学术功底和持久的人格魅力更好地担起学生人生指导者和引路人的重任。

高校教师是新时代高校思想政治工作中不可替代的关键一环，是中国特色社会主义高等教育发展的重要主体力量。师德师风是每一位教师的必修课，是教师的基本道德素养，也是评判教师的重要尺度。高校教师之所以能够言传身教，是因为他们自身拥有优秀的道德品行。拥有良好的价值观念的教师，善于积极影响和正确引导学生思想政治素养的养成。师德师风高尚的高校教师能够把握教书育人的道德要求，能够把握培养新时代大学生的正确方向。教师承担着立德树人的重任，养成了良好的师德师风的教师，在传道授业的同时还能够以真诚的心态关心学生个人发展，尽力帮助学生提高综合素质，做优秀的教育者和学生成长道路上的合格引路人。高校教师的师德师风建设既需要奖励也需要惩教。要大力宣传师德师风楷模，弘扬他们的感人事迹，树立典型标杆，以榜样力量激励广大高校教师积极进取，争当标杆楷模。对于师德师风不好

---

① 习近平：《做党和人民满意的好老师——同北京师范大学师生代表座谈时的讲话》，《人民日报》2014年9月10日第1版。
② 《习近平主持召开学校思想政治理论课教师座谈会强调用新时代中国特色社会主义思想铸魂育人贯彻党的教育方针落实立德树人根本任务》，《人民日报》2019年3月18日第1版。

的高校教师要按照惩前毖后、治病救人的方针，加强个人修养，力争做一名合格的人民教师。对于经教育帮助依然不改的高校教师要按照相关要求给予严肃处理，绝不姑息。高校教师工作部是各高校教师师德师风工作的直接责任机构，要真正肩负起自己的责任，把师德师风建设放在特别重要位置，并将师德师风与教师评奖评优、职称评聘、人才遴选等工作紧密结合，落实一票否决原则，使相关制度执行到位，形成有章可循的局面。

第三，构建"三全育人"新格局。

习近平总书记在全国高校思想政治工作会议上指出，各学科要相互配合，形成思想政治教育工作合力，明确提出要"把思想政治教育贯穿教育教学全过程，实现全程育人、全方位育人，努力开创我国高等教育事业发展新局面"[①]，回答了高校"怎样培养人"的问题，对培养合格的社会主义建设者和可靠接班人，落实全员、全方位、全过程的思想政治教育新格局，具有非常重要的意义。一是"全员育人"，通过调动每一位教职工育人的积极性，形成全体教职工人人参与的思政教育支持系统，实行专兼职思想政治工作有机融合，切实提高高校思政育人的效果。二是"全程育人"，即高校教育教学和人才培养的每个环节都要育人，构建"十大育人体系"，课堂教学、校园文化、知识学习、课外实践、阅读经典、学术研究、公寓、食堂、教室、图书馆等均要育人，一以贯之的超长育人链条，实现育人工作无盲点、无空白。三是"全方位育人"，即动员高校各职能部门，使各部门协同行动，共同推进育人工作，实现立德树人目标。只有高校教师自身的思想素质过硬，才能将"三全育人"落地生根。

第三节　新世纪新阶段思想政治工作创新和发展的理论基础

"当前，我国改革发展已进入关键时期，呈现出许多新的阶段性特

[①] 《把思想政治工作贯穿教育教学全过程　开创我国高等教育事业发展新局面》，《人民日报》2016年12月8日第1版。

征，社会思想观念和价值取向复杂多样，主流的与非主流的同时并存，先进的与落后的相互交织，呈现出多元、多样、多变的特点。"① 在这样一个时期，一些人鼓吹新自由主义，试图诱导人们崇尚拜金主义和利己主义，这必然提出新的要求；从国际形势看，经济全球化逐步加快，世界多极化逐步形成，科学技术不断进步，综合国力竞争日益加剧。国际交流与合作增多，各种文化思潮交错。西方敌对势力加紧利用全球化、信息化浪潮对我国实施"西化""分化"，不断对我国进行文化渗透，利用新疆、台湾、南海、人权问题及一些地缘政治事件向中国发难，手段更加隐蔽。中国与各种敌对势力的斗争将是长期的和复杂的。教师思想政治教育的任务会更加艰巨、繁重。

在新的历史条件下，我们必须适应新的形势，继承优良传统，与时俱进地改革创新，不断研究新情况，着力解决新问题，及时总结新经验，善于创造新方法。党中央多次强调指出："世界正在发生深刻的变化，中国正在进行完善和发展社会主义制度的自我变革，党的思想政治工作面临的形势更复杂了，任务更繁重了，工作更艰巨了。党的思想政治工作决不是可有可无、无所作为，而是必不可少、大有作为的。"② "党的思想政治工作，是经济工作和其他一切工作的生命线，是团结全党全国各族人民实现党和国家各项任务的中心环节，是我们党和社会主义国家的重要政治优势"③，党的十七大提出："加强和改进思想政治工作，注重人文关怀和心理疏导，用正确方式处理人际关系。"④ 进而提出了一系列带有根本性、全局性的重大理论成果，成为新世纪新阶段思想政治工作发展和创新的理论基础。

一 坚持与时俱进地丰富和发展马克思主义

马克思主义是科学，马克思主义的本质特征是与时俱进的创新。马

---

① 中共中央宣传部：《社会主义核心价值体系学习读本》，学习出版社2009年版，第8页。
② 《江泽民党建思想研究》，人民出版社2004年版，第119页。
③ 《江泽民文选》第3卷，人民出版社2006年版，第74页。
④ 胡锦涛：《高举中国特色社会主义伟大旗帜 为夺取全面建设小康社会新胜利而奋斗——在中国共产党第十七次全国代表大会上的报告》，人民出版社2007年版，第35页。

克思主义理论的强大生命力在于把马克思主义的基本原理同实际相结合。具体来说就是同社会主义现代化建设和改革开放的实际密切结合起来，体现马克思主义理论与时俱进、不断创新的品格。在坚持马克思主义同时代和世界形势的新发展、新变化结合起来的实践中丰富和发展马克思主义。江泽民同志指出："要使党和国家的事业不停顿，首先理论上不能停顿。否认马克思主义的科学性，丢掉老祖宗，是错误的，有害的；教条式地对待马克思主义，也是错误的、有害的。"① 2002 年党的十六大报告明确指出："世界在变化，我国改革开放和现代化建设在前进，人民群众的伟大实践在发展，迫切要求我们党以马克思主义的理论勇气，总结实践的新经验，借鉴当代人类文明的有益成果，在理论上不断扩展新视野，作出新概括。只有这样，党的思想理论才能引导和鼓舞全党和全国人民把中国特色社会主义事业不断推向前进。"② 2007 年党的十七大对中国特色社会主义理论体系进行了科学、系统的梳理，进行了理论总结创新，敏锐地抓住并恰当回答了时代提出的新问题，从而为马克思主义在当下时代增添了鲜活的内容。认同马克思主义的指导地位，就是要不断完善和发展马克思主义，用马克思主义中国化的成果武装人们的头脑。加强和改进思想政治工作，才能增强马克思主义的说服力和影响力，才能真正巩固马克思主义的指导地位。

二 坚持"三个代表"重要思想

"三个代表"重要思想是对马克思主义、毛泽东思想和邓小平理论的继承和发扬，是当今世界和我国的发展变化对中国共产党和国家工作的新要求。思想政治教育要以"三个代表"为指导，不断改进与创新，更好地担负起自身的时代使命与重任。一是思想政治工作必须围绕经济建设这一中心，把全党、全社会的力量凝聚到发展社会生产力上来，充分体现我们党代表先进社会生产力的发展要求。因此思想政治教育要紧紧围绕国家的中心工作展开，紧密结合社会主义初级阶段的实际和我国

---

① 《江泽民论有中国特色社会主义（专题摘编）》，中央文献出版社2002年版，第635页。
② 《党的十六大报告辅导读本》，人民出版社2002年版，第11页。

社会生产力的最新发展情况,研究相关问题,化解相关矛盾,不断增强凝聚力;要明确科学技术是"第一生产力",为知识创新和科技进步提供服务保证;要培育"有理想、有道德、有文化、有纪律"的新人,全面提高大学生的素质,充分发挥劳动者在生产力要素中的决定性作用;要为改革全面深化、生产力不断发展创造和谐的社会环境。二是中国先进文化的前进方向引领着思想政治教育,新时代的思想政治教育服务于中国特色社会主义的先进文化的发展和建设。必须坚持马克思主义的指导地位,真正发挥马克思主义理论在思想政治工作中的核心作用,用马克思主义武装社会主义文化阵地,为中国建设先进文化提供思想政治保证,体现党始终代表我国先进文化的前进方向。江泽民同志指出:"加强社会主义思想道德建设,是发展先进文化的重要内容和中心环节。"[1] 思想政治教育体现中国先进文化的前进方向,必须要提高人的思想道德素质,培养"四有"社会主义新人,为国家经济发展和社会进步提供不竭的精神动力。思想政治教育要以先进文化为载体,与我国文化事业的健康发展及繁荣相互促进,发扬中华民族优秀的传统文化和革命红色文化,积极借鉴、吸收国外的一切优秀文化成果,力求满足人民群众精神文化需要。三是中国共产党始终是最广大人民根本利益的忠实代表,党坚持把人民的根本利益作为一切工作的出发点和归宿,使人民群众的积极性和创造性得到充分发挥,让人民群众的经济利益、政治利益和文化利益不断得到实现。党的思想政治工作历来注重联系群众、教育群众和动员群众,要坚持群众路线,以为群众谋利益、为人民谋幸福为根本宗旨,充分展现我们党始终是我国最广大人民群众的根本利益的忠实代表。思想政治教育要引导人们正确认识全体人民的根本利益之所在,深刻理解中国共产党的路线、方针、政策,发挥群众的主人翁精神,团结全体人民为实现根本利益而奋斗;引导广大党员和人民群众处理好各种利益的关系,处理好个人与集体的关系;要关心人民群众生活,把思想政治工作与物质利益提升结合起来,在解决群众普遍关心的事情上下工夫;要加强廉政建设,在从严治党上发挥作用。

---

[1] 倪迅:《发展先进文化的中心环节是什么》,《光明日报》2001年8月6日第5版。

三 坚持科学发展观的根本指导方针

科学发展观的核心是以人为本,致力于全面、协调可持续发展。"以人为本是科学发展观的灵魂,也是和谐社会的核心尺度;坚持以人为本,是建设社会主义和谐社会的根本保证。"① 胡锦涛指出:"我们提出以人为本的根本含义,就是坚持全心全意为人民服务,立党为公、执政为民,始终把最广大人民的根本利益作为党和国家工作的根本出发点和落脚点,坚持尊重社会发展规律与尊重人民历史主体地位的一致性,坚持为崇高理想奋斗与为最广大人民谋利益的一致性,坚持完成党的各项工作与实现人民利益的一致性,坚持发展为了人民、发展依靠人民、发展成果由人民共享。以人为本,体现了马克思主义历史唯物论的基本原理,体现了我们党全心全意为人民服务的根本宗旨和我们推动经济社会发展的根本目的。当前我国已进入全面建设小康社会、加快推进社会主义现代化的新的发展阶段,坚持以人为本,对于大多数人来说,最重要的是在满足物质生活需要的同时,满足精神生活的需要,提高思想道德和科学文化素质,实现人们思想和精神生活的全面发展。"② 以人为本注重丰富人的精神世界,致力于提高人的素质,促进人的思想和精神生活的全面发展。以人为本在推进人的全面发展过程中,起着非常重要的作用:一是不断满足人的精神需要,培养良好的精神素质,提升人的精神生产力。随着我国经济水平的提升,全面建设小康社会的推进,人民的物质需要基本得到满足以后,人民的精神需要就会处于主导性地位。思想政治教育通过提供高品质的精神产品,使人们的精神需要得到满足,帮助人们树立崇高理想,建构美好的精神家园,丰富和发展人的精神世界。二是着力于全面提高人的素质,着眼于思想、道德建设,培养时代新人。三是要培养人的主体意识,增强人的主体性,发展人的个性。一直以来,我们忽视了培养人的个性和主体性,总是强调集体利益,用一种场域来

---

① 《构建社会主义和谐社会学习读本》编写组:《构建社会主义和谐社会学习读本》,中共党史出版社 2005 年版,第 57 页。
② 中共中央文献研究室:《科学发展观重要论述摘编》,中央文献出版社 2008 年版,第 31 页。

涵育人，影响了人的自由而全面发展。

　　随着时代的进步，思想政治教育理论也在不断创新和发展，斯大林在这方面作了较好的阐述："无论恩格斯或马克思是多么有天才的思想家，绝不能要求他们在垄断前的资本主义时期预见到五十多年以后，即在发达的垄断资本主义时期的无产阶级斗争和无产阶级革命中的一切可能性。"① 实践表明，我们要符合唯物辩证法的基本观点和基本原则，用创新和发展相统一的视角对待思想政治教育理论。

---

① 斯大林：《论反对派》，人民出版社 1963 年版，第 254—255 页。

第四章

高校教师思想政治教育的知识借鉴

第一节 中国共产党思想政治工作的知识借鉴

做思想政治工作是中国共产党的优良传统和政治优势，是中国取得革命和建设事业胜利的传家宝，是党坚守初心的重要条件和根本保证。中国共产党自1921年7月成立以来，在长达百年的革命和建设实践中，坚持把马克思主义与中国的实践相结合，卓有成效地向群众进行思想政治教育，不断推进马克思主义中国化，具有创造性地开展思想政治教育理论与实践，逐渐形成了思想政治工作的优良传统。

一 明确思想政治工作的"生命线"地位

思想政治工作在党的事业中具有十分重要的地位与作用，党的第一代、第二代、第三代领导集体都用"生命线"来表述。第二次国内革命战争时期，党就提出思想政治工作是红军和革命战争的生命线。自从1938年起，历次颁布的思想政治工作条例中都有思想政治工作是我军生命线的表述，我党我军的许多领导同志都通过多种途径阐述了思想政治工作作为"生命线"的重要意义。1944年，毛泽东提出：共产党领导的革命的政治工作是革命军队的生命线。[1] 1955年，他在经济建设方面也用到了"生命线"的提法，明确提出了"政治工作是一切经济工作的生命线"[2] 的著名论断。这是中国共产党执政以后对思想政治工作极端重

---

[1] 《毛泽东年谱（1893—1949）（修订本）》中卷，中央文献出版社2013年版，第507页。
[2] 《毛泽东文集》第6卷，人民出版社1999年版，第449页。

要性的理论概括，表明中国共产党高度认同思想政治工作的地位与作用。

1981年6月《中国共产党中央委员会关于建国以来党的若干历史问题的决议》重申"思想政治工作是经济工作和其他一切工作的生命线"①，进一步确立了新时期思想政治工作的"生命线"的地位和作用。邓小平曾经反复强调，越是实行改革开放，越是要加强思想政治工作。他认为，国家工作重心转移到以经济建设为中心的轨道上来，这并不意味着思想政治工作被削弱，恰恰相反，思想政治工作应当进一步加强。他说："我们一定要把思想政治工作放在非常重要的地位，切实认真做好，不能放松。"② 邓小平认为，思想政治工作在过去是我们的政治优势，在现在，或是将来，都是我们的政治优势。他总结我们国家正反两方面的经验教训，提出了物质文明和精神文明"两手都要抓，两手都要硬"的国家建设的指导思想，从而进一步指明了新时期开展思想政治工作的基本方针。把思想政治工作放到重要的位置上，并不是回到过去那种政治冲击一切的做法上去。思想政治教育还是要坚持围绕党的中心工作开展。江泽民强调指出："党的思想政治工作是经济工作和其他一切工作的生命线，是团结全党和全国各族人民实现党和国家各项任务的中心环节，是我们党和社会主义国家的重要政治优势。"③ 胡锦涛同志根据我国经济社会在新世纪新阶段发展的新要求和我国社会呈现出的新趋势和新特点，先后提出"八荣八耻"的社会主义荣辱观、社会主义和谐社会建设和社会主义核心价值体系等重大战略任务。胡锦涛强调指出："我们所要建设的社会主义和谐社会，应该是民主法治、公平正义、诚信友爱、充满活力、安定有序、人与自然和谐相处的社会。"④ 中国共产党成立百年来的历史证明，正确的路线方针和强有力的思想政治工作是完成党的各项工作和任务的依靠。思想政治工作是我们克敌制胜的法宝，更是我们进行社会主义建设的

---

① 《中国共产党中央委员会关于建国以来党的若干历史问题的决议》，人民出版社1981年版，第45页。
② 《邓小平文选》第2卷，人民出版社1994年版，第342页。
③ 江泽民：《开创思想政治工作的新局面》，人民日报出版社2000年版，第65页。
④ 《胡锦涛文选》第2卷，人民出版社2016年版，第285页。

法宝。历史的成功经验和失败教训告诉我们，不能放弃和削弱思想政治工作，否则党的事业就要遭受挫折和失败。

二　围绕党的中心工作开展思想政治工作

不同历史时期党的中心工作是不同的，也有着不同的政治任务，这一时期的思想政治工作的具体任务也是围绕当时的政治任务和中心工作开展的。在新民主主义革命时期，党的中心工作是进行国内革命战争、武装夺取政权，思想政治工作也是围绕这一中心展开。比如在第二次国内革命时期，党就提出"一切政治工作为着实现整个作战计划，为着前线的胜利"的重要原则。抗日战争时期，党作出了"整个军队的方向就是政治工作的方向"的论断。1953年，我国土地改革任务完成并恢复国民经济后，党提出了这一时期的总路线，服务于这条总路线的党的思想政治工作在全国掀起了深入学习、宣传总路线的热潮，为实现党在这一时期的总路线，起到了重要的保障作用。

党的十一届三中全会以来，党的工作重心转移到经济建设上来，党的中心任务是领导全国人民进行社会主义现代化建设。邓小平同志指出："我们党在现阶段的政治路线，概括地说，就是一心一意地搞四个现代化。"① 他强调，贫穷不是社会主义，我们的最根本任务就是发展生产力，过去革命是解放生产力，现在改革开放也是解放生产力。为此，我们党制定的基本路线是"一个中心，两个基本点"，提出了要服从这个大局，为发展生产力和社会主义现代化建设服务的思想政治工作指导方针。

三　坚持探索马克思主义理论中国化道路

中国共产党自成立之日起，将马克思主义作为自己的指导思想，并始终坚持用马克思主义的理论指导革命和建设的实践。马克思主义理论是我国思想政治工作的基础，用马克思主义思想体系武装全党并教育人民，是党的思想政治工作的使命。正是基于这一点，党一直坚持思想政治工作的党性原则和阶级性原则，强化马克思主义理论教育，调动广大人民的积极

---

① 《邓小平文选》第2卷，人民出版社1994年版，第276页。

性和献身精神，为实现党的目标而奋斗。回顾党的发展历程，从土地革命胜利、抗日战争胜利到夺取全国政权，从长期的武装斗争到社会主义建设，由于中国共产党坚持用马克思主义理论丰富人们的头脑，提高人们的觉悟，开展思想政治教育，因而能够使党员和干部在极端困难的情况下，保持共产主义信念和革命斗志，使全党在大变局时期很快取得统一认识，把革命和建设事业推向前进。正如毛泽东同志所说："我们说马克思主义是对的，决不是因为马克思这个人是什么'先哲'，而是因为他的理论，在我们的实践中，在我们的斗争中，证明了是对的。"① 在中国革命和建设的伟大历程中，党实现了马克思主义中国化的历史性飞跃，形成了习近平新时代中国特色社会主义思想，使我们有了当代的马克思主义。

四 注重运用党的路线方针政策教育人们

在民主革命时期，党开展路线、方针和政策宣传教育，使群众认识到新民主主义革命总路线是代表人民大众的利益的，是引导他们反帝反封建求解放的，从而使这条无产阶级领导的路线变成亿万人民的革命行动，从而取得了新民主主义革命的胜利。新中国成立初期，中国共产党通过宣传动员和思想教育工作，使亿万人民认识到党的总路线是代表他们利益的，所以广大无产阶级革命群众，全心全意地拥护党的总路线，因此这一时期很快就取得社会主义改造的伟大胜利。在当前新的历史阶段，我们党愈发重视路线、方针和政策的宣传教育，使党的基本路线深入人心。

五 提出了解放思想实事求是的思想路线

思想政治教育需要解放思想，勇于创新。在 1927 年大革命失败后，党内盛行把马克思主义教条化，神圣化共产国际和苏联经验的错误倾向，毛泽东于 1930 年在我党历史上首次提出了"没有调查，没有发言权"② 的著名论断。他指出："中国革命斗争的胜利要靠中国同志了解中国情况"③，为

---

① 《毛泽东选集》第 1 卷，人民出版社 1991 年版，第 111 页。
② 《毛泽东选集》第 1 卷，人民出版社 1991 年版，第 109 页。
③ 《毛泽东选集》第 1 卷，人民出版社 1991 年版，第 115 页。

我们党思想路线的形成奠定了坚实的基础。遵义会议于 1935 年 1 月召开，会议确立了毛泽东同志在全党的领导地位，确定了党遵循实事求是的路线，夺取了长征的伟大胜利。1941 年 5 月进行了延安整风运动，彻底纠正了错误的思想，在全党确立了毛泽东提出的实事求是的政治思想路线。1945 年党的七大召开，会上统一了思想，科学概括了党的三大优良作风，后期取得抗日战争和解放战争的胜利。1956 年 5 月毛泽东同志的《论十大关系》和 1957 年 2 月《关于正确处理人民内部矛盾的问题》等文章，全面分析了我国社会主义的基本矛盾，认为国家政治生活的主题是正确处理人民内部关系和矛盾，这丰富和发展了当代马克思主义，为社会主义思想政治教育提供了科学的理论基础。十一届三中全会以来，我们党再次确立了实事求是的思想路线，并得到坚持和发展。邓小平同志结合时代特点在坚持实事求是的同时，增加了解放思想的论断，开始把解放思想与实事求是有机结合起来，为我国思想政治教育奠定了理论基础。他强调指出："一个党，一个国家，一个民族，如果一切从本本出发，思想僵化，迷信盛行，那它就不能前进，它的生机就停止了，就要亡党亡国。"① 他还提出"只有解放思想，坚持实事求是，一切从实际出发，理论联系实际，我们的社会主义现代化建设才能顺利进行，我们党的马列主义、毛泽东思想的理论也才能顺利发展"②，要"按照实际情况决定工作方针，这是一切共产党员所必须牢牢记住的最基本的思想方法、工作方法"③，"对于思想问题，无论如何不能用压服的办法，要真正实行'双百'方针。""我们要创造民主的条件，要重申'三不主义'：不抓辫子，不扣帽子，不打棍子。在党内和人民内部的政治生活中，只能采取民主手段，不能采取压制、打击的手段。"④

六　确立了一系列有效的工作原则与方法

党在长期的思想政治工作实践中，积累了十分丰富的经验，探索和总结出一套有效的思想政治工作的方法：一是强化疏导。疏导是思想政

---

① 《邓小平文选》第 2 卷，人民出版社 1994 年版，第 143 页。
② 《邓小平文选》第 2 卷，人民出版社 1994 年版，第 143 页。
③ 《邓小平文选》第 2 卷，人民出版社 1994 年版，第 114 页。
④ 《邓小平文选》第 2 卷，人民出版社 1994 年版，第 144—145 页。

治工作的基本方法。坚持疏导，就是用说服教育的方法、民主的方法、批评与自我批评的方法解决群众内部的思想认识问题。二是注重精神激励与物质激励相结合。思想政治工作注重倡导精神激励的同时，要关心和满足人们的现实物质利益，关心人们的生活。三是注重理论联系实际。只有从客观实际出发开展思想政治工作，将教育内容与教育对象的实践相结合，才能取得良好的效果。四是注重在解决实际问题的过程中解决思想问题。现实生活中，人们的思想问题，一部分纯属思想认识问题，一部分是由实际问题引起的。在做思想政治工作时，要解决思想问题也要解决实际问题，对不同类型的人，要采取不同的方法，因材施教。五是注重说服教育与严格管理相结合。开展思想政治教育，必须耐心细致、以理服人，也必须严格管理。教育不是万能的，要从团结的愿望出发，采取批评或斗争的策略，必要的时候采取惩前毖后、治病救人的策略，达到团结的目的。六是注重发扬民主与正确引导相结合。思想政治工作需要有民主的氛围，在宽松和谐的政治环境中启发人们的自觉与主动，提倡统一思想，解决问题，善于发挥先进人物的榜样力量，用高尚人格和崇高精神感召人们等。七是注重言传身教相结合。把言教和身教结合起来能够提高思想政治工作的说服力，需要以身作则，用自身行动去说服人和感染人，从而收到良好的效果。

第二节　高校教师思想政治教育对相关学科知识借鉴

一　激励理论的理性借鉴

（一）激励相关研究

1. 激励的内涵

激励作为思想教育重要的环节，国内国外学者都对此有深入研究。管理学家罗宾斯提出，激励是用高水平的努力来实现组织目标的意愿，并满足个体需要的过程。章凯教授认为，激励是指管理者为实现某个组织或群体目标，创造一定的条件和环境，激活个体心理目标，强化个体对心理和行为组织、控制和协调的能力，促使个体作出持续有效的努力，实现组织目标和自身心理目标的过程。可以看出尽管激励的定义中西方学者都有着自己的理解，但总的来说，激励是指通过奖励、惩罚、信息交流的形式，激发和培养人的行为动机，强化人的工作能力，并借此提高人的工作效率，将个体引向发展目标，最后实现个体目标的活动。

2. 激励理论研究的现状

有关激励的研究主要包括激励因素研究以及激励策略研究。激励因素指的是与工作内容密切相关并且可以提高工作满意度的因素，包括工作挑战性、工作得到赞赏、工作成就感、工作发展前途、个人晋升机会等在内。而激励策略是指单位为达到增强员工工作积极性，增加员工绩效的目的而制定的一系列有关政策和发展方向。一般来说，激励策略有许多不同类型，相关学者给出的观点也不尽相同。陆远权教授认为，激励策略包括以下几个方面：一是薪酬激励。指利用薪酬等级水平、薪酬差别和增长趋势对员工采取物质激励，提高员工的工作积极性，使单位更好地发展。二是工作激励。单位为员工创造舒适优越的环境的同时，运用工作设计增强工作的创造性和挑战性，以此来满足不同需要的员工。三是情感激励。单位领导经常与员工进行沟通，信任并尊重员工，找到员工的一些亮点同时授予员工一定的荣誉，使员工从内心里认可企业，产生单位归属感，从而激励员工。四是管理激励。鼓励员工参与单位活动，同员工一起制定明确的组织目标，并培训员工，使员工不断提高专业技能。

（二）几种典型的激励理论

有关激励的研究一直是一个热点问题，持续了近百年的时间，出现了较多耳熟能详的成熟的激励理论。主要有如下几种：

1. 强化理论

强化理论认为人的行为次数与行为是否有利呈正相关，行为是被刺激的函数。根据强化的性质和目的，将其分为正强化和负强化两种类型。

2. 需要层次理论

需要层次理论认为人的需求由生理需要、安全需要、社会需要、尊重需要和自我实现的需要共同构成，并以层级式向上递增。

3. 双因素理论

双因素理论主要包括保健因素和激励因素两方面，也称为激励保健理论。该理论认为企业的员工绩效主要受这两种因素影响。保健因素主要是指那些容易让员工产生意见以及消极行为的因素，即不满意因素。在企业里保健因素主要是指工作以外的因素。激励因素主要是指可以让员工得到满足的因素，即满意因素，主要是与工作相关的因素。

4. 成就需要理论

成就需要理论认为，人在职业和社会中的需求有三种类型，分别为权利需要、合群需要以及成就需要。

5. X 理论和 Y 理论

X 理论认为人们有消极的工作原动力，管理者需对他们施加压力。而 Y 理论则认为人们有积极的动力来源，在一定条件下，人们不仅会接受工作责任，而且会寻求更大的责任。

6. 公平理论

公平理论认为人们的积极性由他感受到的分配上的公正程度决定，而人们的公平感则取决于社会比较或历史比较。绝对报酬和相对报酬都会影响到人们的工作积极性，人们总会拿自己所得的报酬进行横向比较或者纵向比较，既会与他人的报酬投入比率进行对比，也可能会跟自己过去的报酬投入比率进行比较。如果员工得到的对比结果是自己和他人或者以前的自己的投入收益比相同时，他们会觉得报酬是公平的，会保持原有的工作投入和工作积极性，如果他们觉得报酬是不公平的，就会产生心理紧张因素，会感到不公平，为了消除这种不公平，他们往往会采取较多的措施，比如减少投入、消极怠工、要求增加报酬、缺勤、辞职等等，以此来寻求自己所感觉的公平和合理。

7. 期望理论

期望理论认为要激励员工，就需要让员工明确：工作能给他们提供真正需要的东西，他们的需求和绩效相联系，通过努力工作就能提高绩效。

8. 目标设置理论

目标设置理论认为设置的目标应满足目标挑战性、目标具体、让员工参与目标设置、对过去员工完成目标情况的反馈等具有激励作用。

9. 认知评价理论

认知评价理论认为控制行为的外部强化忽视个人的自我决定，使人们认为外部动机决定自己的行为认知，导致内在动机的降低，令本来具有内在兴趣的活动需要依靠外在奖励才可维持。

综合所有成熟理论，不难发现，虽然研究者切入的角度和侧重点不同，但依然存在一定的共性。例如从员工自身出发，认为员工的工作动机是来源于自身的需要等。

(三) 激励理论在高校教师思想政治教育中的意义及应用

1. 激励理论在高校教师思想政治教育中的意义

激励理论是一种心理学范畴，通过具体活动的实施，能够带动人的积极性、创造性、主动性的理论方法，发挥人的潜能，促进人智力、体能、德育的发展，使人在发展中彰显自身价值，以此培育社会主义核心价值观。新时期，将激励理论运用到高校思想政治教育中，丰富思想政治教育内容，创新思想政治教育方法，满足人们对思想政治教育的学习需要，提升高校思想政治教育水平。因此，研究新时期激励理论在高校思想政治教育中的应用十分重要，既是高校全面发展的需要，也是高校思想政治教育革新的需要。

2. 需要层次理论在高校教师思想政治教育中的应用

需要层次理论主要体现在高校应逐渐重视员工不同层次的需要，比如：首先应满足维持人生存所必需的身体需要，保障教师身心不受到伤害，让他们感觉到高校给予的温暖，那么高校在薪酬管理中，应借助于工资收入满足教师的生理需要，借助于高校规章制度以及法律法规等制度满足教师的安全需要，工会或者教师工作部逐渐开拓各种教师活动或友谊赛等增加教师的感情和归属感以满足社交的需要，当然这三个层次的需要属于低级的需要，可以通过外部条件使教师得到满足。但高级的需要，比如尊重和自我实现的需要，更多的是从内部才能使得教师得到满足。故高校应该注重满足教师的自尊心、成就感、自主权等内在的尊重的需要以及地位、认同感、受重视等外在的尊重的需要，高校应创造条件以促进教师成长，充分发挥教师个人的潜能，最好能够实现教师的个人理想,以此来满足教师尊重的需要以及自我实现的需要。当然,人的需要结构不是一成不变的,而是不断发展变化的,高层次的需要比低层次的需要更有价值,更能调动教师的工作积极性,并能够带来更持久稳健的力量,因此,高校应不断满足教师的各层次尤其是高层次的需要。

3. 双因素理论在高校教师思想政治教育中的应用

双因素理论在高校教师队伍激励机制中的应用是十分科学而又广泛的。高校运用双因素理论主要表现在注重保健因素和激励因素相结合,建立科学的激励机制,如果保健因素比如工资、奖金、福利等过低,可能会让教师产生不满意的因素,致使他们的工作积极性不高,达不到预期的目的,可能还会耽误高校发展的最佳机会,但是过多地在保健因素方面投入,也起不到非常强的激励效果;激励因素往往能起到很大的作用,比如为教师提供丰富的培训机会,做好教师的职业生涯规划并提供较多的晋升机会,给予充分的信任和适当的挑战性工作,等等。高校可以把保健因素和激励因素结合起来,针对不同层次的教师,给予不同的激励措施,这样才能真正提高教师的积极性和工作热情。因此,在实际的过程中,必须要紧紧围绕每一名高校教师的自身工作水平,在深度挖掘激励机制研究的同时,提供更多的评价体系,在绩效激励、精神激励、物质激励的多重作用下,不断提升每一名从业者的综合水平和职业素养,为党和国家培养出更多、更好的高尖端人才而努力,进一步完善高校教师激励机制体系,为实现每一名高校教师的成长和成功奠定基础保障。

(1) 高校教师队伍基于保健因素的激励机制分析

新时期高校教师的工作压力,主要来自于各种工作强度、学术科研、学历职称、经济待遇、职业归属感等诸多方面。因此在实际的工作中,首先,必须结合实际工作情况,根据学生的数量来配备一定的教师,在缓解满负荷工作的前提下尽可能不让教师在工作中感受到疲惫和倦怠。其次,面对日益创新的工作难度以及高校人事管理体系、市场人才竞争等,在不断提升学历层次和科研标准的同时,确保学习进修能够成为每一名高校教师必备的需求。最后,当面对一些经济待遇偏低、高负荷工作没有额外报酬的时候,高校管理者应当在心理层面给予其职业归属感,在不断平衡心理感知的同时,缓解高校教师的内心压力。在实际的高校教师工作中，经常能够看到一些教师在长期的工作压力下，出现了不同程度的职业倦怠，而这种职业倦怠同样也是"职业枯竭""职业衰竭"的代名词。在实际的高校教师激励机制研究与推进的过程中，要强调这种理念对教师的鼓励和激发，确保他们能够在工作量大、工作时间长、工作强度高等环境下，能够突破种种不利的局面，始终保持一种精神集中与情绪饱满的状态，在提升自身价值感的同时也能够为其自身工作发展和业务能力水平创新提供源源不断的支撑，能够在日常的工作、生活中处于一种积极、向上的状态。

（2）高校教师队伍基于激励因素的激励机制分析

现阶段在对高校教师进行激励的过程中，通常会更加关注、强调其服务与管理职能。高校教师的认知已经比较成熟，内心所思考的问题和价值观、认知观已经出现了不同程度的复杂化，在这种情况下高校必须要从多角度来对教师进行引导和帮助。另外，从职务晋升角度来看，高校教师队伍一般是要借助行政职务与专业技术职称两种渠道来升职，但在实际的工作中，一些高校的中层领导岗位定额有限，教师竞争也十分激烈，无形中导致很多教师逐渐地失去了竞争力。很难有时间开展相关的教学以及科研活动研究，只能以"一声叹息"的方式来看待各种专业技术职称的学历与科研成果瓶颈。这种边缘化的发展趋势，导致了教师在日常的角色体验中，无法体验到事业的成就感和满足感，不仅会在看似琐碎、冗余的工作中逐渐失去工作的主动性，同时也会影响到其工作积极性的发挥，这同样也是目前很多高校无法将一些优秀的人才留在岗位上的重要因素。

（3）从保健因素的角度进行应用

要将教师的岗位职责进行明确，从日常工作、日常激励考核做起，不断提高教师的职业威望与声誉。针对目前教师队伍工作界限广泛、工作重心偏差的局面，高校管理者必须要从提升教师的职业认同感以及事业成就感的角度来进行保健因素导入，以此来缓解各种不利的局面，确保高校教师能够在繁重的工作中为自己提供一个明确的职业发展方向和定位。一方面，要从高校自身做起，对教师的职业积极性以及职业认同感进行提升，同时也要时刻强调高校人才培养与思想认知工作的重要性，在改变教师多头领导的现状同时，减少教师的各种不必要的事物性处理。另一方面，要从薪酬角度结合教师的工作价值以及工作特点进行绩效激励。通过一定量的考核方式、考核原则以及考核程序来对教师展开各种层面的评价。最终以培训、奖励、晋升、转岗为可靠支撑，在激发教师的岗位意识与工作热情的过程中，实现高校教师的激励机制。

（4）从激励因素的角度进行应用

首先，要做好教师职业生涯规划，需要紧密地围绕教师的发展，根据教师需要和教师特征，来对其职业发展进行计划。在倡导"术业有专攻"的同时，为每一位高校教师的职业发展制定目标，引导教师将个人发展与学校进步进行完美融合。其次，还可以结合相应的激励机制来开展教师的培训工作，将"以人为本"贯彻到教师人力资本当中。不仅要从激励的角度实现教师和大学生的共同发展、共同成长，同时从"育人"与"育己"的角度进行高度融合，在不断提升教师人力资本的前提下，将激励环节进行深挖和延伸，从全方位、多角度、多渠道、重实效、分层次的角度来构建完善、科学的教师队伍培训体系。例如，可以通过专题培训与日常培训相结合的方式，来进行能力培养；可以从理论与实践相结合的角度，来确保教师工作更加趋于理性与完善；也可以根据学校发展的实际情况，采用校内校外培训双管齐下的方式，来进行不断地开拓创新。在获取更多先进管理理念的同时，在传统教学精华的基础上，为新时期的教师工作创新与提升提供一定支撑与帮助。相信在这些方式的激励引导下，每一名教师都能够在竞争中找到自己的位置、明确自己的目标，同时也为这一目标而努力奋斗。

4. 期望理论在高校教师思想政治教育中的应用

高校管理者可以运用期望理论帮助教师提高目标效价以及目标实现的可能性，并调动教师的工作热情和工作积极性。高校有自己的建设目标，教师也有自己的个人目标，高校应引导教师的个人目标与学校目标达成一致，使组织目标和个人目标能够很好地结合起来。高校应该制定切实可行的、经过个人努力能够实现的教师绩效目标，并及时协助其实现目标，教师目标一旦完成，高校的薪酬管理方面应对此有所表示，既可以有相应的奖励和报酬，比如发奖金、职位晋升等，也可以为了满足不同的教师需求而设计出形式多样的个性化报酬体系。如果高校给予的奖励不足以匹配教师个人完成的成绩时，教师可能会失去继续努力工作的动力，只有把高校的奖励与教师的成绩相关联，才能提高教师的积极性，教师才可能有努力再次完成目标的动力。也就是让教师明白他们只有通过在工作中努力完成绩效才能得到他们需要的东西，这种关系用过程模式表示，即"个人努力—个人绩效—组织奖励—个人目标"。

5. 公平理论在高校教师思想政治教育中的应用

公平理论对于高校教师激励来讲有很重要的意义，在设计教师激励机制时既要注重绝对报酬，也要兼顾相对报酬，还要运用激励的公平性，建立具有公平性的报酬体系；高校管理者应多做心理引导，使教师形成正确的公平观，在薪酬体系的设计时一定要突出内部公平、外部公平和教师自我公平三方面的公平性。特别是在薪酬的分配方面，一定要与绩效考核挂钩，坚持"效率优先，兼顾公平""多劳多得，少劳少得"的原则，避免"大锅饭"现象，让教师切身体会到付出就有回报，从而调动他们的工作热情和积极性。为避免教师产生不公平的感觉，高校可以采取措施和手段，在学校中营造一种公平合理的气氛，使教师产生一种主观上的公平感，以期更好地激活高校组织运行机制的活力。

二　教育心理学的理性借鉴

教育心理学是把心理学知识应用于教育的一门学科，是应用心理学的理论与方法来研究教育领域中的问题。教育心理学的根本任务在于向人们提供人性变化的知识，而人性的变化是通过学习实现的，所以学习在教育心理学中占中心地位。教师的榜样力量在人格以及道德修养的培养过程中发挥着不容取代的作用。教育心理学家认为模仿学习是极其关键的学习方式之一，榜样的作用是无可取代的。与此同时，教师之间存在一种特有的信任关系，教师以受人尊敬与拥护的教师为学习的典范，有学者将这一情形归结为"向善性"。为教师创造更为优质的集体环境，将教师群体逐步打造成团结一致、奋发向上的群体。

此外，应借助管理促进施教者与教育对象关系民主性的提升，将施教者与教育对象关系演变为独特的教育手段。教育心理学主张应逐步转变施教者与教育对象的定位，使其由权威者演变为教育对象的朋友，施教者应妥善处理好施教者与教育对象间民主平等的关系，对教育对象给予应有的尊重，培养教育对象的独立人格，关注教育对象思维品质与问题意识的养成。施教者应从研究者的角度入手重视教育对象的个性化发展。

三 教育管理学的理性借鉴

教育管理可以理解为学校以教育计划和教育活动等管理方式进行管理。教育管理区别于教育行政的是，教育管理还涉及行政内容，包括党政政策的落实等。由大到小来看，教育管理涉及教育政策与法律法规等多个方面的内容。我国教育机构的主要任务是落实中央关于教育的方针、政策，接受上级教育部门的有关领导，对本部门教育事业的建设、领导与管理教师、教育事业发展等予以负责，明确教育管理活动中高校实施思想政治教育对人才的培养。

一般来说，教育管理学的内涵可以描述为：在教育管理存在不足的研究目标指导下，辅助以教育学、管理学等有关学科的理论，运用定性、定量及其他研究方法探寻管理问题，归纳其中的教育规律，进而打造理论和实践结合起来的管理学科。也就是说，从发现教育规律，到形成教育管理理论，甚至是落实教育管理实践，三项内容共同构成了教育管理学。高校教育管理者要走在开展教育管理学活动的前沿，在教学开展前要以提升自身综合素质为切入点进行相关准备工作。培养教师具有决策论证、可行性分析的相关能力、自我评价能力、反省的能力、组织实施能力等。高校教育管理者开展工作的基本前提是从自我管理入手，真正做好自我修养工作。长期以来高校是最具生机和活力的场所，是青年大学生与教师创造活力的乐土，然而大学生的经验比较欠缺，面对各种复杂的诱惑或陷阱缺乏充分的甄别与抵抗力，高校必然要对思想政治教育工作进行创新。为此，高校师生的思想政治教育工作开展需要运用教育管理学的相关知识。

四　国外思想政治教育主要理论与方法的借鉴

"思想政治教育方法，是指在思想政治教育过程中，为实现教育目标、传授教育内容，教育者对受教育者所采取的思想方法和工作方法。"① 伴随科技的迅猛发展和我国社会现代化程度的不断深化，国民的思维方式、价值观念和行为容易发生深刻的变化。因此，许多国家在当今社会显得比任何时候都更加重视发挥思想政治教育的能效，也更加重视思想政治教育方法的选择和实施。

（一）当代国外思想政治教育的主要方法及特点

事实上，不论是社会主义国家还是资本主义国家在各个历史时期都会开展国民思想政治教育。而且，社会主义国家的教育力度并不强于资本主义国家。

1. 隐蔽式和渗透式教育工作方法

严格地说，国外并没有正式地用到"思想政治教育"这一概念，而在事实上实施着非常完整的思想政治教育活动。原因在于国外大都采取隐蔽式教育方法。这里所说的隐蔽式教育方法，是指在"公民权利和义务教育""公民道德教育""国民精神教育"等教育中悄无声息地进行思想政治教育。可以看出，西方国家想无限度延长和扩大思想政治教育的政治性功能，同时又极力想给人们一种"无政治色彩"的感觉，原因在于其力图潜移默化地使受教育者接受教育者的思想。最早运用这种思想的美国提出了"无意识"教育方法，推行"无意间"工作原则，目的都是在于使民众在无意识中接受思想政治教育。西方国家在极力实施隐蔽式教育和渗透式教育的实践中，不仅取得了显著的成效，也形成了其思想政治工作的独特风格。

2. 注重整体教育和环境熏陶

在实施思想政治教育的过程中，国外往往更加强调对国民的整体教育，诸如新加坡的"双语教育""能力教育""道德教育"，美国的"修养""爱国""诺言"三教育，日本的"以培养成为热爱真理与正义，热

---

① 陈万柏、张耀灿：《思想政治教育学原理》，高等教育出版社2007年版，第5页。

爱劳动,注重责任,富有自主精神、身心健康,具有完善人格的国民"德育模式,都展现了对全体国民的教育,其目的就在于提高全体国民的素质。

同时,西方国家还非常重视环境对人的熏陶作用。比如,马克思认为,"人创造环境,环境也创造人",非常深刻地揭示了人类与环境的辩证关系。可见,国外在思想政治教育实践中特别注重利用环境对人的影响和熏陶作用。诸如学校的教育风格、管理理念、纪律规则、校风、教风、学风、教师榜样示范、人际交往、解决问题的方法和习惯、信息沟通的模式、与社会交往的方式等,社会的经济环境、文化环境、道德环境、法律环境、交往和沟通习惯等,都是环境影响和熏陶人的重要因素。

3. 加强学科之间的融合形成教育合力

为达到思想政治教育目标,提升思想政治教育效果,国外在教育实践中还注重学科综合,将德育融入教学,善于形成教育合力。比如,在国外许多高校,就十分注意发挥每个学科、每个学术活动对思想政治教育的"载道作用"。通过设置课程,选择教材内容等,力图对道德发展产生正向的影响。人文社会科学、自然科学,本身就蕴含着丰富的思想政治教育内涵,人们可以借鉴历史,可以用文学陶冶人的情操,可以用地理养成人对环境的正确态度,可以用体育增强人的竞争、合作意识。国外高校,常常通过思想政治教育与各学科教育的有机融合和整合,实现各学科教育共同对品德、行为产生潜移默化的影响。比如,美国强调思想政治教育同其他课程的交融性,鼓励学生的广泛参与;韩国则将国民精神教育融入一切教育活动中,在许多教材中都直接或间接反映道德教育,全员教育。

4. 道德认知和道德实践相结合

美国德育学家科尔伯格首次提出道德认知德育方法,主要是通过研究道德两难问题,从而了解人的道德认知发展,并最终将人的道德认知提升到一个新的层次。道德认知德育方法被西方很多国家所采用并发展。这一方法的核心在于两点:道德实践和道德判断。简单地说,就是先作出道德认知和判断,然后再根据自己对道德的认知,付诸道德行动。这一过程看似繁琐，但不可省略，道德认知就是要解决道德理论问题，道德判断是要解决道德取舍问题，而其最终目的则在于道德实践，也可以说实践道德。美国特别重视培养受教育者对高尚道德的认知判断能力、逻辑推理能力，新加坡通过"设定场景—学生进入场景—学生体验—学生选择"使受教育者通过深入思考作出道德选择并付诸道德实践，都体现了这一点。

可见，国外思想政治教育方法有其特殊意义与作用，并且在长期的思想政治教育实践中取得了十分显著的成效。因此，怎样有选择、有目的地借鉴其他国家在思想政治教育方法上的成功经验以为我所用，成为一个重要而且热门的话题。

（二）国外思想政治教育方法的启示

我国具有兼收并蓄博采众长的传统，国人一直提倡"它山之石，可以攻玉"。每一个国家、地区在进行思想政治教育的过程中，都会提出一些成功的有益的方法，同时由于各种原因又难免会存在一些问题，我们应该"取人之长，补己之短"，坚持"融汇中西，发展创新"的原则，进一步增强我国思想政治教育的实效性。

1. 坚持显性教育与隐性教育相结合，突出隐性教育的作用

隐性教育，是指在宏观主导下施教者通过隐藏目的、无计划、间接、内隐的活动使受教育者不知不觉地受到熏陶的教育过程。它实现教育目的隐藏于日常生活中，教育过程渗透于闲情逸致间，以"潜移默化""润物无声"的方式对受教育者的道德、思想、观念、价值、情感、态度等产生影响。过去，我国的思想政治教育主要以开展显性教育为主，一定程度上忽视了隐性教育，因此受教育者容易排斥空洞的理论说教。鉴于此，我们应该坚持显性教育与隐性教育相结合，并且突出隐性教育的作用。

"灌输理论"由列宁提出，它是指一种理论不会自主地在人们头脑中产生，是需要有意识地、自觉地加以灌输。有些国家在不断地对其公民进行比较隐蔽的思想灌输，也叫渗透。这需要我们的学校通过职业、心理咨询等方式对教师施加影响，还可以开设讲座来影响教师的思想。同时要高度重视"隐蔽课程"的作用，即通过对施教者的仪表、言谈举

止等作出规定来影响受教育者。

2. 构建国民教育体系，弘扬国民精神

思想政治教育的对象是人，研究如何做人的工作是思想政治教育的主要活动。这里的"人"，并不单指某一个人，而是国民全体。这就要求我们重构教育格局、转变教育理念，以全体国民为教育对象致力于思想、道德、素质提高的教育体系。这个体系应以爱国主义为核心，同时以国民精神为基点。爱国主义一直都是一种精神力量，是一面具有强大号召力的旗帜。开展爱国主义教育则是指树立爱国思想，并为之献身的思想教育。爱国主义是凝聚全体人民的精神所在，理应成为思想政治教育的重要内容。生发于中华文明传统、积蕴于当代中华民族复兴历程的中国国民精神，迸发出具有很强的动员与感召效应的精神和气象，特别是中国的快速崛起，是中国文化软实力的重要展现。中国的国民精神集中表现为仁爱、智慧、勤劳、朴实、上进、不屈等，我们要大力弘扬民族精神，倡导严谨、思辨、开放的国民精神。

3. 贯通古今，在继承中发展创新

融汇中西，贯通古今，自古以来就是我国的优良传统。贯通古今，在继承中发展创新，是思想政治工作的有效方法。我国是世界上历史悠久的文明古国之一，有着上千年的文化积淀与发展，积淀了灿烂辉煌的思想、文明成果。我国具有优良的文化传统，这是构成当代乃至今后我们开展思想政治教育的宝贵财富。中华民族优秀传统文化如儒家的"仁爱，忠恕，修身"等都可以作为我们的教育内容。春秋战国时期道家的"无为而治"思想也正契合了现代"无意识"教育思想而为我们提供了开展教育的方法。当然，对国外的学习借鉴很有必要，但国外教育思想有它产生的环境，终究只是一种移植或者帮助我们完善的形式，我们开展思想政治工作的最终目标在于发展和创新。我国的优良传统文化可以成为思想政治教育源源不竭的发展动力与创新灵感。这是我国的优势与特色，也是我们思想政治教育以后努力的方向。

4. 坚持"以人为本"，致力于道德实践和人的发展

马克思在《黑格尔法哲学批判》导言中说："理论只要说服人，就能掌握群众；而理论只要彻底，就能说服人。所谓彻底，就是抓住事物

的根本。但是，人的根本就是人本身。"① 可见，思想政治教育是一个复杂的育人过程。这个过程是一个率先掌握理论的人去说服人、教育人、指引人、帮助人的过程，这一过程的始终都体现着人的主体性地位。因此，在思想政治教育实施过程中，我们应该遵循"以人为本"的现代思想政治教育理念，从受教育者的实际需求出发，不断丰富思想政治教学内容，创新思想政治教育理念和教学方法，提高教学实效性。

德育是思想政治教育的集中表现，而德育体现为对受教育者思想品德的树立，并引导受教育者最终将道德判断付诸道德实践。需要明确的是思想政治理论教育以及所有的德育实践，最终目的都是促进人自身自由全面充分地发展。因此，在思想政治教育过程中我们应该充分注重受教育者主动性的发挥，尊重他们的独特情感，营造和谐的教学环境，引导他们形成良好的思维模式，从而使他们能独立自主判断、解决问题。

思想政治教育是一项长期伴随社会发展的实践活动，其内容及其方法并非一成不变，而是与时俱进。因此，我们应该在继承本国传统思想政治教育内容和方法的基础上，理性借鉴国外思想政治教育方法，不断创新适应新形势的思想政治教育内容和方法。

---

① 《马克思恩格斯选集》第1卷，人民出版社1995年版，第9页。

第五章

高校教师思想政治教育现状的调查分析

当前，国内形势和国际形势都在不断发生变化，互联网的发展、信息的日新月异以及通信技术等的迅猛发展，还有社会价值观念的多元化等等，人们的思想、学习和生活等不断被冲击，高校教师也是社会群体的组成部分，受其影响，他们的人生观、世界观和价值观也变得更加复杂化和多样化。极少数教师更加关注自身利益、关心自身发展，于是他们对外部变化缺少关注，缺少对形势的敏锐理解力和洞察力等，这些都给教师的思政工作带来困难。

对教师进行思想政治教育，就不能忽视教师这一群体的共性和个性。加强对教师主体地位的认识，首先要了解教师的思想、观念、理想和现实需求以及心理健康等情况，抓住教师思想动态变化，这样根据教师的实际需求以及现实问题，加强和改进教师思想政治工作才能有的放矢。但是在实际工作中，关于教师的调研工作较少，所以要加大调研工作，通过调查研究，掌握实际情况，然后才能进行科学的决策，针对高校教师的思想政治工作才能够达到良性循环。

第一节 调查问卷与访谈实施概况

笔者围绕高校教师政治认同度、受教育程度、工作环境、文化氛围、思政工作、理想信念、道德规范、立德树人根本任务、工作成就感、对学生思想状况和生活状况关注的程度、与学生课外交流最主要的途径、面临的最主要困扰、制约职称晋升的主要因素、事业发展前景、职业幸福感、对本校教师队伍的总体印象、高校教师思想政治工作的针对性和实效性等方面，通过召开高校教师座谈会、访谈、发放问卷等方式在校内开展调查；同时围绕沟通的最有效方式、对教师的满意度、教师的品质、对教师工作的认可程度、师德师风考核等方面，通过召开学生座谈会、访谈、发放问卷等方式在校内开展调查，以期对加强和改进新时期高校教师思想政治工作有所裨益。

本次调查自2021年5月始，历时3个多月，召开座谈会3场、访谈8场；问卷调查在网上进行，采用自行研制的问卷，面向全国东部、中部、西部地区21所高校，以分层随机的方式进行抽样。一是发放教师调查问卷250份，回收有效问卷217份，回收率为86.8%，高级职称9份，副高级职称27份，中级职称123份，初级职称58份，覆盖专业教师、辅导员和行政管理人员；二是发放学生调查问卷6000份，覆盖高校全体学生，回收有效问卷5736份，回收率为95.6%。

问卷数据通过Excel软件录入数据库，后采用SPSS 22.0软件进行统计分析。调研初步厘清了高校教师的思政工作现状，并提出了创新工作路径的思考。

第二节 大学生对高校教师的认同度的实证分析

一 问卷调查的可靠性分析

大学生对高校教师的认同度采用李克特态度量表法，利用Cronbach's Alpha分析进行可靠性分析，检验发现其可信度为0.979，大于0.7，表明该量表稳定，内部同质性及一致性强，如表5-1所示。

表5-1　　　学生对高校教师的认同度数据处理汇总表

个案处理总结

		项目数	百分比（%）
个案	有效数据	5736	100.0
	排除项	0	0.0
	总计	5736	100.0

a. 将基于过程中所有变量的列表进行删除。

可靠性统计

克朗巴赫系数 α	项目数
0.979	100

二 大学生对高校教师的认同度调查结果分析

(一) 大学生对高校教师认同度的频率分析

从图5-1中可以看出,高校教师在上课过程中关于接打电话的表现良好,66.35%的大学生表示其任课教师在上课过程中没有接打电话,28.61%的大学生表示其任课教师少部分有在上课过程中接打电话,仅有2.18%的大学生表示其大部分任课教师会在课堂上接打电话,2.86%的大学生对此不太清楚。这表明,大多数高校教师遵守了课堂教学行为规范,而仍有少部分教师没有遵守,违反了此行为规范,因此高校仍需加强教师对课堂教学行为规范的认识,严格监督教师的课堂行为。

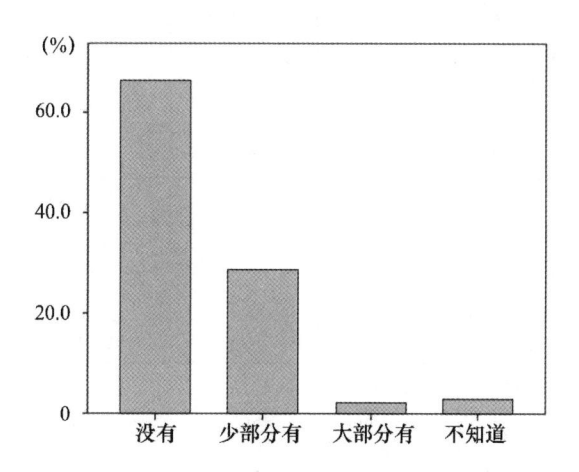

图5-1 任课教师在上课过程中接打电话的情况

(二) 大学生与高校教师的互动情况频率分析

由表5-2可知,大学生在学习、生活中遇到困难或麻烦时主要的求助对象是大学同年级同学、家长和中学同学,其中大学同年级同学有3913人,家长和中学同学分别有2040人和1917人。少部分大学生会向大学高年级同学、辅导员、网络、班主任、专业课教师求助，分别有1065人、1174人、1195人、798人和803人，极少部分会向学校心理咨询中心老师和社会服务机构求助，10.4%的大学生则通过其他方式进行求助。这表明，相比于大学高年级同学、辅导员、网络、班主任和专业课教师，大部分大学生还是更为信赖大学同年级同学、中学同学和家长，高校教师与大学生之间仍存在一定的距离。

表5-2　您在学习生活中遇到困难或麻烦时通常会向谁求助（频率）

		响应		个案百分比（%）
		个案数	百分比（%）	
您在学习生活中遇到困难或麻烦时通常会向谁求助	中学同学	1917	13.7	33.4
	大学同年级同学	3913	28.0	68.2
	大学高年级同学	1065	7.6	18.6
	家长	2040	14.6	35.6
	辅导员	1174	8.4	20.5
	班主任	798	5.7	13.9
	学校心理咨询中心老师	263	1.9	4.6
	专业课教师	803	5.78	14.0
	社会服务机构	201	1.4	3.5
	网络	1195	8.6	20.8
	其他	598	4.3	10.4
总计		13967	100.0	243.5

a. 二分法组以定值1列出。

从图5-2中可以看出，有4120名大学生认为面谈是教师与学生沟通的最有效方式，占71.83%；907名大学生认为网络最为有效，占15.81%；422名大学生认为电话才是最有效的方式，占7.36%；剩下的287名大学生分别认为书信、他人转达和其他方式才是最有效的方式。这表明，大部分学生更喜欢面对面的沟通与交流来进行与教师之间的互动，且面谈有助于快速解决双方在交流过程中随时产生的问题；

另外，仅次于面谈的网络也是大学生与教师之间进行沟通的最有效方式，借助网络大学生与教师可以忽略时间与空间的限制，随时随地直接进行沟通与交流，更为省时方便。

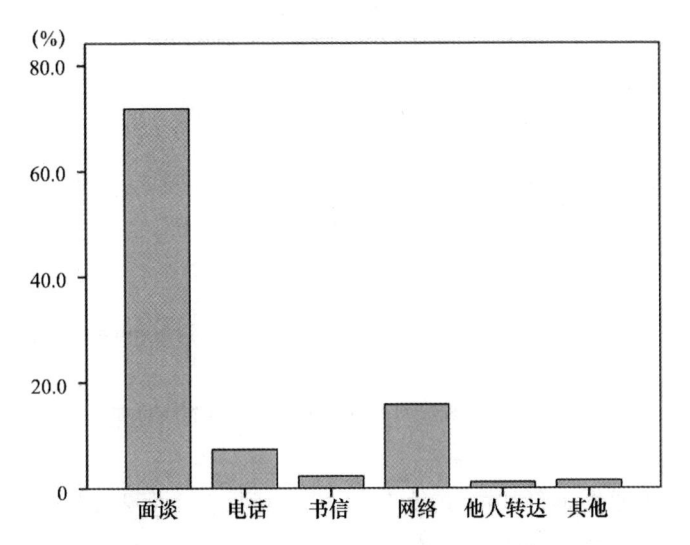

图 5-2 大学生认为教师与学生沟通的最有效方式

由图 5-3 可以看出，新形势下，高校教师对待学生更加平等和尊重：有 1594 名大学生表示他们对教师关心、尊重每一个学生，不歧视、责骂、讽刺学生，不体罚或变相体罚学生方面的表现很满意，占 27.79%；有 2811 名大学生对此表示满意，占 49.01%；有 1214 名大学生表示一般，占 21.16%；有 82 名大学生表示不满意，占 1.43%；有 35 名大学生表示很不满意，占 0.61%。这说明，大学生的平等权益普遍受到保障，高校及高校教师尊重学生人格尊严，重视学生的身心健康发展。

由图 5-4 可以看出，高校教师与大学生之间存在良好的学习与交流的风气：有 1513 名大学生表示他们对教师积极为学生提供讨论、质疑、探究、合作、交流的机会方面的表现很满意，占 26.38%；有 2750 名大学生对此表示满意，占 47.94%；有 1340 名大学生表示一般，占 23.36%；有 96 名大学生表示不满意，占 1.67%；有 37 名大学生表示很不满意，占 0.65%。这说明，绝大多数的高校教师积极为

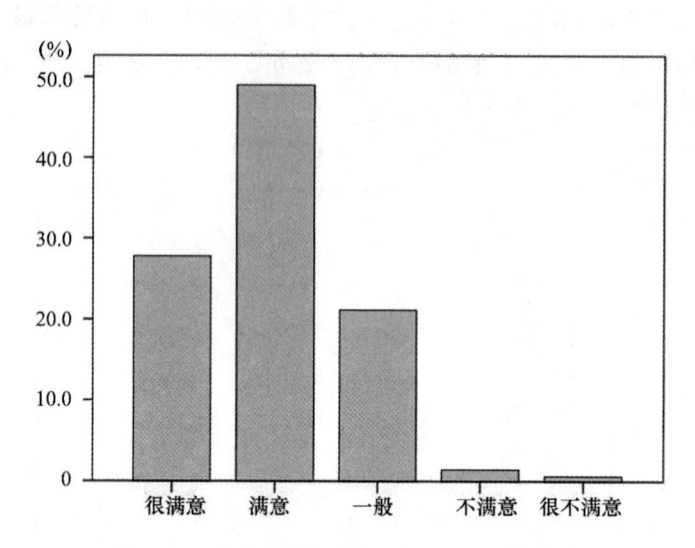

图 5-3　大学生对教师在关爱学生方面的表现

大学生创造和提供良好的学习环境，与此同时，高校的教育管理者也应重点关注在此方面表现不佳的高校教师，多多听取学生的反馈，从而进行具有针对性的监督。

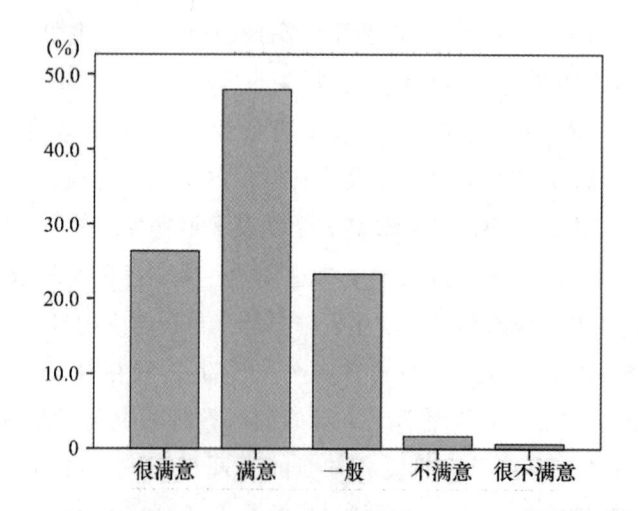

图 5-4　大学生与教师之间良好学习交流风气方面的表现

(三) 大学生对高校教师各项表现的满意情况频率分析

由图 5-5 可知，大学生对高校教师育人意识方面表现很满意的有 1537 人，占 26.8%；对其满意的有 2798 人，占 48.78%；对其表示一般的有 1267 人，占 22.09%；对其表示不满意的有 99 人，占 1.73%；表示很不满意的有 35 人，占 0.61%。这表明，大学生普遍认为高校教师具有良好的育人意识，这有利于提高教育质量，培养高素质人才。

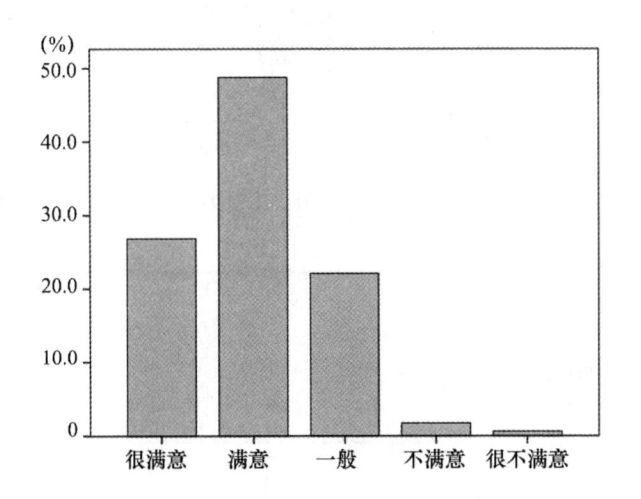

图 5-5 大学生对教师育人意识表现的满意度

由图 5-6 可知，大学生对高校教师人格魅力方面表现很满意的有 1461 人，占 25.47%；对其满意的有 2679 人，占 46.71%；对其表示一般的有 1453 人，占 25.33%；对其表示不满意的有 102 人，占 1.78%；表示很不满意的有 41 人，占 0.71%。这表明，大学生普遍被高校教师的人格魅力所吸引，在人才培养的过程中，学生易受其尊敬、崇拜的教师的人格魅力的影响，从而向其靠拢，这有利于形成多样化的成熟人才。

(四) 大学生对高校教师在各方面所提供的帮助的需求程度

从图 5-7 可以看出，大学生对解答思想上的一些疑问非常需要的有 1401 人，占 24.42%；需要的有 2605 人，占 45.41%；一般的有 1536 人，占 26.78%；不太需要的有 143 人，占 2.49%；完全不需要的有 51 人，占 0.89%。这表明，大部分的大学生喜欢积极思考，且拥有强烈的

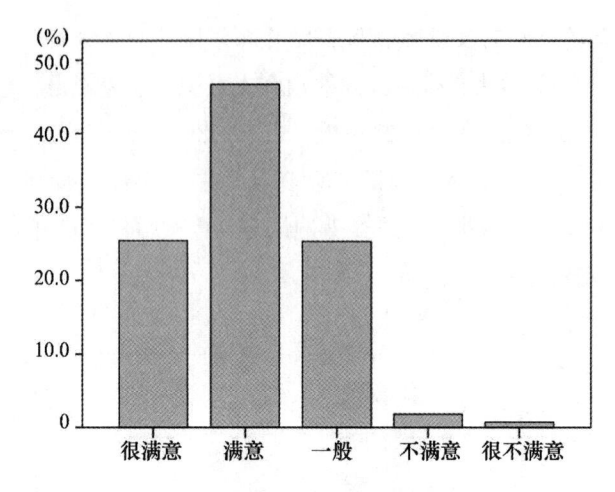

图 5-6　大学生对教师人格魅力的满意度

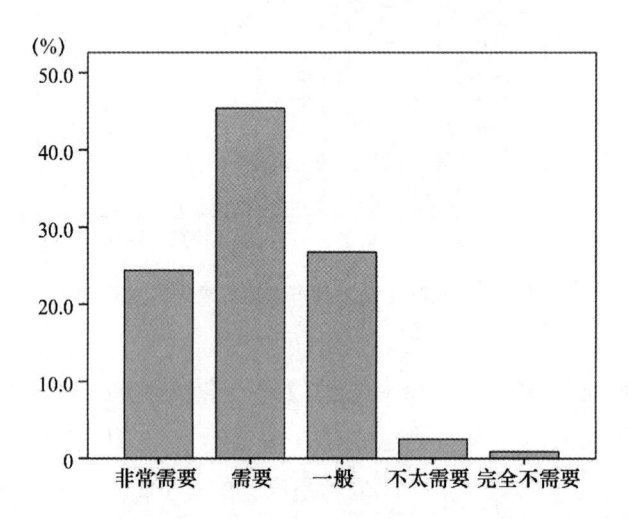

图 5-7　大学生对教师在解答思想上疑问所提供帮助的需求程度

求知欲，需要教师对其思想上的疑问进行解答。

从图 5-8 可以看出，大学生对协助进行心理疏导解决心理问题非常需要的有 1328 人，占 23.15%；需要的有 2399 人，占 41.82%；一般的有 1680 人，占 29.29%；不太需要的有 253 人，占 4.41%；完全不需要的有 76 人，占 1.32%。这表明，大部分的大学生在其大学生活中仍会遇到许多困难与问题，积攒在心里导致其产生心理问题，而其本身并不擅

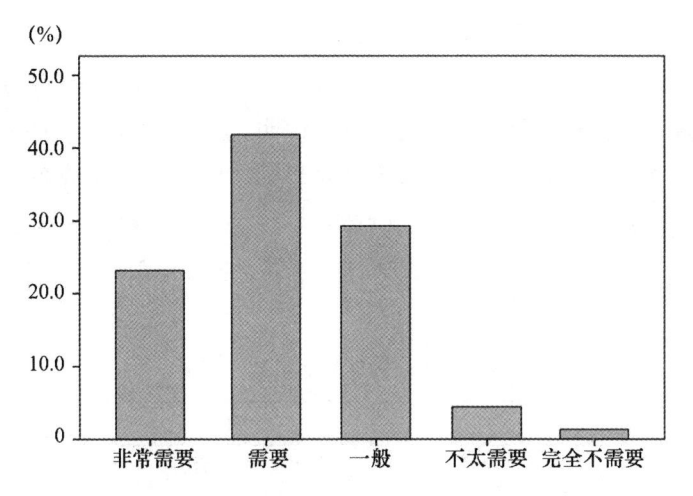

第五章　高校教师思想政治教育现状的调查分析　77

图 5-8　大学生对教师在解决心理问题所提供帮助的需求程度

长解决，因此急需教师来帮助其疏导，同时这也说明高校教师对大学生的生活有着不可忽视的影响。

（五）大学生对高校教师的认可程度及需求情况

从表 5-3 可以看出，大学生认为工作能力强是教师最重要的品质的有 4457 人；认为学术科研水平高是教师最重要的品质的有 3481 人；认为思想觉悟高是教师最重要的品质的有 3446 人；认为沟通交流能力强是教师最重要的品质的有 4198 人；认为具有亲和力是教师最重要的品质的有 4294 人；认为会主动帮助有困难的学生是教师最重要的品质的有 3336 人；认为有丰富阅历是教师最重要的品质的有 3161 人。这表明，在大学生眼里，工作能力强、学术科研水平高、思想觉悟高、沟通交流能力强、具有亲和力、会主动帮助有困难的学生、丰富的阅历等都是教师重要的品质，其中工作能力强、沟通交流能力强和具有亲和力这三个方面得到较高的认同。

从表 5-4 可以看出，大学生认为教师应该加强学业咨询辅导能力培训的有 3835 人；认为应该加强心理疏导能力培训的有 3598 人；认为应该加强就业指导职业规划能力培训的有 3643 人；认为应该加强处理突发事件能力培训的有 2997 人；认为应该加强语言沟通能力培训的有 3242 人；认为应该加强科学研究能力培训的有 2049 人；认为应该加强敬业精神培训的有 2454 人；认为应该加强其他方面培训的有 395 人。这表明，在大学生眼里，高校教师的学业咨询辅导能力、心理疏导能力和就业指导职业规划能力较为欠缺，同时，这也说明大学生在这三个方面具有较大需求，因此高校教育管理者应当针对教师薄弱的地方而恰巧又是学生需求较大的地方，为高校教师提供免费的进修、学习机会或定期安排一些相对应的讲座来帮助教师认识到自己薄弱之处并加以改进提升。

表 5-3　　您认为教师最重要的品质是（频率）

		响应		个案百分比（%）
		个案数	百分比（%）	
您认为教师最重要的品质是	工作能力强	4457	16.9	77.7
	学术科研水平高	3481	13.2	60.7
	思想觉悟高	3446	13.1	60.1
	沟通交流能力强	4198	15.9	73.2
	具有亲和力	4294	16.3	74.9
	会主动帮助有困难的学生	3336	12.6	58.2
	丰富的阅历	3161	12.0	55.1
总计		26373	100.0	459.9

a. 二分法组以定值 1 列出。

表 5-4　　您认为教师应该加强哪些方面的培训（频率）

		响应		个案百分比（%）
		个案数	百分比（%）	
您认为教师应该加强哪些方面的培训	学业咨询辅导能力	3835	17.3	66.9
	心理疏导能力	3598	16.2	62.7
	就业指导职业规划能力	3643	16.4	63.5
	处理突发事件能力	2997	13.5	52.2
	语言沟通能力	3242	14.6	56.5
	科学研究能力	2049	9.2	35.7
	敬业精神	2454	11.0	42.8
	其他	395	1.8	6.9
总计		22213	100.0	387.2

a. 二分法组以定值 1 列出。

从图 5-9 可以看出，大学生认为教师工作非常辛苦，效果好，满意度很高的有 1856 人，占 32.36%；认为教师工作非常辛苦，工作效果基本满意的有 2542 人，占 44.32%；表示其工作投入基本满意的有 1182 人，占 20.61%；认为其工作投入少，效果差，满意度低的有 156 人，占 2.72%。总体来看，75% 以上的大学生对教师工作较为认可和满意，仅有 2.72% 的大学生对教师工作的认可度低，这说明目前教师普遍对工作投入较多，且均为有效工作，认同度高。

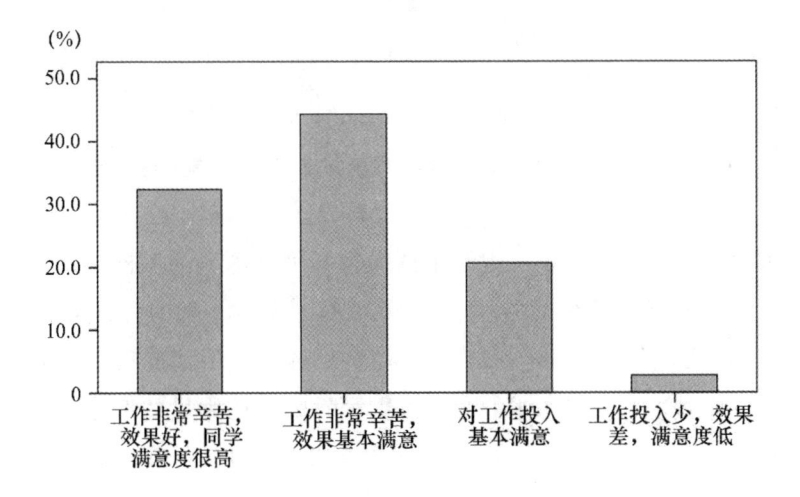

图 5-9 大学生对教师工作的认可程度

（六）大学生对高校教师各项考核的看法、了解及参与程度

从图 5-10 可以看出，大学生认为学校或院系对教师师德师风的定期考核非常必要的有 3163 人，占 55.14%；认为一般的有 2089 人，占 36.42%；认为无所谓的有 367 人，占 6.4%；说不清的有 117 人，占 2.04%。总体来看，仅有一半左右的大学生认为学校或院系对教师师德师风的定期考核非常必要，剩下的一半大学生对此不太感兴趣，这说明大学生对高校教师的师德师风的考核不太了解，同时也间接说明了其对高校教师的师德师风不那么重视，因此学校有必要跟学生解释说明一下有关师德师风考核的规则和细节，让学生帮助监督和反馈高校教师师德师风方面的表现。

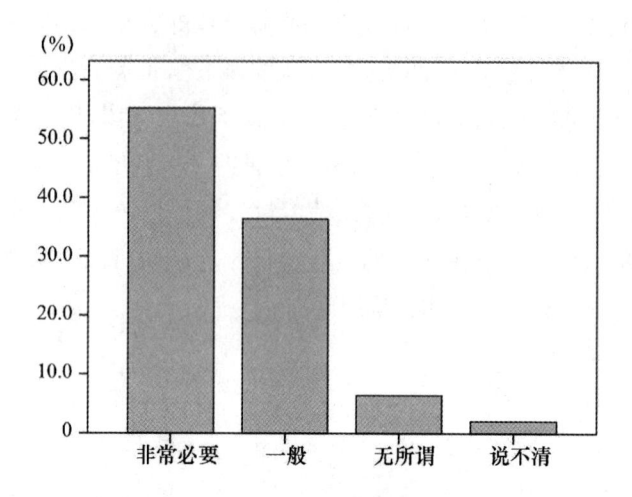

图 5-10 大学生对学校或院系对教师师德师风的定期考核的看法

从图 5-11 可以看出，大学生认为教师师德师风的考核加入学生评价的环节非常必要的有 3255 人，占 56.75%；认为一般的有 2057 人，占 35.86%；认为无所谓的有 324 人，占 5.65%；说不清的有 100 人，占 1.74%。这说明，仅有一半的大学生重视教师师德师风的考核，且愿意帮助学校去完善这个考核，提高考核结果的真实性，另有接近一半的大学生对此考核不感兴趣。也不愿意参与。

（七）大学生对高校教师其他方面的看法

从图 5-12 可以看出，大学生完全同意教师的许多时间和心思都花费在评职称上，而不是学生身上的有 1546 人，占 26.95%；较为同意的有 2337 人，占 40.74%；不确定的有 1246 人，占 21.72%；较为不同意的有 423 人，占 7.37%；完全不同意的有 184 人，占 3.21%。75% 左右的大学生认为相比于学生，高校教师会花更多的时间和精力在评职称上，这说明大多数高校教师的主要精力还在于追求事业上的成功，同时这也与教师微薄的福利待遇有关，虽然现状正在逐步改善，但仍未达到整体福利待遇提高的水平，因此高校教师需要通过评职称等途径来提高自己的收入水平以改善生活，同时这也是其事业上的追求。

从图 5-13 可以看出，大学生完全同意当需要承担责任的时候，教

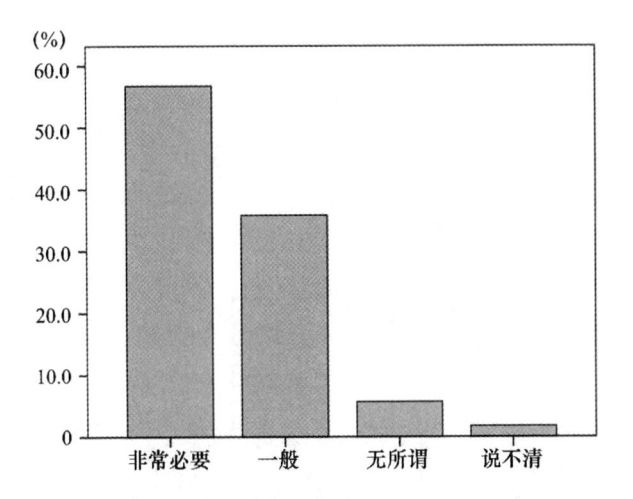

图 5-11　大学生对教师师德师风考核加入学生评价环节的看法

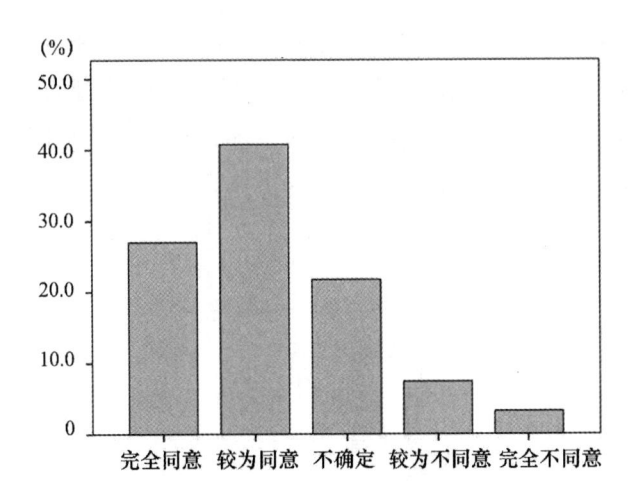

图 5-12　大学生对教师主要精力用在评职称上的认同程度

师不会相互推诿的有 1870 人，占 32.6%；较为同意的有 2662 人，占 46.41%；不确定的有 1053 人，占 18.36%；较为不同意的有 116 人，占 2.02%；完全不同意的有 35 人，占 0.61%。75% 左右的大学生认为在需要承担责任的时候，老师是有担当和负责任的，不会相互推诿，这说明总体来说高校教师是值得信任和可靠的，大部分教师都在认真履行岗位职责。

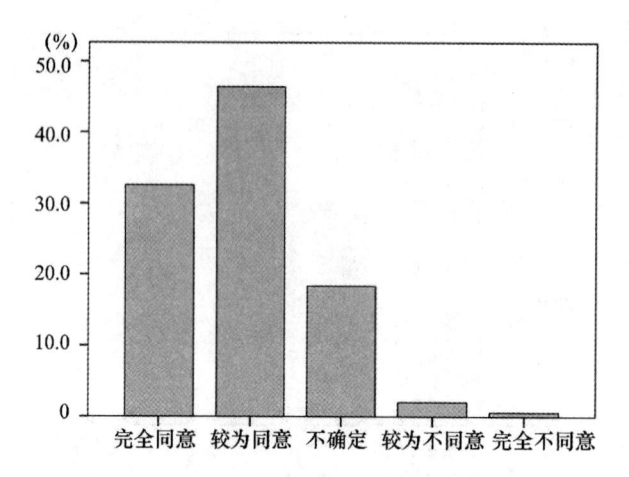

图 5-13　大学生对教师承担责任的认同程度

从图 5-14 可以看出，大学生完全同意教师与其坦诚相待的有 1679 人，占 29.27%；较为同意的有 2774 人，占 48.36%；不确定的有 1163 人，占 20.28%；较为不同意的有 89 人，占 1.55%；完全不同意的有 31 人，占 0.54%。75% 左右的大学生认为多数高校教师对学生是坦诚相待的，这说明教师与学生之间是互相信任的。

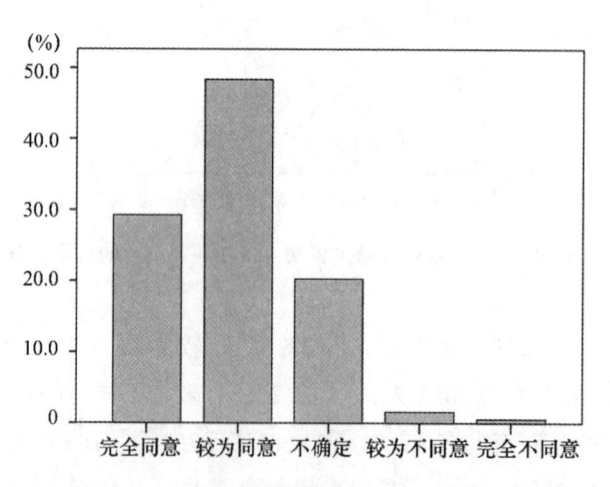

图 5-14　大学生对教师坦诚相待的认同程度

第三节 高校教师思想政治状况的实证分析

一 问卷调查的可靠性分析

高校教师思想政治状况采用李克特态度量表法，利用 Cronbach's Alpha 分析进行可靠性分析，检验发现其可信度为 0.858，大于 0.7，表明该量表稳定，内部同质性及一致性强，如表 5-5 所示。

表 5-5　　　　高校教师思想政治状况数据处理汇总表

个案处理结果

		N	百分比（%）
个案	有效数据	217	100.0
	排除项	0	0.0
	总计	217	100.0

a. 将基于过程中所有变量的列表进行删除。

可行性统计

克朗巴赫系数 α	项目数
0.858	166

二 高校教师思想政治状况调查结果分析

（一）高校教师基本情况分析

从图 5-15 中可以看出，收入与工作相符程度分为相称、基本相称、不相称，其中基本相称的为 104 人，占比 47.93%，表明教师认为工资和工作基本相符；相称的为 17 人，占比 7.83%，表明只有少部分人认为工资与工作程度相称并且满意；不相称的为 96 人，占比 44.24%，表明大部分人认为工作与工资是不相符的。学校应该及时和教师做好沟通，了解教师的期望薪资，这样才能提高教师收入以及教学质量。

表 5-6 是教师认为工作成就来源的数据分析。在教学中与学生共同进步的个案数是 118 人，热爱教师职业的个案数是 113 人，受到学生尊敬的个案数是 140 人，高校教师社会地位较高的个案数是 41 人，得到领

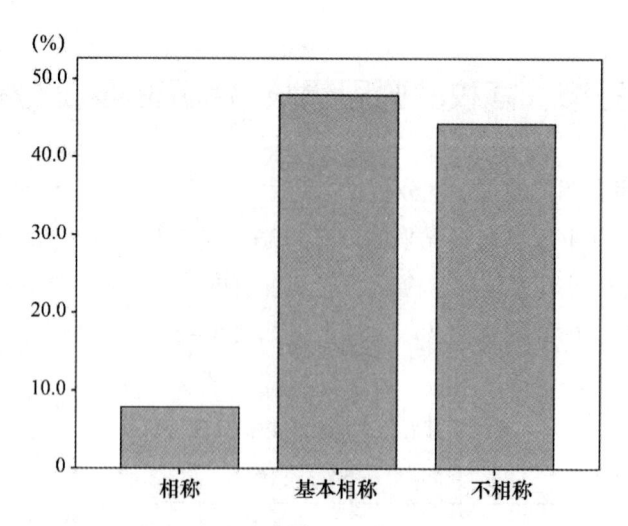

图 5-15 高校教师收入与工作付出的相称程度

导和同行认可的个案数是 88 人，在科研中取得成果的个案数是 46 人，其他来源个案数是 9 人，表明认为工作成就来源于在教学中与学生共同进步，热爱教师职业，受到学生尊敬，这三项来源的教师的个案数很高，所以这三项是教师认为工作成就的主要来源，并且男教师认为工作成就来源最高的占比是受到学生尊敬，人数是 51 人，占比 36.4%，女教师认为工作成就占比最高的也是受到学生尊敬，人数是 89 人，占比 63.6%，这些数据表明，教师普遍认为受到学生的尊敬是工作成就感的主要来源。

表 5-6　　　　　　　您认为工作成就感主要来源

您认为工作成就感主要来源	响应		个案百分比（%）
	个案数	百分比（%）	
在教学中与学生共同进步	118	21.3	54.4
热爱教师职业	113	20.4	52.1
受到学生的尊敬	140	25.2	64.5
高校教师社会地位较高	41	7.4	18.9
得到领导和同行的认可	88	15.9	40.6
在科研中取得成果	46	8.3	21.2
其他	9	1.6	4.1
总计	555	100.1	255.8

(二) 高校教师对学生思想和生活状况关注情况分析

从图 5-16 中可以看出，教师对学生思想状况和生活状况关注程度的数据分析，对学生十分关注的教师有 146 人，占比 67.8%；一般关注的教师有 63 人，占比 29.03%；毫不关注的教师为 0，占比是 0；需要关注就关注的教师是 8 人，占比 3.69%。从数据可以看出，教师对学生思想状况和生活状况普遍十分关注，没有教师对学生的思想状况和生活状况不关注。

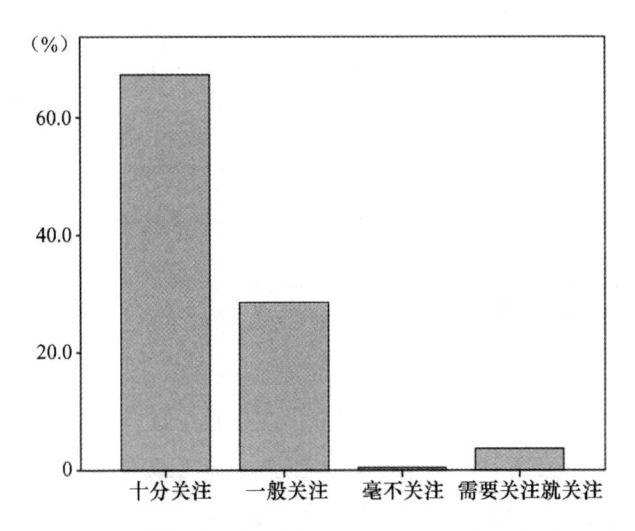

图 5-16 高校教师对学生思想状况和生活状况的关注程度

从表 5-7 可以看出教师与学生课外交流最主要的途径是：在课间休息或下课后聊天的个案数是 152 人，设立专门接待时间的个案数是 18 人，主动找学生交流的个案数是 96 人，答复学生邮件、电话、短信的个案数是 125 人，通过社交网络平台的个案数是 110 人，参加班会、学术讨论会等活动的个案数是 54 人，其他途径的个案数是 7 人。其中课间休息或下课后聊天，答复学生邮件、电话、短信，通过社交网络平台与学生交流的个案数最多，所以这三项是教师和学生课外交流的主要途径。教学岗位中教学与科研并重的教师，和学生交流的主要途径是课间休息或下课后聊天；教师岗位为教学岗的教师和学生交流的主要途径是课间休息或下课后聊天，答复学生邮件、电话、短信，以及通过社交网络平台；教师岗位为科研岗的教师和学生交流的主要途径是，课间休息或下课后聊天，科研岗的教师可能由于工作繁忙，没有设立专门的接待时间。教师岗位为其他岗位的教师与学生交流的主要途径是课间休息或下课后聊天，答复学生邮件、电话、短信，通过社交网络平台。

表 5-7　　　　　　　　　　您与学生课外交流最主要的途径

您与学生课外交流最主要的途径	响应		个案百分比（%）
	个案数	百分比（%）	
课间休息或下课后聊天	152	27.0	70.0
设立专门接待时间	18	3.2	8.3
主动找学生交流	96	17.1	44.2
答复学生邮件、电话、短信	125	22.2	57.6
通过社交网络平台	110	19.6	50.7
参加班会、学术讨论会等活动	54	9.6	24.9
其他	7	1.2	3.2
总计	562	99.9	258.9

（三）高校教师目前工作及生活的主要困扰

在工作方面，教师所面临的困扰主要有教学科研经费不足，个案数是 20 人；专业技术职务晋升困难个案数是 132 人；工作负担重，压力大，个案数是 107 人；没有学术引路人个案数是 80 人；人际关系复杂，共事合作难个案数是 17 人；缺少进修机会个案数是 62 人；教学科研配套服务跟不上个案数是 7 人；学术论著发表困难个案数是 69 人；考核机制不合理个案数是 30 人；申报课题难以成功立项个案数是 42 人；其他困难个案数是 6 人，见表 5-8。其中专业技术职务晋升困难，工作负担重，压力大和没有学术引路人，这三项占比最高，说明教师认为所面临的主要困扰是这三项。其中工作年限越长的人，认为面临的主要困难是专业技术职务晋升困难。

表 5-8　　　　　　　　在工作方面，您面临的最主要困扰

在工作方面，您面临的最主要困扰	响应		个案百分比（%）
	个案数	百分比（%）	
教学科研经费不足	20	3.5	9.2
专业技术职务晋升困难	132	23.1	60.8
工作负担重，压力大	107	18.7	49.3
没有学术引路人	80	14.0	36.9
人际关系复杂，共事合作难	17	3.0	7.8
缺少进修机会	62	10.8	28.6
教学科研配套服务跟不上	7	1.2	3.2
学术论著发表困难	69	12.1	31.8
考核机制不合理	30	5.2	13.8
申报课题难以成功立项	42	7.3	19.4
其他	6	1.0	2.8
总计	572	99.9	263.6

从表 5-9 中可以看出，教师认为制约职称晋升的主要因素，政策限制个案数是 124 人，名额限制个案数是 108 人，不公平竞争个案数是 38 人，自身原因个案数是 104 人，其他原因个案数是 13 人，教师普遍认为政策限制、自身原因、名额限制三项是制约职称晋升的主要因素。其中工作年限和制约职称晋升的主要因素的数据分析中，工作年限两年以下的教师认为，制约职称晋升的要素为政策限制的人数较多，一共 17 人，占比 13.7%；工作年限为 3—5 年的人，认为制约职称的主要因素是名额限制，有 20 人，占比 18.5%；工作年限在 6—10 年的教师认为制约职称晋升的主要因素是政策限制，有 26 人，占比 21.0%；工作 10 年以上的教师认为，制约职称晋升的主要原因是政策限制，有 70 人，占比 56.5%。

表 5-9　您认为制约职称晋升的主要因素

您认为制约职称晋升的主要因素	响应		个案百分比（%）
	个案数	百分比（%）	
政策限制	124	32.0	57.1
名额限制	108	27.9	49.8
不公平竞争	38	9.8	17.5
自身原因	104	26.9	47.9
其他	13	3.4	6.0
总计	387	100.0	178.3

从表 5-10 可以看出教师目前生活工作困扰的原因，其中经济收入个案数是 133 人，住房个案数是 44 人，社会保障个案数是 23 人，家庭情感个案数是 23 人，身体健康个案数是 55 人，科研压力个案数是 109 人，教学压力个案数是 28 人，子女入学入托就业等个案数是 19 人，子女成长与发展个案数是 90 人，赡养老人个案数是 28 人，其中经济收入和科研压力是教师目前生活的主要困扰。对于男性教师而言，认为生活困扰最严重的是经济收入和科研压力，分别为 54 人和 38 人，占比分别为 40.6% 和 34.9%；对于女性教师的生活困扰，主要是经济收入和科研压力，人数分别为 79 人和 71 人，占比分别是 59.4% 和 65.1%。所以无论是男教师还是女教师认为生活困扰最严重的是经济收入和科研压力。

表 5-10　您目前最主要的生活困扰

您目前最主要的生活困扰	响应		个案百分比（%）
	个案数	百分比（%）	
经济收入	133	24.1	61.3
住房	44	8.0	20.3
社会保障	23	4.2	10.6
家庭情感	23	4.2	10.6
身体健康	55	10.0	25.3
科研压力	109	19.7	50.2

续表

您目前最主要的生活困扰	响应		个案百分比（%）
	个案数	百分比（%）	
教学压力	28	5.1	12.9
子女入学入托就业等	19	3.4	8.8
子女成长与发展	90	16.3	41.5
赡养老人	28	5.1	12.9
总计	552	100.1	254.4

（四）高校教师对自身事业的看法分析

从图 5-17 中可以看出高校教师对职业幸福感的偏向，认为教师是最好的职业选择，有较强的职业幸福感，有 130 人，占比 59.91%；认为不是最好的职业选择，职业幸福感不强的人数为 56 人，占比 25.81%；认为从事教师工作仅是为了生存，不必追求发展与努力增长学识的人数为 11 人，占比 5.07%；认为随遇而安，无所谓有无职业幸福感的人数为 20 人，占比 9.22%。以上数据表明教师对这个行业普遍是比较满意的。

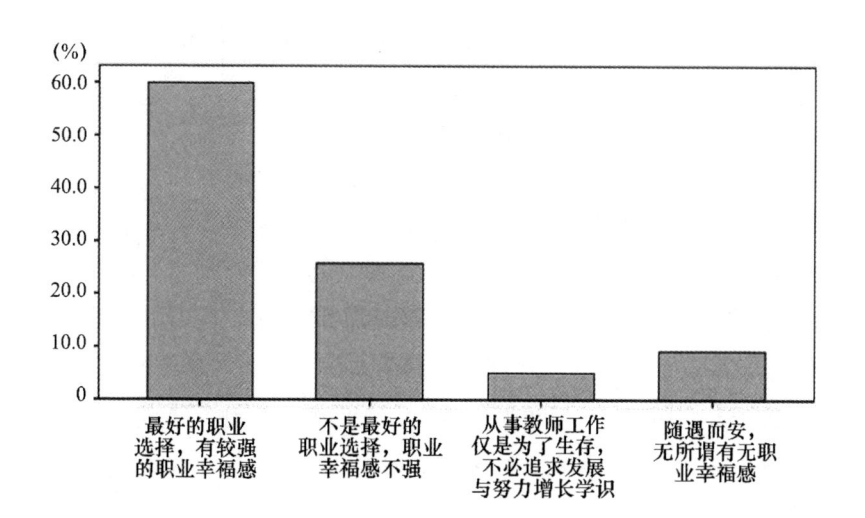

图 5-17 高校教师对职业幸福感的偏向

教师对自己的事业发展前景进行分析，认为前景广阔的教师，有 28 人，占比 12.9%；认为前景一般的教师有 135 人，占比 62.21%；认为很严峻的教师有 38 人，占比 17.51%；说不清楚的教师有 16 人，占比 7.37%（见图 5-18）。总体来看，认为发展前景一般的教师占比人数最多。说明教师普遍对事业发展的前景并不是很满意。

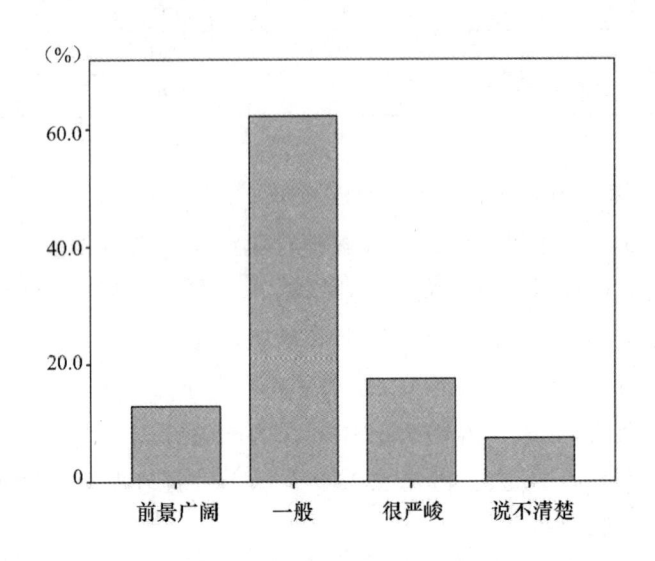

图 5-18 高校教师对自己的事业发展前景的看法

（五）高校教师在教师思想政治素质及师德师风建设方面的观点与表现分析

从图 5-19 中可以清晰地看出，对国务院印发《关于全面深化新时代教师队伍建设改革的意见》，几乎所有高校教师表示赞同，只有极少一部分高校教师表示不赞同。这表明，教师思想政治素质、师德师风等的监察监督，强化师德考评，体现奖优罚劣，推行师德考核负面清单制度，建立教师个人信用记录，完善诚信承诺和失信惩戒机制，着力解决师德失范、学术不端等问题，深受教师关注，相关部门应该加大改革力度，加快改革进程。

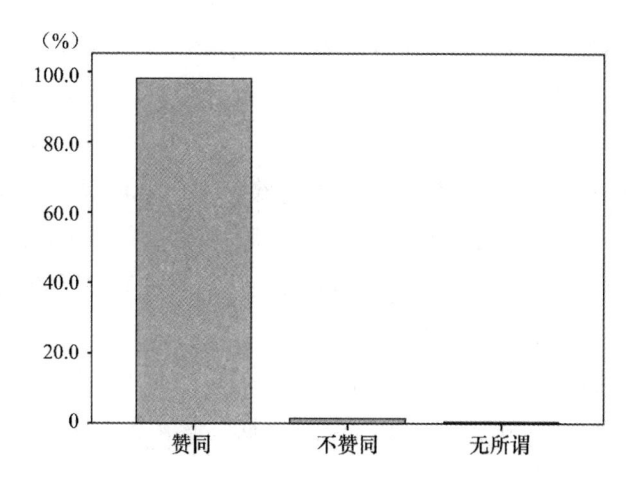

图 5-19　高校教师对国务院印发《关于全面深化新时代教师队伍建设改革的意见》的看法

表 5-11　　　　　　　　您认为师德建设工作最重要的方面

您认为师德建设工作 最重要的方面	响应		个案百分比（％）
	个案数	百分比（％）	
学校高度重视	102	16.5	54.0
制定师德规范	63	10.2	33.3
强化考评监督	77	12.5	40.7
表彰师德先进	189	30.6	100.0
提倡自我修养	97	15.7	51.3
营造良好氛围	86	13.9	45.5
其他	3	0.5	1.6
总计	617	99.9	326.5

由表 5-11 可知，102 名高校教师认为学校高度重视是师德建设工作最重要的方面，占比 16.5％；63 名教师认为制定师德规范才是其最重要的方面，占比 10.2％；分别有 77 人和 189 人认为是强化考评监督和表彰师德先进最为重要，占比为 12.5％和 30.6％；认为提升自我修养和营造良好氛围的高校教师分别有 97 人和 86 人，分别占比为 15.7％和 13.9％；仅有 3 人认为是其他方面。由此可见，学校的高度

重视及对师德先进的表彰有利于学校师德建设工作的顺利开展。

从图 5-20 中可以看出，有 103 名高校教师认为地方教育主管部门和高校对教师思想政治工作是很重视的，占 47.5%；有 98 名高校教师认为地方教育主管部门和高校对教师思想政治工作是重视的，占 45.2%；有 14 名高校教师认为地方教育主管部门和高校对教师思想政治工作是不重视的，占 6.5%；有 2 名高校教师认为地方教育主管部门和高校对教师思想政治工作是完全不重视的，占 0.9%。由此可见，只有极少部分的地方教育主管部门和高校完全不重视教师的思想政治工作。如果教师的思想政治工作抓的不严，措施缺乏，会对社会造成不良影响。

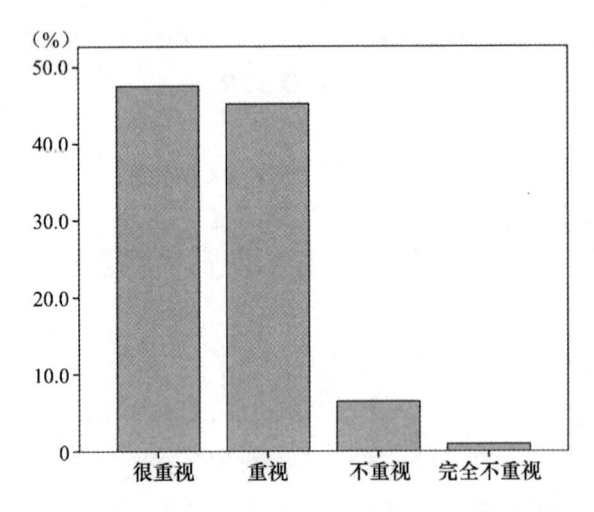

图 5-20　高校教师认为地方教育主管部门和高校对教师思想政治工作的重视程度

从图 5-21 中可以看出，有 134 名高校教师认为有必要学习政治理论，占 61.8%；有 41 名高校教师对政治理论感兴趣，占 18.9%；有 36 名高校教师认为学习政治理论一般，占 16.6%；有 6 名高校教师对政治理论的学习毫无兴趣，占 2.8%。总体上来看，绝大部分的高校教师对政治理论学习是感兴趣的，学习态度是积极的。

由表 5-12 可知，有 79 名高校教师认为加强高校教师政治理论学习的途径是定期集中学习，占 13.7%；有 76 名教师认为专题讲座或报告是其主

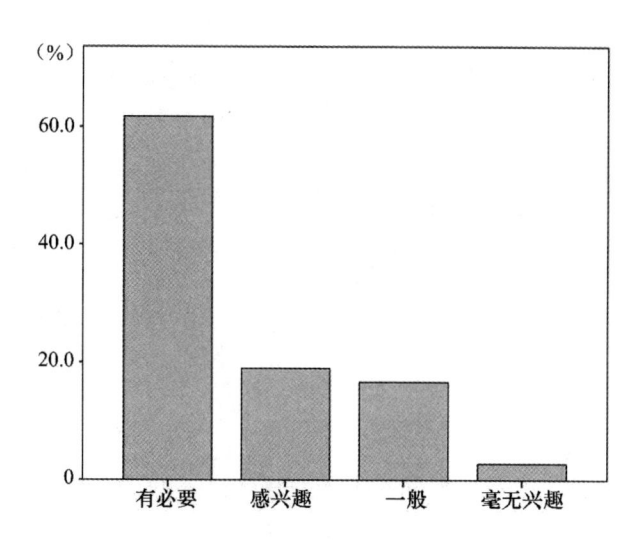

图 5-21　高校教师对政治理论学习的看法

要途径，占 13.2%；有 101 名教师则选择建立网上学习室，占 17.5%；有 180 名教师选择通过媒体学习，占 31.3%；有 66 名教师选择开展专项课题研究，占 11.5%；有 21 名教师选择成立培训班，占 3.6%；有 46 名教师选择在班主任等工作实践中提升，占 8.0%；有 7 人选择其他途径，占 1.2%。

表 5-12　加强高校教师政治理论学习的途径

加强高校教师政治理论学习的途径	响应		个案百分比（%）
	个案数	百分比（%）	
定期集中学习	79	13.7	36.4
专题讲座或报告	76	13.2	35.0
建立网上学习室	101	17.5	46.5
通过媒体学习	180	31.3	82.9
开展专项课题研究	66	11.5	30.4
成立培训班	21	3.6	9.7
在班主任等工作实践中提升	46	8.0	21.2
其他	7	1.2	3.2
总计	576	100.0	265.3

从图 5-22 中可以看出，有 47 名高校教师认为当前高校教师思想政治工作的方式、方法很好，占 21.7%；有 37 名高校教师认为当前高校教师思想政治工作的方式、方法较好，占 17.0%；有 105 名高校教师认为当前高校教师思想政治工作的方式、方法一般，占 48.4%；有 28 名高校教师认为当前高校教师思想政治工作的方式、方法不好，占 12.9%。可见，有部分高校教师认为学校的思想政治工作的方式、方法有待改进，其中存在着方法简单、工作手段落后和不符合实际工作需要等问题，改进工作方式、方法已经成为高校思想政治工作的重中之重。

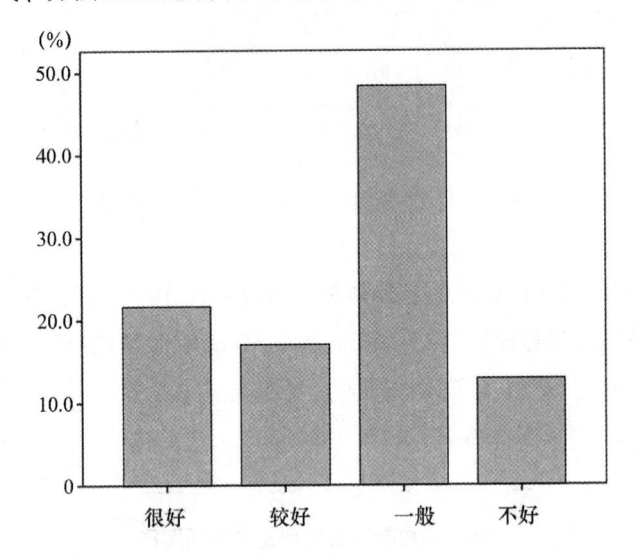

图 5-22 高校教师对当前思想政治工作的方式、方法的看法

从图 5-23 中可以看出，有 36 名高校教师认为当前高校教师的思想政治工作针对性和实效性很强，占 16.6%；有 42 名高校教师认为当前高校教师的思想政治工作针对性和实效性强，占 19.4%；有 112 名高校教师认为当前高校教师的思想政治工作针对性和实效性不强，占 51.6%；有 27 名高校教师认为当前高校教师的思想政治工作针对性和实效性很不强，占 12.4%。高校教师的思想政治工作要具有针对性并且要与时俱进，高校应改进和创新高校教师的思想政治教育的方式、方法。

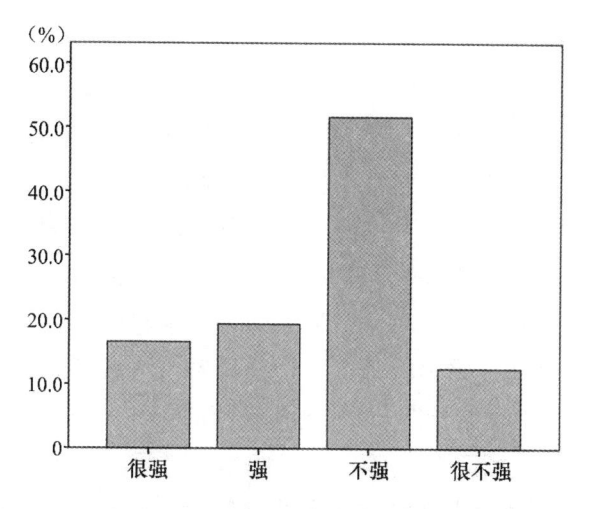

图 5-23　高校教师对思想政治工作针对性和实效性的看法

第四节　高校教师思想政治教育取得的基本经验

一　追求润物无声实效，创新"浸润式"工作理念

高校教师是典型的知识分子，知识程度高，思想活跃，不愿接受外界强压式的教育方式。高校教师的思政工作不能完全依靠单纯的说教式的教育，要将更多的工作精力投放到为教师服务中去，要在服务教师中拉近与教师群体的距离，在服务中融入思政教育，在切实帮助教师解决实际问题的过程中，实现潜移默化的思政教育效果。因此，在高校教师思想政治工作的理念上要实现由"要求教师做什么"向"能为教师做什么"的转变，要实现由"急风暴雨"式的教育向"春风化雨、润物无声"的"浸润"转变。

二　构建思政与业务"双螺旋"模式，创新高校教师思想政治工作方法

高校教师思想政治工作不应成为游离于教师群体关注之外的"阳春白雪"，要努力成为直接关系教师群体自身利益的"焦点"，这就需要创新工作方法。将原来高校教师思想政治工作与业务工作"平行线"模式，转变为高校教师思想政治工作与业务工作融合的"双螺旋"模式，

实现高校教师思想政治工作与业务工作的深度融合。

具体而言，可以通过两个途径来实现。一是以教师业务工作为载体，将高校教师思想政治工作融合到教师选聘、培养全过程。比如，可以在教师选聘与人才引进环节把好思想政治素质考核入口关；在教师教学方法、教学能力提升中融入"课程思政"教育理念；在教师出国进修深造等关键节点做好培训工作等。二是紧抓教师职称评定、评奖推优、评价考核这一抓手，引导教师主动参与高校教师思想政治工作。比如，可以通过完善教师考核评价体系，将教师思想政治表现由"软指标"变为"硬指标"。目前高校教师的考核工作大都停留在论文发表、科研成果、课题经费等一些易于量化考核的"硬指标"上。虽然对教师的思想政治表现也有所考核，但大多是一些定性的考核，这些定性的"软指标"较难对教师个人产生直接的影响。因此，不仅要将教师的思政表现作为"一票否决"的标准，还应将教师的思想政治表现作为职称评定、评奖推优的第一权重指标，成为真真切切的"硬指标"。

第五节　高校教师思想政治教育存在的问题

一　新时代高校教师思想政治工作面临的新问题

高等教育跨越式发展、经济社会转型升级和国际环境纷繁变化等诸多因素无不作用于教师队伍，使高校教师思想政治工作遇到了一些不容回避的问题，既表现为部分教师理想信念、价值追求、职业精神一定程度的滑坡和少数教师行为的失范，也表现为社会和政府对通过加强队伍建设提高高等教育质量的强烈要求，还表现为解决这些问题需要在教师、院系、学校"内部"以及社会评价、发展环境"外部"开展深入调研，厘清问题产生的原因，找到形成问题的关键，而这本身也是一项艰巨和复杂的任务。

（一）在对立德树人根本任务的把握上存在偏差

教书育人是教师的天职，但若干年以来，重教书轻育人的倾向在不少高校大量存在，已经影响了人才培养质量和办学效果。究其原因，主要是学校在对立德树人根本任务的把握上存在偏差，对显示度较高的"硬"指标和学校发展近期效果的追求超过了对人才培养和长期目标的关注；一些人在育人主体的认识上存在偏差，认为开展知识教育主要靠专业课教师，开展思想政治工作依靠思想政治理论课教师和辅导员、党团干部，不少教师对自身肩负的德育责任疏于承担；学校在激励引导政策的制定上存在偏差，重教师业务表现轻思想政治考核，不少教师认为教学、科研业务比全面育人容易量化和考核，因此愿意在这方面较多地投入时间和精力，相反在人才培养的深度投入以及个人自我道德提升和政治进步上要求不够高。

（二）教师排斥他律要求但自律不足

道德形成由他律到自律，再由自律到自觉。开展师德建设也应该从提高对教师的要求开始。当前，我国高校教师队伍呈现代际快速更替和构成多元多样的特点，"80后""90后""海归"甚至国际教师逐渐增加，队伍结构较之一二十年以前出现重大变化，许多高校自身师德传承出现一定程度的断裂。部分中青年教师强调师德养成要靠自我追求和自觉实现，心理上"排斥"外在要求和刚性约束。然而不容忽视的是，在不欢迎"被规定"的同时，不少教师自律能力并没有明显提高，师德领域出现的问题仍然屡见不鲜。

（三）加强管理的举措实施进度缓慢

全国高校思想政治工作会议召开以来，高校对教师思想政治工作的认识高度和重视程度大幅提升，在加强和改进方面开展了大量的工作，理论学习、思想引领、文化建设、工作体系建立等方面都取得了不少成果。但是在整体高校思想政治工作中，"教师思想政治工作是一个重点、难点，也是一个薄弱环节"，距离中央的要求和社会期待仍有差距。系统的制度构建，特别是加强管理的举措仍进展缓慢、力度不强。部分学校对通过校纪校规惩戒师德失范行为的认识模糊，建立教师思想政治工作硬约束的动力不足。

（四）机制运行不顺畅

高校教师思想政治工作在校党委统一领导下进行，实行学校、院系两级工作责任制，大都建立了学校党委统筹领导、学校出台制度规定、教师工作部协调各单位齐抓共管、学院党政工团具体实施的体制和机制。具体推进中，学校相关部门之间各自行动多、相互协作少；院系基层单位落实教职工思想政治工作主体责任不均衡不充分，有的对教师思想状况掌握不足，有的保障教师思想政治工作投入不够，有的对教师人文关怀和心理疏导不力，有的协调解决单位内部矛盾能力不强。部分党组织对教师队伍党的建设缺乏重视、方法简单，部分教师党支部作用发挥不出来、缺乏凝聚力和行动力，一些党员教师没有表现出应有的先进性。

（五）对教师思想政治工作重视程度不足

高校中存在极少数教师对思政工作重要性认识不够，重视程度不足。他们投入大量的时间，更多地把工作重点放在了自身业务水平的提高，自身技能培养、自身学术水平提高、自身科研成果增多上，从而忽视了思想政治工作，对思想政治素质的培训更是能躲则躲，自身不重视，从而也导致职业道德缺失，课上把不正确的观点传给学生。受不正之风影响通过成绩为难学生等现象也个别存在。高校对教师的思政工作认识不足，与教育部要求相比，思政工作队伍有缺口，缺少体制保证；还有的教师认为思政工作是学生工作部门、团委、宣传部门以及马克思主义学院教师的事情，与自己无关；思想政治工作的方式和方法既古老又单一，思想政治工作的内容缺乏吸引力，针对性不强；高校对思政工作队伍的培养和重视力度不够，思政队伍的发展空间受限，于是导致思政工作质量受到不同程度的影响。

（六）少数高校教师政治信仰不坚定

坚定政治信仰是一个由感性到理性再到实践的发展过程。从信仰形成的内在因素来看，"知"为主，"情"为基，"意"为辅，"行"为果，在构筑坚强信仰的过程中四者相辅相成、缺一不可。目前，少数高校教师对待信仰存在认知孤陋、情感肤浅、意志薄弱和行为不实等问题。一是感性认同强，理性认知弱。对马克思主义的认知，有感性和理性两个层面，理性认知的程度越高，信仰越坚定。调研感到，高校教师对马克思主义作为根本指导思想深表赞同。但是，少数人认识不到马克思主义与党和高校教师之间的关系，有的认为信仰马克思主义与信任中国共产党是两回事，有的觉得马克思主义理论与高校教师的实践关系不大。这些不知所以然的现象表明一些高校教师对马克思主义的认识还停留在感性阶段，难以成系统地理解，也就难以做到深度内化、当作信仰追求。二是神圣感强，依赖感弱。信仰情感包含神圣感和依赖感。马克思主义的高远深邃是神圣感产生的立足点。近年来，随着理论宣讲的大力普及、党史的重点讲授，不断推进了马克思主义大众化工作在基层的延伸拓展，加深了高校教师对马克思主义的情感认同。调研反映，虽然将马克思主义定格在了相当的政治高度，远远观望的神圣感愈来愈浓了，但部分高校教师把马克思主义当政治口号多、关注心灵浸润少，对马克思主义的依赖感愈来愈淡了。少数高校教师表现出对组织的信任度降低，奉行不靠能力靠关系、不靠组织靠个人等错误理念。三是热情强，意志弱。调查表明，马克思主义信仰已经从苏东剧变、国际共产主义运动严重危机的阴影中走出来了，马克思主义信仰的热情重新点燃并日趋旺盛。但调查也发现，在多元化社会思潮的影响下，这种信仰热情的坚韧程度有待考验。在谈及身边的人都信仰什么的问题中，有选择信仰人脉关系的，有选择信仰权力、金钱的，等等。四是目标意愿强，实践操作弱。思想与行为的脱节也是当下少数高校教师马克思主义信仰弱化的一种表现。信仰马克思主义就要信马克思主义的世界观和方法论，就是要以马克思主义的基本原则方法来分析问题处理问题，但实际中却并不易做到。有的将信仰选择当作个人意志，行为办事偏离组织领导，思想上存在自由主义误区；有的重视个人价值轻视集体与社会价值，重视权利的享受轻视义务的履行，进而逐渐淡化自身的社会责任。

（七）少数高校教师政治观念淡化

高校教师普遍学历层次较高，精通并掌握一定量的现代科技知识，求知欲强，注重提高自身的业务素质。同时在经济利益多元化、价值观念多元化的新形势下，高校教师的思想和行为呈现出多变性、矛盾性和复杂性的特点。高校向来是社会思潮汇聚和交汇的前沿阵地，西方国家的价值观念和意识形态对我们的主流意识形态和主导价值观念带来了不可估量的冲击。一些教师对马克思主义的理想信念的认同度下降，缺乏政治鉴别力和政治敏锐度，政治理论学习懈怠，政治意识缺乏。

（八）部分高校教师职业道德淡化

教师承受着巨大的生活、教学、科研及职称的压力。有的教师职称较低、资历较浅，但却面临成家立业的巨大经济、社会压力。这也导致了一部分高校的教师只关注学历、职称和待遇等切身利益问题，而职业道德感淡化。在市场经济环境下，高校教师的主体意识、主观能动性增强，但同时存在个人主义、实用主义、功利主义的价值观盛行的现象。少部分高校教师思想不够稳定，对本职工作投入精力少，职业认同度差，无心致力于教书育人，而忙于炒股、经商等第二职业，甚至产生职业倦怠心理。同时高校教师接受的职业道德培训不系统，未能形成完整的职业道德观念，缺乏对高校教师职业神圣感和光荣感的领悟。在治学态度方面，部分高校教师治学态度不严谨、浮躁，缺乏潜心科研的精神，总想在业务上找捷径，急功近利、投机取巧，存在粗制滥造的学术浮躁之风和行为。

（九）有的高校教师集体观念淡化

高校教师基本上能够将个人的理想与国家民族利益相统一，大多数高校教师能够坚持社会与个人、权利与义务、奉献与索取并重的价值取向，但也有少数高校教师表现出价值取向自我化、短期化与多元化。在个人与集体利益关系上，少数教师甚至把个人利益置于集体利益之上，较多地考虑个人利益，一旦个人利益与集体利益发生冲突，较少考虑集体利益，强调个人索取的情况较多。

（十）高校思想政治工作实效层层递减

全国高校思想政治工作会议和全国教育大会召开后，各高校都充分认识到了高校教师思想政治工作的重要性。纷纷采取了一系列措施，加大了高校教师思想政治工作的力度。但是，与高校党委对高校教师思想政治工作的高度重视和倾情投入相比，高校基层党组织对高校教师思想政治工作的关注与投入却相对不足。出现了"上（学校党委）热、中（基层党委）温、下（教师党支部）冷"的状况。也正是由于这一现状，高校教师思想政治工作的实效自然也层层递减，一些政策举措难以落实到位。

（十一）高校基层组织思政工作负担较重

从教师思想政治工作体系看，学校层面上，涉及高校教师思想政治工作的职能部门有宣传部、人事处、组织部、教务处、教师发展中心等多个职能部门。这些部门都要根据自己的职能范围开展高校教师思想政治工作。而基层层面上，负责落实这些工作的"落脚点"都是基层党组织。因此出现了"上面千条线，基层一根针"的局面。而且在现实中，由于这些部门之间缺乏有效的沟通机制，常常出现多部门布置相似工作的情况，加重了基层组织的负担。

（十二）教师群体知易行难

从认知的维度上看，高校教师大多能认识到高校教师思想政治工作的重要性。但是，从行动的维度看，部分高校教师却将主要精力投放在业务发展上，对思想政治工作抱着"应付"的态度对待，甚至有些个别教师还存在一些"抵触"情绪。高校教师群体对思想政治工作的"高认知"和"低行动"就形成了"知行势差"。由于"知行势差"的存在，高校在开展教师思想政治工作的过程中，经常会出现组织者殚精竭虑，主动参与者门可罗雀的现状。教师个体对思政工作的"知行势差"，使得高校教师思想政治工作达不到"入心入脑"的效果。

（十三）教师对思政工作投入精力不足

受传统工作理念和工作方法的影响，高校职能部门在开展教师思想政治工作时，往往"唯思政""纯党务"。许多的工作举措，较少与教师群体最关心的教学、科研等业务工作相结合。这就造成了高校教师思想政治工作与业务工作的"两张皮"现象。而高校教师是特殊的群体，这部分群体更在意自身价值的体现，更愿意在自身业务发展上投入更大的精力。因此，相对于业务工作，教师对思政工作的投入明显不足。

第六节　高校教师思想政治教育存在问题的原因分析

一　高校教师思想政治工作体系还不够完善

（一）学校层面存在职能部门缺失或虚化

学校层面上高校教师思想政治工作应该由谁来主抓？这一答案看似显而易见：由学校党委抓。但是，具体落实到党的哪一个职能部门呢？往往是宣传部管不实，人事处又缺乏相应职能。① 因此，部分高校存在教师思想政治工作具体职能部门缺失的现状。全国高校思想政治工作会议后，不少高校纷纷成立了党委教师工作部，牵头负责教师的思想政治工作。这是非常必要的举措，也有力地推进了高校教师思想政治工作。但是，现实中不少高校的党委教师工作部是"虚化"的。这些高校的党委教师工作部和原来的职能部门（比如宣传部或人事处）合署办公。由于编制受限，又缺乏独立经费，还未形成独立的工作队伍体系。② 这种学校层面职能部门的缺失和虚化，很大程度上影响了高校教师思想政治工作的开展与效果。

（二）基层党委层面存在人员队伍配备不足

高校院部层面的教师思想政治工作一般是由基层党委书记主抓，但是具体的工作不能单靠书记独自完成。目前各高校基层党委都很少配备负责高校教师思想政治工作的专职人员。与学生思政工作系统健全的辅导员队伍、副书记专职分管学生工作相比，相对薄弱的教师思想政治工作队伍使得许多高校都存在教师思想政治工作的政策举措到了基层党委后，出现"以文件落实文件，以通知落实通知"的现状。众所周知，加强高校教师思想政治工作，关键是落实。基层党委作为高校党委和教师党支部承上启下的重要环节，其人员配备不足的现状严重制约了高校教师思想政治工作的落实。

（三）教师党支部的战斗堡垒作用未能充分发挥

教师群体的特殊性，使他们更注重业务的发展，因此教师群体更在意系、教研室、课题组等业务工作组织。教师党支部还未能形成凝心聚力的战斗堡垒。教师党支部在"三会一课"、日常理论学习等方面还没有切实发挥作用。

二　高校教师思想政治工作机制还不够顺畅

高校教师思想政治工作涉及学校的方方面面。从纵向上看，高校教

---

① 张扬：《高校教师思想政治工作亟待加强》，《求是》2002年第6期。
② 赵阳子：《高校党委教师工作部建设：职能发挥探赜》，《思想理论教育》2019年第2期。

师思想政治工作涉及"学校党委—基层党委—教师党支部—教师个体";从横向上看,高校教师思想政治工作涉及学校宣传、人事、组织、教务、统战、工会等多个职能部门。高校教师思想政治工作纵横交错的结构,有利于高校教师思想政治工作的有效开展。但复杂的体制结构就需要有科学的工作机制相适应,否则就会出现"都管都不管"的局面。

从目前看,不少高校还没有建立起能够完全适应这种体制结构的工作机制。比如大部分高校负责教师教学能力培养的职能部门是教师教学发展中心(多设在教务处),负责教师职称晋升考核和教师评价的职能部门是人事处,负责高校教师思想政治工作的职能部门是党委教师工作部或党委宣传部。几个职能部门的分工看似清晰明了,但是现实操作中,由于教师的培养、评价与思政教育是密不可分的,很难清晰分割出来,这就需要这三个职能部门间必须紧密配合,互相沟通,协调联动,否则就会出现时而工作重叠交叉,给基层党委、党支部带来负担;时而又各自为战,工作中出现真空地带。

三 高校教师思想政治工作理念有待更新

高校的职能部门大体可分为行政和党务两个相对独立的体系,高校教师思想政治工作一般由党务系统主抓。由于受制于自身部门的职责范围以及和历史经验的影响,各高校开展教师思想政治工作的理念往往还是"唯思政""纯党务"。由于高校教师思想政治工作和教师业务工作一定程度上"两张皮"的工作理念,使得许多高校教师思想政治工作的举措,较少与教师群体最关心的教学、科研等业务工作相结合。而高校教师更在意自身价值的体现,更愿意在自身业务发展上投入更大的精力,从而造成了高校教师群体对思政工作不关心的现状。

四 高校教师思想政治工作方法有待创新

目前各高校教师思想政治工作缺少有效的工作载体和具体的工作抓手,主要采取的工作方法还是以各种形式的教育学习为主,而且不少教育采用的方式还是说教的方式,比如定期举办一些教师思想政治方面的讲座,建立教师思想政治学习台账,定期督查教师思想政治学习情况等。

这些工作是好的,但是形式显得单一。在刚开始的时候尚能吸引部分教师主动参与,但是随着工作的推进,过于单调的工作方法不能长期吸引教师的参与热情。

然而,就我国各大高校的综合情况来看,在教师的思想政治工作和师德建设上还存在一定的问题,部分教师由于自身素质不高,给学生和学校都带来了不好的影响,不利于教学工作的开展。

五 高校教师思想政治工作受重视程度不够

部分高等院校领导认为,高校教师工作的重点内容是教学和科研,导致教师在工作过程中忽视思想政治工作的重要性。虽然一些院校的管理人员在教育工作开展过程中,也强调思想政治工作的价值,但实际实施过程中却没有设立专门的管理制度和内容。同时,高校的人事部门以及教务部门也缺乏专业的思想政治教育人员,导致很多教师的思想及道德出现问题。受院校轻视思想政治工作的影响,现阶段,很多教师对思想政治工作缺乏正确认知,即使在教师晋级中,也通常不重视教师的思想政治情况考核,导致教师对思想政治工作缺乏重视。随着市场经济的高速发展,人们的传统价值观受到了巨大的冲击,很多行业也越来越追求利益最大化。而这种大浪潮的趋势也对教育事业产生了影响,很多教师利用市场经济的兴起,开始打着教师的名义进行买卖教学资源的行为,部分教师利用闲暇时间进行兼职开培训班赚钱,从而不能全身心地投入教育事业中来,严重阻碍了教学的正常进行。除此之外,很多市场性的培训机构也逐渐兴起,这就导致了很多教师直接放弃学校的教学义务,投身到培训行业中,造成学校教师的严重空缺,而新引进的部分教师自身师德不高,也是造成综合师德不高的原因。由于学校对高校教师的思想政治工作不够重视,造成教师师德不高,师资力量不强,导致了一系列的教学问题。

六 思想政治教育制度和师德建设制度不健全

对学校而言,建立完善的师德制度是保证高校师德的必要条件。在目前的很多高校中,普遍缺乏对教师师德的重视,没有相应的师德建设制度,也很少对教师的师德进行监督和管理,这就在很大程度上造成师资力量的良莠不齐。在对教师的思想政治工作开展和师德建设方面，缺乏良好的制度保障和运作机制，使得高校教师缺乏思想政治教育的意识，责任分工不明确，很难形成良好的工作局面。一些高校，管理部门对教师开展思想政治教育没有良好的政策支撑，很多时候空喊口号，缺乏具体的实践措施。除此之外，在对教师的考核上，没有把思想政治工作纳入考评的范畴，对于思想政治教育不够重视，从而导致很多教师只注重教学和科研，忽略了师德和思想政治的教育。

七　教师思想政治工作弱化

在有些高校中，学校开展思想政治工作的主要对象是学生，很少有对教师开展思想政治工作的安排，这也是造成教师师德不高的原因之一。一些专职的思想政治工作人员，由于日常工作事务较多，没有时间进行系统性学习，所以解决实际问题的专业水平较低，对一些年轻的政治思想工作人员而言，工作经验不足，思想认知偏差，导致工作开展过程中出现了许多制约性因素。即便有时开展了相关的教育活动，但往往形式单一，内容枯燥乏味，学生和教师的参与度并不高。很多所谓的思想政治工作不过是走过场，并没有将教师的切身问题联系实际，缺乏对教师工作和生活的关心，因此得到的反响也不明显。学校只有足够重视对教师的思想政治教育，才能有助于教师师德的提升，更好地进行教学活动。因此，高校应该重视对教师师德的提升教育，通过每周开展教师思想政治工作，帮助和促进师德建设的发展。

八　社会因素逐渐突出

社会因素主要体现在城乡、区域之间的经济发展不平衡，教育、医疗以及社会保障等问题逐渐突出。例如，校园内的腐败现象滋生带来教师的强烈不满，贫富差异导致教师工作积极性不高。所以，很多教师在工作过程中存在忧患意识，一定程度上造成高校思想政治教育工作无法顺利开展。在一些高校中，思想政治工作人员的工作量较大，但报酬却相对较少，这种现象严重制约了思想政治工作人员的工作积极性。因此，现阶段，在思想政治工作开展过程中缩小城乡发展差距成为急需解决的问题。同时，提高社会、院校及教师对思想政治工作的认知，建立健全制度管理理念，真正发挥思想政治教育工作的社会意义也是高校必须着力解决的问题。

九　少数高校教师信仰弱化

政治信仰的形成是一个长期复杂的过程，其问题的产生也绝非一朝一夕，其中有个体的原因，有社会环境、时代背景的影响，也有高校自身在管理、教育等方面存在的问题。

（一）科学理论认知浅显

部分高校教师在政治信仰上弱化，是由于没有真正把政治信仰建立在科学的理论基础之上，不能运用马克思主义的立场、观点和方法科学分析一些基本理论问题，对国家发展中一些重大现实问题的认识不够客观，表现出一种漠然情绪。

（二）多元社会思潮冲击

西方国家加紧对我国实施"西化""分化"，妄图从根本上动摇我们的政治立场和理想信念，改变我们的本色。改革中出现的社会矛盾、社会问题模糊了部分教师的双眼。少数教师在意识形态领域尖锐复杂的斗争面前缺乏清醒头脑，政治敏锐性不强，是非荣辱不分，导致思想混乱，理想信念容易发生动摇。

（三）教育内容吸引力匮乏

政治信仰教育内容没有注意与时代发展形势相结合，与历史进程相结合，与高校基层实际相结合；不能及时就时政热点激发学习兴趣、开展社会热点大探讨，缺少内容对比教学，单纯强调社会主义的优越性，却不理解为何优越，导致他们不明白马克思主义信仰的实质。

（四）价值判断标准混淆

当前社会上存在的一些不正之风给高校教师树立正确的人生观、价值观带来不良影响。如有的实现自我价值愿望强烈，希望能够通过个人努力达到理想的目标，一旦在现实中遭遇选人用人不正之风，则易导致转而信奉"关系万能""金钱至上"等庸俗观念。

第七节　高校教师思想政治教育改进措施

解决当前少数高校教师信仰弱化的对策措施有以下几方面。

第一，强化理论学习深入培育马克思主义信仰认知。

信仰是认知、情感、意志的统一体，是人的意识中理性因素和非理性因素的统一体，而科学的信仰，尤以理性为基础，它以科学的真理作为自己的基石。这就要求我们，要真正确立马克思主义、社会主义的科学信仰。信仰的主体必须对作为信仰客体的马克思主义、社会主义"是什么""为什么""怎么样"等一系列基本问题有一个理性的把握，并在自己理性的思维中形成一个合乎逻辑的前后连贯的整体的理解。所以信仰教育和信仰建设中必须加强理论学习，认真学习马克思主义的基本原理，特别是学习马克思主义经典著作；学习中国特色社会主义理论体系，并与社会实践相结合；坚持马克思主义的基本立场，坚持运用唯物辩证法分析问题、解决问题。这是信仰建设的最基本工作。

第二，丰富教育内容和形式打造坚实的马克思主义信仰载体。

加强政治信仰教育必须准确地把握时代脉搏，根据时代发展特点，不断创新教育内容和形式。教育内容方面，既要把握重点，又要有针对性。要加强马克思主义的辩证唯物主义和历史唯物主义教育，把信仰建立在科学分析的基础上；要加强中国化的马克思主义理论教育，特别是中国特色社会主义理论体系的学习培训，打牢理想信念的根基；要加强国情和中共党史教育，始终保持"四信"；要加强马克思主义群众观点和党的群众路线教育，自觉摆正与人民群众的关系；要加强纪律修养教育，特别是政治纪律、组织纪律、廉政纪律和群众工作纪律方面的教育，不断增强纪律意识。教育形式上，要注重教育对象的差异性，精心设计载体，实行灵活多样、讲求实效的教育方法，不断提高政治信仰教育的针对性、实效性。可以采用传统教育、典型教育、网络教育、电化教育等灵活多样的方法，增强教育的吸引力、说服力和感染力。可以坚持集中教育与分散教育相结合、灌输教育和自我教育相结合，扎实开展实践教育，在工作实践中提升和锤炼高校教师的政治信仰。

第三，加强制度建设保障马克思主义信仰常抓不懈。

加强高校教师的信仰教育是一项长期而艰巨的任务，必须采取有力保障措施，做到常抓不懈，这就要靠科学的制度来保障。要建立完善的思想分析制度。搞好思想情况分析是解决思想问题的前提，也是增强信仰教育有效性的关键环节。建立完善定期思想分析制度，及时了解、分析高校教师在理想信念方面的思想动态，把信仰教育与政治干部的思想特点和成长需求结合起来，针对存在的突出问题，有目的地做教育引导工作，真正对其思想行为起到引导、规范作用。要探索建立信仰教育的考核激励机制，重点考核对政治理论学习的态度、掌握理论知识的情况、运用理论解决实际问题的能力和改造主观世界的情况，增强信仰教育的有效性。必须真正建设好党的形象工程，切实加强党的作风建设。要严肃党的纪律，增强以党章为核心的党内法规制度的约束力，加大对违反党内法规制度的查处力度，真正使党内法规制度成为全党共同遵守的行为准则。

《关于加强和改进高校青年教师思想政治工作的若干意见》指出，我国高校青年教师主流积极健康向上，但也有少数青年教师政治信仰迷茫、理想信念模糊、职业情感与职业道德淡化、服务意识不强，个别教师言行失范、不能为人师表。加强高校青年教师思想政治工作，是贯彻落实《新时代高校教师职业行为十项准则》和三部委《关于加强和改进高校青年教师思想政治工作的若干意见》的根本保证。

第六章

高校教师思想政治教育的目标和任务

为了深入贯彻落实党的十九大精神和习近平总书记在全国高校思想政治工作会议上的重要讲话，2018年11月，教育部印发了《新时代高校教师职业行为十项准则》《关于高校教师师德失范行为处理的指导意见》等文件，进一步明确新时代高校教师职业规范，划定了基本底线。

第一节 高校教师思想政治教育的根本目标

教师是人类灵魂的工程师，责任重大使命光荣。2014年习近平总书记在同北京师范大学师生代表座谈时讲道："做好老师，要有理想信念。做好老师，要有道德情操。做好老师，要有扎实学识。做好老师，要有仁爱之心。"[1] 后来称为"四有好老师"。2016年10月第32个教师节前夕，习近平总书记在北京市八一学校考察并发表重要讲话，强调"广大教师要做学生锤炼品格的引路人，做学生学习知识的引路人，做学生创新思维的引路人，做学生奉献祖国的引路人"[2]。2016年12月习近平总书记在全国高校思想政治工作会议上指出，"要加强师德师风建设，坚持教书和育人相统一，坚持言传和身教相统一，坚持潜心问道和关注社会相统一，坚持学术自由

---

[1] 习近平：《做党和人民满意的好老师——同北京师范大学师生代表座谈时的讲话》，《人民日报》2014年9月10日第1版。

[2] 《习近平总书记在北京市八一学校考察时的讲话引起热烈反响》，《人民日报》2016年9月10日第1版。

和学术规范相统一，引导广大教师以德立身、以德立学、以德施教"①。

一　明确高校教师"四有好老师"的担当

教师所从事的工作的重要性就体现在"塑造灵魂、塑造生命、塑造人"的使命担当上。

2014年习近平总书记在与北京师范大学师生交流时强调指出，全国广大教师要做"有理想信念""有道德情操""有扎实学识""有仁爱之心"的好老师，为实现具有中国特色且拥有世界水平的现代思想政治教育，培养社会主义事业伟大建设者和可靠接班人作出更大贡献。习近平总书记立足时代背景，结合当前实际，对新时代的好老师提出了明确要求。高校教师是进行思想政治工作的生力军，应该时刻谨记"四有好老师"的要求。

1. 好老师要坚定理想信念

理想信念是所有教师的人格基石，教师是学生的引路人，引导学生成长成才。高校教师要坚定内心对共产主义的信仰，要增强对马克思主义理论的认同，才能够内化于心、外化于行，指导学生坚定理想信念。

2. 好老师要坚守道德情操

一名合格的教师，必须具有合格的道德操守；一名优秀的教师，应当是德才兼备。只有具有高尚的道德情操的教师，才能承担起立德树人的神圣使命，才能成为德育教学的典范。高校教师必须要有人格底线、职业操守、精神信仰，自觉坚守教育初心，大力弘扬中华民族优秀传统美德，牢牢把握意识形态的正确方向，以潜移默化的方式引导学生进一步提高自身思想政治觉悟。

3. 好老师要努力拥有扎实学识

学深悟透马克思主义理论，是高校教师开展思想政治工作的前提条件。高校教师的基本职业素质包括，扎实的知识功底、严谨的教学态度、过硬的教学本领、科学的教学方法。高校教师只有努力拥有扎实的马克思主义理论学识，学习好习近平新时代中国特色社会主义思

---

① 《把思想政治工作贯穿教育教学全过程　开创我国高等教育事业发展新局面》，《人民日报》2016年12月8日第1版。

想理论，完善自身理论基础，才能够快速成为学生思想政治成长道路上的领路人。

4. 好老师要永存仁爱之心

好老师要和蔼可亲、满怀爱心，真诚拉近与学生的距离，成为学生的良师益友。高校教师进行思想政治工作时，应当善于与学生沟通，在良好的环境下使学生理解思想政治教育的重要意义所在。

二 落实高校教师"四个引路人"的理念

思想政治教育必须坚持中国特色社会主义建设的国情，坚持走适合中国国情的思想政治道路，将中国特色社会主义的伟大实践结合马克思主义理论，实现马克思主义中国化。习近平总书记强调"广大教师要做学生锤炼品格的引路人，做学生学习知识的引路人，做学生创新思维的引路人，做学生奉献祖国的引路人"[1]。高校施教者必须与时俱进，在思想政治教育工作内容上不断创新，紧跟当今社会发展趋势，用发展的眼光看问题，紧跟时代的发展变化。习近平总书记强调指出，做好高校思想政治工作，"要因事而化、因时而进、因势而新"[2]。高校教师的思想政治教育应当贯彻落实这一理念，尽力将因事而化、因时而进和因势而新融入高校教师思想政治教育的实践中，使思想政治教育真正遵循思想政治工作规律，遵循高等教育规律，遵循教师发展规律，更好地开展思想政治工作。中国特色社会主义已经进入新时代，高校应当做好教师思想政治教育工作，引导教师正确认识社会主义进程，不断开拓进取、紧跟时代潮流，力争成为中华民族伟大复兴中国梦的践行者。

三 坚持高校教师"四个相统一"的师德

落实习近平总书记关于高校开展思想政治工作的重要论述，是高校全员、全方位的重要工作，坚持高校教师思想政治工作要全员和全方位展开，

---

[1] 《习近平总书记在北京市八一学校考察时的讲话引起热烈反响》，《人民日报》2016年9月10日第1版。

[2] 《把思想政治工作贯穿教育教学全过程　开创我国高等教育事业发展新局面》，《人民日报》2016年12月8日第1版。

提高施教者的思想政治工作素质和能力是关键。这需要高校教师坚持教书和育人相统一，坚持言传和身教相统一，坚持潜心问道和关注社会相统一，坚持学术自由和学术规范相统一，以德立身、以德立学、以德施教。高校教师不能只做讲授书本知识的教书匠，而要做塑造学生品格、品行的"大先生"，这就需要全面提高高校教师的思想政治素质。近年来，国家对高校教师的价值观引导职责愈发重视，教育部明确提出要大力挖掘各个学科的思想政治教育元素，要求高校的专业课教师在教授专业知识的时候向大学生渗透思想政治教育的内容：课堂教学是思想政治教育的主渠道，除了思想政治理论课，"其他课程都要守好一段渠、种好责任田，各类课程都要与思想政治理论课同向同行，发挥协同效应"①，从而使大学生在拓展专业知识的同时提升自身的道德素养和政治觉悟。具体来说，高校教师思想政治素质的提高主要是通过理论教育、党史教育、社会主义建设成就教育等来实现。首先，可对高校教师进行必要的理论教育，使高校教师能够较为系统地掌握党的指导理论，即马列主义、毛泽东思想、邓小平理论和中国特色社会主义理论体系的主要内容，从而形成正确的世界观、人生观和价值观，进而学会用马克思主义的立场观点指导个人生活、指导高校思想政治教育工作实践。其次，可对高校教师进行国史教育，使他们全面了解中华民族优良传统，特别是中国革命和建设的传统，对中国革命、建设和改革开放的进程有更加清晰的把握，做到站稳自己的政治立场，在高校思想政治教育中唱响主旋律。另外，要对高校教师进行改革开放以来国家的重大政策及成就教育，使他们认同改革开放以来中国取得的巨大成就，对新时代中国特色社会主义思想有更为深刻的理解，进而能够更加形象地向学生宣传中国共产党的路线、方针、政策。通过以上这些举措，高校教师能够更加清晰、准确地体会到中国共产党执政规律、社会建设规律与社会发展规律，从而科学地掌握思维方式、坚定自身的理想信念，不断提高说服教育能力。

---

① 《把思想政治工作贯穿教育教学全过程　开创我国高等教育事业发展新局面》，《人民日报》2016年12月8日第1版。

第二节　高校教师思想政治教育的主要任务

一　不同历史时期高校教师思想政治工作主要任务梳理

"思想政治工作"是一个内涵丰富的概念。1983年7月，中共中央批转文件《国营企业职工思想政治工作纲要（试行）》，从理论上首次明确了思想政治工作的概念，提出"职工思想政治工作主要是指职工的思想政治教育，它是党的政治工作的一个组成部分，但不是政治工作的全部"①。一般认为，"教师思想政治工作包括教师思想政治教育、教师日常的思想政治工作和教师管理工作，涉及政治教育、思想教育、道德教育、心理教育及促进教师全面发展等多方面内容"②。在不同历史时期高校教师思想政治工作的任务是不一样的，因此我们要做好新时期高校教师思想政治工作，首先要明确新时期高校教师思想政治工作的主要任务。

在新中国成立初期，高校教师思想政治工作的主要任务是团结和改造高校知识分子为国家建设事业服务。1953年3月政务院颁布的《关于目前高等学校教学改革的情况与问题的报告》明确指出："必须加强对教师的思想政治领导，达到政治与业务水平不断提高并相互结合。"

在全面建设社会主义时期，高校教师思想政治工作的重点是培养"又红又专"的高校教师队伍。1961年9月颁布的《中华人民共和国教育部直属高等学校暂行工作条例（草案）》明确规定"高等学校必须继续努力培养又红又专的教师队伍"，这为当时高校教师思想政治工作指明了方向。

"'文化大革命'时期，高校思想政治工作贯彻了以'阶级斗争为纲'的指导思想，使得这一时期的高校教师思想政治工作，在指导思想、方针原则和内容方法上出现了根本性、全局性的错误。"③

---

① 李传华：《中国思想政治工作全书》上卷，中国人民大学出版社1990年版，第340页。
② 郝文斌：《高校教师思想政治工作实证研究——以黑龙江75所高校为例》，博士学位论文，哈尔滨师范大学，2010年，第3页。
③ 康秀云、郗厚军：《新中国70年高校教师思想政治工作的历程与经验》，《贵州省党校学报》2020年第1期。

党的十一届三中全会后，确定了正确的思想路线，这时的高校教师思想政治工作进入快速恢复期。

十三届四中全会以后，高校教师思想政治工作的重点是"加强教师教育工作，提高教师职业道德水平"①。2002年9月，江泽民同志在庆祝北京师范大学建校100周年大会上指出："广大教师，要率先垂范，做先进生产力和先进文化发展的弘扬者、推动者，做青少年学生健康成长的指导者、引路人，努力成为无愧于党和人民的人类灵魂的工程师。"②这为当时高校教师思想政治工作目标定位提供了价值遵循。2010年7月13日，胡锦涛同志在全国教育工作会议上的讲话中指出，新时期"努力造就一支师德高尚、业务精湛、结构合理、充满活力的高素质专业化教师队伍"③。2011年12月，教育部印发《高等学校教师职业道德规范》，从爱国守法、敬业爱生、教书育人、严谨治学、服务社会、为人师表六个方面，对高校教师职业责任、道德原则及职业行为提出了要求。

二　新时期高校教师思想政治工作的主要任务

党的十八大以来，以习近平同志为核心的党中央，站在全局和战略高度谋划部署高校教师思想政治工作，出台了一系列政策文件。2013年5月，教育部等部门颁布《关于加强和改进高校青年教师思想政治工作的若干意见》，提出要"加强高校教师队伍建设，提高高校教师思想政治素质"④。2014年9月，教育部颁布《关于建立健全高校师德建设长效机制的意见》，指出要大力加强和改进高校师德建设，对建立健全高校师德师风建设长效机制的责任主体、原则要求、主要措

---

① 《关于新时期加强高等学校教师队伍建设的意见》，《中华人民共和国国务院公报》2000年第5期。
② 《江泽民在庆祝北京师范大学建校一百周年大会上的讲话》，《人民日报》2002年9月8日第1版。
③ 《胡锦涛文选》第3卷，人民出版社2016年版，第425—426页。
④ 中共教育部党组：《关于加强和改进高校青年教师思想政治工作的若干意见》，2013年5月17日。

施、机制保障作了细致说明和详细部署,并提出高校教师师德"红七条"①。

2016年12月全国高校思想政治工作会议和2018年9月全国教育大会的召开标志着高校教师思想政治工作进入了新的发展时期。2017年2月,中共中央、国务院印发的《关于加强和改进新形势下高校思想政治工作的意见》,强调"要提升教师思想政治素质,加强思想政治工作"②。2018年1月,中共中央、国务院印发《关于全面深化新时代教师队伍建设改革的意见》,强调"着力提升思想政治素质,全面加强师德师风建设"③。2018年1月,教育部印发《关于全面落实研究生导师立德树人职责的意见》,对强化研究生导师素质要求以及明确研究生导师立德树人职责作出具体规定。2018年11月,教育部印发《新时代高校教师职业行为十项准则》和《关于高校教师师德失范行为处理的指导意见》,从政治方向、职业道德、个人行为等方面进一步对教师职业行为提出要求、划定红线。2019年12月,教育部、中央组织部、中央宣传部等七部门联合印发《关于加强和改进新时代师德师风建设的意见》,对师德师风建设工作进行整体部署。

这些政策文件的出台,为做好新时期高校教师思想政治工作发挥了非常重要的指导作用。对这些文件进行仔细分析,可以发现,新时期高校教师思想政治工作的主要任务有两个:一是强化教师理想信念教育和价值引领,做到"四个坚持不懈",即"要坚持不懈传播马克思主义科学理论,抓好马克思主义理论教育,为学生一生成长奠定科学的思想基础。要坚持不懈培育和弘扬社会主义核心价值观,引导广大师生做社会主义核心价值观的坚定信仰者、积极传播者、模范践行者。要坚持不懈促进高校和谐稳定,培育理性平和的健康心态,加强人文关怀和心理疏导,把高校建设成为安定团结的模范之地。要坚持不懈培育优良校风和

---

① 教育部:《关于建立健全高校师德建设长效机制的意见》,2014年9月30日。
② 佘双好:《新时代高校思想政治工作新模式的实施纲要》,《高校辅导员》2021年第6期。
③ 《关于全面深化新时代教师队伍建设改革的意见》,《人民日报》2018年1月20日第1版。

学风，使高校发展做到治理有方、管理到位、风清气正"[1]。二是强化师德师风建设，落实立德树人根本任务。引导教师把教书育人和自我修养相结合，使广大教师担负起学生全面发展的指导者和引路人的使命与责任。

---

[1] 《把思想政治工作贯穿教育教学全过程 开创我国高等教育事业发展新局面》，《人民日报》2016年12月8日第1版。

第七章

高校教师思想政治教育的要求

第一节 高校教师思想政治教育基本要求

一 坚定中国共产党的领导

习近平总书记强调,"高校思想政治工作关系高校培养什么样的人、如何培养人以及为谁培养人这个根本问题"①。我国历史悠久、文化灿烂、国情独特,这些特点决定了我国应当走自己的高等教育发展道路,办好中国特色社会主义高校。

中国共产党是中国特色社会主义建设的领导者,代表中国先进生产力的发展要求、引领中国先进文化的前进方向、代表中国最广大人民的根本利益。

建设中国特色社会主义大学,必须坚定党的领导。加强高校教师思想政治工作,最根本的是要全面贯彻党的教育方针,解决好培养什么人、怎样培养人、为谁培养人这个根本问题。"我们党立志于中华民族千秋伟业,必须培养一代又一代拥护中国共产党领导和我国社会主义制度、立志为中国特色社会主义事业奋斗终身的有用人才。在这个根本问题上,必须旗帜鲜明、毫不含糊。"②

高校教师坚定党的领导,形成拥护党的领导,积极宣传党的理论、路线、纲领和政策的良好自觉。高校教师只有坚定拥护党的领导,使高

---

① 《把思想政治工作贯穿教育教学全过程 开创我国高等教育事业发展新局面》,《人民日报》2016年12月8日第1版。
② 《习近平主持召开学校思想政治理论课教师座谈会强调 用新时代中国特色社会主义思想铸魂育人贯彻党的教育方针落实立德树人根本任务》,《人民日报》2019年3月18日第1版。

校成为党的坚强阵地，才能够坚持人才培养的正确方向，秉承为人民服务、为党治国理政服务、为中国特色社会主义制度的巩固和发展服务、为深化改革开放和建设社会主义现代化服务的理念，教育引导学生为国争先、为党效力、为民族复兴奋斗。

二 坚持马克思主义理论

中国共产党的根本指导思想是马克思主义，开展高校教师思想政治工作必须坚持把马克思主义作为根本指导理论。坚持马克思主义指导思想，能够推进高校思想政治教育工作，有利于全面贯彻落实党的教育方针。在全球化时代，中西思潮的碰撞是十分激烈的。高校教师处在世界文化对话前沿，只有坚持马克思主义指导思想不动摇，才能把握正确方向，在意识形态斗争中坚守本心，努力培育出中国特色社会主义的优秀建设者和可靠接班人。高校教师要善于运用马克思主义立场、观点和方法教育引导学生，帮助大学生正确认识世界、观察世界、改造世界。这样的大学生会更加全面地看待事物，认同中国特色社会主义蓬勃发展的必然性，能够全面且客观地看待世界和中国发展大趋势，把握中国特色且正确认识国际形势。

三 弘扬社会主义核心价值观

我国高校作为培养高等人才的重要阵地，不仅承载着传承物质文明的任务，还是传承先进文化的前沿领地，也是精神文明建设的重要基地。中国特色社会主义大学一定要"坚持不懈培育和弘扬社会主义核心价值观，引导广大师生做社会主义核心价值观的坚定信仰者、积极传播者、模范践行者"[①]。高校教师必须明确，高等教育的各门专业课程中都融汇着社会主义核心价值观及其思想要素，要会从自己所从事的专业课内容中提炼相关思想要素，并贯穿到教育教学全过程中，这不仅有利于深化教师自身对社会主义核心价值观的正确认知，增强对核心价值观的认同

---

① 《把思想政治工作贯穿教育教学全过程 开创我国高等教育事业发展新局面》，《人民日报》2016年12月8日第1版。

感，争做核心价值观的积极传播者和自觉实践者，也有利于坚定大学生的理想信念，提高大学生的道德素养和精神境界。

第二节 高校教师思想政治教育主体要求

一 坚持立德树人，教师为先

思想政治教育者在高校思想政治教育中处于主体地位，这也决定了其示范性的特点。教师在高校的思想政治教育过程中，可以是学生们学习的典范，教师的人品、生活方式、价值理念能够对学生的思想品德产生非常重要的影响。因此，教育者首先要受教育，要培养高尚情操和人格品德。习近平总书记强调："合格的老师首先应该是道德上的合格者，好老师首先应该是以德施教、以德立身的楷模。"① 这也就是学高为师、身正为范，高校教师必须本身具备高尚的思想品德，拥有自己的人格魅力，用自身言行感染学生，成为大学生学习的榜样，真正实现对大学生进行思想政治教育的根本目的。

二 落实六点要求提高教师素养

在提高高校教师素养方面，习近平总书记对高校思想政治理论课教师提出了"政治要强、情怀要深、思维要新、视野要广、自律要严、人格要正"② 六点要求，这对于开展高校教师思想政治教育工作和高校落实立德树人要求具有重要的指导意义。一是政治要强。高校教师肩负着为我国社会主义事业培养合格建设者及可靠接班人的特殊育人使命。高校教师首先必须具有坚定的理想信念、正确的政治站位，较为全面的了解和把握国家的大政方针政策，在是非面前能够保持清醒政治头脑，坚决维护国家的意识形态安全。二是情怀要深。高校教师要热爱祖国，高度认同中国特色社会主义建设的伟大成就，将家国情怀融入课堂教学之

---

① 习近平：《做党和人民满意的好老师——同北京师范大学师生代表座谈时的讲话》，《人民日报》2014 年 9 月 10 日第 1 版。

② 《习近平主持召开学校思想政治理论课教师座谈会强调用新时代中国特色社会主义思想铸魂育人贯彻党的教育方针落实立德树人根本任务》，《人民日报》2019 年 3 月 18 日第 1 版。

中，给学生以深刻的学习体验，以自身的家国情怀带给学生强大的精神力量。三是思维要新。高校教师既要善于运用马克思主义的立场、观点和方法，又要与时俱进，勇于探索，善于创新，成为践行创新思维方式的模范，以引导学生成为善于创新探索的人。四是视野要广。高校教师应具有宽广的视野、开放的胸怀、包容的精神，不断吸取人类有益的文明成果，主动学习国内外先进的教育思想和教学方法，提高思想政治教育的科学性，提升思想政治工作的效益和效能。五是自律要严。高校教师要具有坚定的理想信念，真心信仰马克思主义，做到课上与课下言行一致，时刻严格自律。六是人格要正。高校教师只有提高自己的道德修养，切实以德立身、以德立学、以德施教，才能使传授的知识真正为学生所接受和践行。

三 坚持四个相统一

在全国高校思想政治工作会议上习近平总书记提出新时代加快建设师德师风"四个相统一"的基本要求。习近平总书记强调指出，"加强师德师风建设，坚持教书和育人相统一，坚持言传和身教相统一，坚持潜心问道和关注社会相统一，坚持学术自由和学术规范相统一，引导广大教师以德立身、以德立学、以德施教"①。师者，所以传道授业解惑也。这里从高校教师职业道德要求、人格品德要求、专业素养要求和学术道德要求四个方面对高校教师思政工作作出了明确要求。一是坚持教书和育人相统一。高校思想政治工作的中心是立德树人，承担着培养社会主义事业合格建设者和接班人的重任，因此高校教师在施教过程中要坚持教书和育人相统一。二是坚持言传和身教相统一。在师生关系方面，高校教师应该是大学生的榜样。高校教师只有自身修养水平高，理论水平强，具备言传身教、以身示范的素质，才能够使大学生信服，并引导大学生树立正确的思想观念，所以高校教师必须坚持言传和身教相统一。三是坚持潜心问道和关注社会相统一。从理论与实践的关系看，理论联

---

① 《把思想政治工作贯穿教育教学全过程　开创我国高等教育事业发展新局面》，《人民日报》2016年12月8日第1版。

系实践的课程容易吸引学生的学习热情，理论没有与实际相结合的课程，很难吸引学生的学习热情。高校教师做好思想政治工作既需要具有深厚的专业知识，也需要具有关注社会现实的眼光，在理论与现实的结合中激发学生的求知欲，因此高校教师必须坚持潜心问道和关注社会相统一。四是坚持学术自由和学术规范相统一。思想政治工作具有鲜明的政治性，从学术自由与学术规范的关系看，学术自由是学术繁荣的前提，学术规范是学术繁荣的基础。高校教师学术工作必须依靠学术规范保障高校教师学术研究的正确方向。学术讨论不能对马克思主义理论和中国特色社会主义实践刻意抹黑，因此高校教师必须坚持学术自由和学术规范相统一。

第三节　高校教师思想政治教育需要处理好几种关系

一　要妥善处理好差异性与针对性的关系

高校教师群体是一个有着许多差异性个体构成的群体。个体之间的差异性具体表现在年龄大小、学历高低、学科专业、知识结构、性格特征、个人需求等方面。高校教师思想政治工作要对教师个体进行深入研究和正确了解，正视教师个体的差异，对教师个体差异性基础上的教育内容、教育方法的针对性选择，分层施策、有的放矢。一是要在了解教师个体思想需求的基础上，提供内容上能满足其需求的相应精神产品。2014年9月习近平总书记在同北京师范大学师生代表座谈时提出了"做党和人民满意的好老师"的四条标准，即"要有理想信念、要有道德情操、要有扎实学识、要有仁爱之心"[①]。这四条标准是新时代师德规范的新要求，这也是我们做好新时代高校教师思想政治工作的核心内容。为了在高校教师思想政治工作中落实这些要求，我们要根据不同对象的个人素质状况，在具体实施中有针对性地开展有所侧重的选择教育。高校

---

① 习近平：《做党和人民满意的好老师——同北京师范大学师生代表座谈时的讲话》，《人民日报》2014年9月10日第1版。

教师思想政治教育的内容只有贴近教师的实际，才会滋润到教师的心田，为他们所吸收。二是要在了解教师个体特征的基础上，选择适合的教育方法。马克思曾经指出："理论在一个国家实现的程度，总是决定于理论满足这个国家的需要的程度。"[①] 马克思的这一教导，在方法论上同样适用于高校教师思想政治教育，即理论在教师个体身上实现的程度，总是决定于理论满足于这个教师个体的需要的程度。

二　要妥善处理好系统性与协调性的关系

高校教师思想政治工作是一项系统工程。一是教育内容是一个系统。高校教师队伍构成人员具有多样性，教师个体的思想具有复杂性。构成人员的多样性和个体思想的复杂多变性，需要所提供的教育资源必须具有丰富性、多样性、系统性，这样才能满足不同教师不同时段对教育内容的需求。二是教育主体也是一个系统。高校教师思想政治工作的教育主体通常是校党委、教师工作部、宣传部、人事处等党政部门，这些部门都对教师思想政治教育负有职责。一个功能良好的高校教师思想政治工作系统，必定是各构成要素之间协调配合的系统。教育内容的协调性，要求根据不同教师个体所设计的教育内容具有内在的统一性，不能只是简单的拼凑。教育主体的协调性，要求进行高校教师思想政治教育的各部门既要分工明确各司其职，又要协调一致同向同行，形成各部门齐抓共管的工作格局。

三　要妥善处理好常规性与渗透性的关系

高校教师思想政治工作常规性开展是思想政治工作落地的重要举措。常规性工作会在一定时间段内进行部署，制定出具体方案，包括计划通过哪些活动、哪些举措、取得哪些成效。然而，要取得高校教师思想政治工作的更好效果，在开展常规性工作时，还要坚持运用渗透性原则。思想政治教育具有潜移默化、润物无声的特点，需要因事而化、随境而为地运用渗透性原则进行教育。一般来说，渗透有时间上的渗透、有空

[①] 《马克思恩格斯选集》第1卷，人民出版社1995年版，第11页。

间上的渗透。时间上的渗透就是，不失一切时机地见缝插针，进行思想政治教育。空间上的渗透，是指教师的教学、科研等一切活动中渗透进思想政治教育内容。通过精心设计，有意地融入思想政治教育内容，让教师在随意、无心之中受到教育。通过敏锐的觉察能力，快捷的行动能力，把握捕捉到的时机当即进行教育。这种高超的教育艺术，能让高校教师不觉其教。可见，常规性教育与渗透性教育相结合，可以形成思想政治教育无死角、无漏洞的局面，从而提高思想政治教育的实效性。

四　要妥善处理好理论性与人文性的关系

新时代加强高校教师思想政治工作的一项重要内容是提高教师的理论素养和理论水平，这需要对广大高校教师进行马克思主义基本原理教育，特别是辩证唯物主义原理的教育和历史唯物主义原理的教育，让他们掌握科学的世界观和方法论。目前，要进一步对广大高校教师开展习近平新时代中国特色社会主义思想教育，进一步坚定"四个自信"，以坚定的理论底气从容应对新时代、新矛盾、新挑战。同时，高校教师思想政治工作要同对教师的人文关怀结合起来，同解决他们工作、学习、生活中的"急难愁盼"事项结合起来：比如教师的健康问题，教师"上有老下有小"的生活压力问题，教师的能力提升、职级晋升问题，使高校教师思想政治工作有滋有味、温馨暖人。

五　要妥善处理好长效性与制度性的关系

高校教师思想政治工作是一项长期性的工作，也是一项缺乏硬性指标评价的工作。在实践中，工作开展的情况受人的主观影响较大。往往会出现思想上重视了就抓得紧一点，思想上重视得不够就抓得松一点；本职工作轻松时就抓得紧一点，本职工作任务重了就抓得松一点；部门人手充足时就抓得紧一点，部门人手不够时就抓得松一点，等等。可见，需要加强高校教师思想政治工作制度建设以保证思想政治工作的长效性。加强制度建设，是对施教者教育行为的约束和规范；也是对受教育者的行为约束规范。一方面，是建立高校教师队伍思想政治工作的领导体制，主要是建立健全在党委统一领导下各相关党政部门和群团组织分工协作、齐抓共管的领导体制。另一方面,就是建立一套内容完备、程序严密、有效管用的制度体系。包括制定出明确的教师思想政治素质标准,建立一套有效的考核、评价制度,通过严格执行落实制度,提高教师的思想政治素质和养成良好的师德。

六 要妥善处理好灌输教育和自我教育的关系

工人阶级队伍当中不能自发产生马克思主义,马克思主义只能从外面灌输进去。通过组织理论学习、举办专题讲座、开展谈话谈心等不同举措,向高校教师灌输马克思主义基本理论,中国共产党的路线、方针、政策等,对帮助高校教师树立科学的世界观,提高其政治理论素养有着重要的作用。同时,高校教师又不仅仅是被动接受灌输的群体,他们更是有着高度自觉能动性的群体。他们肩负着教书育人的职责,一方面是思想政治教育的对象,同时也是对学生开展思想政治教育的主体。高校教师本身有着不同程度的自我教育意识,这是做好高校教师思想政治工作的重要因素。激发高校教师的自我教育功能,是运用思想政治教育规律的体现。高校思想政治教育工作者需要充分认识和利用这一规律,精心设计教育方案,合理选择教育方法和教育手段,实现最大限度地激发教师的自我教育功能,行不教之教,取得良好的教师思想政治教育效果。

七 要妥善处理好继承性与创新性的关系

习近平总书记指出,思想政治工作要"因事而化、因时而进、因势而新"①。汤之《盘铭》曰:"苟日新,日日新,又日新。"高校教师思想政治工作唯有创新才能开拓新局面。一是内容的创新。其一,用马克思主义中国化的成果指导高校教师正确认识中国共产党执政规律、中国特色社会主义建设规律以及人类社会发展规律等;其二,用人类对宇宙探索的自然科学和社会科学成果,引导高校教师正确认识和处理人与自然的关系、人与社会的关系以及人与人的关系。当今世界正处于百年未有

---

① 《把思想政治工作贯穿教育教学全过程 开创我国高等教育事业发展新局面》,《人民日报》2016年12月8日第1版。

之大变局时期,世界进一步多极化,经济全球化也在深入发展,科技创新日新月异。广大高校教师迫切需要学习自然科学和社会科学新的科学理论,从而更好地认识世界并改变世界。这些需求的满足需要高校教师思想政治教育实现内容上的创新。二是方法的创新。常见的方法创新有三种:其一,对老方法的创新使用;其二,对新方法的吸收使用;其三,新方法、老方法的针对性使用。无继承则无创新,创新离不开对已有方法的继承。马克思主义基本原理是我们理论的基石,任何时候都不能丢,理论创新必须坚持马克思主义理论指导。前人所创造的行之有效的高校教师思想政治工作方法我们不能弃,只有继承基础之上的创新,才能根深叶茂。

第八章

加强高校教师思想政治教育引导

第一节 强化高校教师政治理论学习

增强高校教师思想政治工作实效性，可以通过建立健全政治理论学习制度、优化政治理论学习方式方法等加强教师政治理论学习，积极引导高校教师认可社会主流意识形态。

一 开展政治理论学习状况调研

高校教师思想政治工作领导部门要充分了解教师的思想状况，这需要高校的领导干部深入基层、深入教师队伍，了解教师的思想政治工作现状和教师的思想状态、合理诉求。通过解决高校教师中存在的实际问题，提高高校教师群体的凝聚力和战斗力。高校要构建并运作教师思想状况调研的常态机制，开展定期、不定期的个别访谈、集体座谈以及发放精心设计的调查问卷等形式了解高校教师的思想状况、了解高校教师的思想变化，了解高校教师关心、关注的问题。高校领导只有关注教师的主体地位，切实解决教师迫切需要解决的实际困难，高校教师思想政治工作才会更加有针对性，教师才会有满足感、获得感、幸福感，教师工作起来也会更加有干劲。

二 建立健全政治理论学习制度

一方面，需要建立健全高校领导班子和院系负责人培训制度，定期讲授习近平总书记关于教育的重要论述、习近平总书记关于党的宣传思想工作的论述、习近平总书记关于青年和青年工作的重要论述等，不断提高他们分析问题解决问题的能力。另一方面，需要建立健全高校普通教师的培训制度，定期围绕教师普遍关心的重大理论问题开展理论阐释工作。此外，需要建立健全高校教师参与政治理论社会实践的制度。在政治理论学习时，要坚持理论与实践相统一，在参与社会实践中加深对理论的领悟和认同，做到因事而化、因势而新。

三　优化政治理论学习方式方法

一方面，要充分利用新媒体新技术，通过网络政治理论学习平台，有针对性地开展政治理论学习。另一方面，将政治理论学习与校园文化活动结合起来，开展主题校园文化活动、教师技能竞赛等，调动政治理论学习的积极性，提高政治理论学习的吸引力。此外，要关注教师利益诉求，维护好教师利益，既要解决好教师思想问题又要解决好教师实际问题。在帮助高校教师解决学习、工作、生活遇到的难题中进行理论引导，可增加高校教师的认同度，增强政治理论学习的吸引力和实效性。

四　增强教师政治理论学习兴趣

毛泽东指出："知识分子或青年学生应该努力学习。除了学习专业之外，在思想上、政治上要有所进步，这就需要学习马克思主义，学习时事政治。没有正确的政治观点，就等于没有灵魂。"[①] 因此，高校教师应该不断加强政治理论学习，用马克思主义武装自己的头脑，用马克思主义中国化的最新成果——习近平新时代中国特色社会主义思想充实自己，不断强化有广度、深度的理论学习，不断增强教师对党和国家的思想、政治以及情感的认同。政治理论扎实的教师才能在实际的工作中成为先进文化的传播者，切实践行社会主义核心价值观，引导学生形成正确的价值观以及良好的道德品质。正如习近平总书记在全国高校思想政治工作会议上明确提出的那样："高校教师要坚持教育者先受教育，努力成为先进思想文化的传播者、党执政的坚定支持者，更好担起学生健康成长

---

① 石中英：《重新思考毛泽东的教育思想遗产》，《北京大学教育评论》2016 年第 3 期。

指导者和引路人的责任。"①

五　提升高校教师思想政治素质

高校教师思想政治素质提升的途径主要有强化政治理论学习，开展内容丰富的形势政策教育，切实加强对教师的思想教育引导。只有理论上清醒，才能有政治上的坚定。加强高校教师的政治理论学习，需要用马克思主义中国化的最新理论成果和我国社会主义核心价值体系武装高校教师，坚定高校教师的理想信念，帮助高校教师学会科学地认识和解决问题。通过定期组织教师学习党的路线、方针、政策，使高校教师坚定中国共产党的领导。坚持对高校教师进行形势与政策的教育，使高校教师心中怀着"国之大者"。传统的思想理论学习虽然能够在一定程度上提升高校教师思想政治素质，但听报告、读文件等传统方式对高校教师的吸引力越来越弱，思想政治教育工作者还需要不断增强思想教育的灵活性和吸引力，提高高校教师思想政治工作的时效性和实效性。

六　创新教师政治理论学习方式

恰当的政治理论学习方式能增强学习的效果，使理论入脑入心。在政治理论学习时间的安排上，高校教师的政治理论学习可以每周固定时间以教研室为单位组织高校教师参加思想政治方面的学习，也可以每周安排一天晚上开展夜校活动，通过宣扬优秀教师德行的方式来逐步改善高校教师的思想。在对高校教师的培训教育上，也应当注重对信息技术的合理应用，通过新媒体等平台增加政治工作会议的趣味性。例如，可以通过播放相关故事片来展示教育内容。考虑到不占用教师的教学时间及工作间隙的休息时间，高校可以成立一个专门的团队，负责对政治理论教育网站的建设和宣传，这样教师可以利用空闲时间通过智能手机或电脑搜索到该教育网站，实现在线学习。高校思想政治工作部门应创新教师思想政治工作的路径与方法，进一步增强创新意识与阵地意识。网

---

① 《把思想政治工作贯穿教育教学全过程　开创我国高等教育事业发展新局面》，《人民日报》2016年12月8日第1版。

络阵地是高校教师思想政治工作的必争之地，高校可以开设开放的、可交互的思想政治教育主题网站，加强网上的正面宣传。高校教师政治理论学习还可以开展网上专项服务，开展在线专题交流，纠正错误的信息和不当言论，加强校内舆论引导。同时也要与时俱进，创新高校教师思想政治教育载体，充分运用微博、微信等新兴的自媒体，恰当利用现代网络技术为高校教师的思想政治教育工作服务，引导广大高校教师利用新媒体开展日常的政治理论学习与信息交流，以教师喜闻乐见的形式提升实效性，广泛地传递正能量。这样一来，教育内容就更能做到多样化，可以采用结合视频或图像的方式，同时辅以相应的文字说明，在网站上展示提升教师师德建设的内容，同时鼓励教师进行学习。此外，高校也可以定期开展一些竞赛，将思想政治教育内容设计成试卷，以检验高校教师的学习情况。通过这些方式，能够提升高校教师政治学习的效果。

第二节　加强自身修养提高政治素养

一　高校教师要有事业心和责任感

辩证唯物主义认为，外因是事物变化的条件，内因是事物变化的依据，外因借助内因产生作用。从内因方面来看，我们要重视教师的事业心和责任感的培养。教师职业肩负着育人职责，教师自身只有充分对这一职业有所认知与了解，立足于对社会发展与人类进步培养人才，才能充满热情地工作，竭尽全力为培养人才付出自己所能。高校教师要志存高远，密切关注民族兴衰与文明命运。全球化的时代，文化有着非常重要的功效，在大国竞争中充当"软实力"。高校教师要爱国敬业，做一名心系国家命运，主动担当起传承中华民族优秀文化的责任，有强烈的民族自尊心的高校教师。

二　高校教师要洁身自好和严谨治学

教育者要先受教育，以自身良好的学风推动学校学风建设，杜绝学术不端行为。高校也要完善对学术不端行为的监督与查处制度，同时在教师的年度考核、教学过程督导制度及各种教材使用规范等方面严格按照规定执行。在课堂教学实践中重视课堂讲授纪律的落实,课堂教学过程中严禁对违法、负能量观点的传播,在网络等公开发表言论时遵守国家规定,积极改善高校师生关系,用心打造出和谐团结的师生氛围。学术研究工作是一项具有高度创造性与现实价值的工作。学术科研水平的高低受到学术科研工作者的知识结构、精神境界、资质禀赋和人生阅历等影响。高校教师只有矢志不渝地坚守自身的学术良知,一直以虔诚、敬畏之心对待学术研究,才能在学术研究中有所作为,才能获得良好的学术成果。高校教师的三大职能主要有教书育人、科学研究和社会服务等,这也是教师展现自身价值的三个方面。教师一旦对学术失去了敬畏之心,也就无法对自我价值保持敬重之心。真正的学术名家对外界各种诱惑会主动抵制,以自身的学问作为立身之本。不谋名利,真正踏实做学问,是高校教师应当追求的精神。教师是高校的骨干力量,对培养社会主义合格建设者和可靠接班人有着重大的责任,其自身学术能力与学术素养的高低直接决定了所培养学生质量的高低,也决定了高校知识创新与技术创新水平的好坏。

三 高校教师要锐意进取和不断创新

在高校,教师思想政治表现有着很强的示范性,必须"坚持教育者先受教育,努力成为先进思想文化的传播者、党执政的坚定支持者,更好担起学生健康成长指导者和引路人的责任"①。高校教师培养和队伍建设应该把思想政治培训作为重要内容,制定教师政治理论学习制度,积极发挥政治引领作用,引导教师深入学习领会认同习近平新时代中国特色社会主义思想,广泛开展我国优秀传统文化教育,通过弘扬我国优秀传统文化传承师道,涵养师德。对教师的教育应区别于学生,思想政治培训更应突出实效,组织思想理论学习和集体建设时可以根据不同专业以及不同层次教师的特点分层分类开展。高校教师思想政治培训尤其要与业务工作相结合,推动教师终身学习和持续发展。在加强实践锻炼中

---

① 《坚持中国特色社会主义教育发展道路 培养德智体美劳全面发展的社会主义建设者和接班人》,《人民日报》2018年9月10日第1版。

把教师自我政治修养、道德品质文化涵养提升自然有机融入教育学生立德树人的职业要求和教师专业发展体系之中。高校让教师发挥引领作用，首先需要尊重和相信教师，通过发掘身边先进典型，开展对师德先进的表彰活动，充分激发教师的内在使命感和职业荣誉感。发挥教学名师、师德优秀教师特别是广受尊敬的"大先生"和"老先生"的榜样示范作用，引领年轻教师健康成长，引导广大教师淡泊名利、专心治学，以高尚师德提升人格魅力，用优良的师风带动教风学风。创新需要以丰富的知识底蕴为基础，在知识大爆炸的时代，高校教师要有终身学习的思想意识。当今世界科学技术不断发展推陈出新，教师的知识结构也要不断更新以适应这种变化，否则就会被淘汰。因此，高校教师要不断学习新的知识以开阔视野，特别是要努力学习专业知识，坚持学术研究，全方位提升自身的实力和教育能力。

四 高校教师要加强思想建设

当前，在物质诱惑众多的社会环境下，思想政治教育工作任务繁重复杂。面对价值取向多样的社会环境，必须加强对高校教师的思想建设力度，积极对其开展"不忘初心、牢记使命"的教育，增强高校教师精神动力，能够使他们始终保持上进心、责任心和使命感，能够从容应对社会环境的严峻挑战，真正担负起培养社会主义事业建设者和接班人的责任。一是带领高校教师学习马克思主义经典著作，打牢高校教师的思想根基，提升他们的理论水平；二是带领高校教师了解中国共产党百年辉煌历史。百年来中国共产党关于革命与建设的历史体现了中国共产党的爱国情怀和奋斗精神，这能够使高校教师深刻认识到中华民族从苦难走向伟大复兴的艰辛历程，从而牢固树立起坚定的马克思主义理想信念；三是结合高校实际情况组织高校教师参加红色文化的实践之旅，比如重走长征路、探访革命老区、参观红色革命根据地、参观主题博物馆等，使高校教师深刻认识到中国共产党的初心和使命是"为中国人民谋幸福、为中华民族谋复兴"，激发高校教师以更饱满的工作热情和责任感进行教育实践，为社会主义事业培养合格人才。

第三节　开展高校教师理想信念教育

高校教师理想信念教育内容要与时俱进，教育形式要亲民，教育方法也要有所创新，要树立以人为本、遵守规律、坚持问题导向、注重实际效果的教育理念，努力开创高校教师理想信念教育工作新局面。

一　提高理想信念教育重视程度

在新时代背景下，党中央对高校教师思想政治教育工作更加重视。高校要培养出一批"四有"好老师，高校教师要践行"四个相统一"，这是党和国家的要求。践行落实习近平总书记的讲话精神，高校首先必须提高思想认识，高校各级党组织都要高度重视，真正把高校教师政治建设摆在首位，不断提升思想建设水平。高校党委要担当培养时代新人的重要职责，从推进全面从严治党的过程中推进全面从严治校。教育行政部门和高校应该将教师理想信念教育工作放在思想政治教育工作的议事日程之上。高校要与时俱进，定期研究教师思想动态，在规范有序推进党建日常性工作的基础上，探索提升高校教师思想政治意识的途径和理想信念教育的有效举措，优化高校党建工作机制，加强教师理想信念教育实效性研究，把思想政治教育融入日常性党建管理工作，使党建工作与理想信念教育工作相得益彰。教师理想信念教育是高校教师思想政治教育的核心内容，改善和提高高校教师的理想信念教育效果是新时代背景下坚持我们党对高校的领导、坚持我国高校社会主义办学方向和坚持马克思主义总的指导地位的思想保障，对于高校坚持社会主义办学方向，贯彻"立德树人"根本任务，提升高校办学水平具有重要意义。高校教师的理想信念教育在当前新时代背景下仍然比较薄弱，高校应与时俱进，跟上时代步伐，从加强组织领导、完善以"四个自信"为核心的内容更新、建立教师理想信念教育评价机制以及创新理想信念教育模式等方面协同推进，在高校教师理想信念教育工作上尽早实现科学化、制度化和规范化，全面提升高校教师的政治素质。理想信念犹如精神之"钙"，高校要重视教师理想信念教育，完善理想信念教育内容，创新理想信念教育方式,积极引导教师坚定正确的理想信念,确保高校教师思想上的统一、政治上的团结、行动上的一致。

二 完善教师理想信念教育内容

一是将社会主义核心价值观、习近平总书记关于高等教育系列重要讲话精神以及职业道德作为教育的重点内容。以新时代社会主义事业取得的光辉业绩作为理想信念教育的认同基础。事实胜于雄辩,我国的社会主义道路、我国的社会主义理论体系以及我国确立的社会主义制度具有非常强大的生命力和显著的优越性,而中华民族五千年优秀文化带来的文化自信是坚定其他三个自信,即道路自信、理论自信、制度自信的根基。在新时代背景下就是要构建以"道路自信、理论自信、制度自信、文化自信"为内核的理想信念教育体系。"四个自信"是当前高校教师思想政治工作的主体内容,也是新时代背景下高校坚定理想信念教育的主要教育内容,"四个自信"也是高校教师在日常生活中具有坚定理想信念的具体体现。二是大力开展习近平新时代中国特色社会主义思想的认同教育,包括政治认同、思想认同、理论认同和情感认同等。新时代坚定"四个自信"正是源于中华民族在新时代的伟大建设实践和伟大成就,党和国家近百年来建设发展的辉煌业绩,是教育高校广大教师最有说服力和最容易接受的教材,高校应该全方位、多角度地展示中国共产党带领全国人民取得的重大成就,引导教师不断加深对党和国家辉煌成就的全面了解和真心认同,进一步增强中华民族自尊心、自信心、自豪感。三是组织教师深入学习马克思主义,不断提高运用马克思主义立场、观点、方法分析和解决实际问题的能力。通过对这些内容的深刻领悟,增加教师对社会主义核心价值观的认同度。对高校教师进行理想信念教育,必须用马克思主义基本原理为指导,全面学习和掌握马克思主义科学的理论体系,用马克思主义中国化的最新成果武装教师头脑和教育教师。高校教师理想信念教育重中之重是要筑牢精神之基,坚定对马克思主义的信仰,对社会主义和共产主义的信念,对中国特色社会主义道路、理论、制度、文化的自信。

三 创新教师理想信念教育方式

个人理想信念的塑造是一种内心的自我修为，高校教师理想信念教育应当用科学的马克思主义理论知识和先进的马克思主义中国化的思想武装教师的头脑。注重选择恰当的教育模式，强调以理服人、用情感人、潜移默化、润物无声，细心引导他们正确认识社会，逐步培育塑造高尚的理想信念，不能总是千篇一律的文件宣读式工作方式，要创新工作方法切实增强理想信念教育科学性和吸引力。一是以重大节日、纪念日为契机，发布理想信念方面的内容，引导教师发表评论感悟。结合教师政治理论学习活动，将理想信念教育内容在教师思想政治教育日常活动中凸显出来。要深入浅出地对教师解读"四个自信"的理论内涵，巧妙地把"四个自信"教育融入教师日常生活中，要让教师深刻认识"四个自信"的准确内涵和内在逻辑，要让高校教师从理论认知上内化对"四个自信"的科学认识，理解"四个自信"的历史必然性，了解"中国模式""中国方案"的内容、价值和意义，加强对教师进行理论认同教育。二是运用参观考察以及鼓励专任教师到社区参加志愿服务等相结合的方式，加强对教师理想信念的正确引导，切实提升理想信念教育效果，不断提高教师的道德情操，使其坚定正确的理想信念。三是从教师队伍中选树培育典型人物，开展模范教师校园宣讲活动，发挥榜样的示范带动作用，引导广大教师群体将共产主义理想信念内化于心外化于行。四是高校在全媒体时代要牢牢掌握校园话语宣传主动权和引导的优先权。在合理利用传统宣传媒体的基础上，紧跟时代潮流，用好微博、微信等新媒体和其他主流信息载体，巩固理想信念教育领域的媒体传播平台和阵地。高校自身也要成为在教师中进行理想信念正面引导和传播思想正能量的主力军。五是通过定期开展交流研讨、走访参观和专家解读讲座等方式调动教师自我学习、思考和自我教育的兴趣，培养教师积极主动进行理想信念自我修为，加强建设理想信念教育体系机制，同时将理想信念教育贯穿教师职业生涯全过程。

四 构建理想信念教育评价机制

加强高校教师理想信念教育，是党组织的重要任务。2017年2月中共中央、国务院印发的《关于加强和改进新形势下高校思想政治工作的意见》指出，高校"要强化思想理论教育和价值引领，必须把理想信念教育放在首位"①。高校教师理想信念教育是思想政治素质培养和考察的部分内容，要有宏观长远的精准设计和科学规划，要完善创新工作机制，将高校教师的思想政治素质评价真正融入高校教师综合评价体系中，构建起既有效且可操作的高校教师理想信念教育评价机制。正如习近平总书记在2018年9月全国教育大会上的讲话中指出的："要深化教育体制改革，健全立德树人落实机制，扭转不科学的教育评价导向，坚决克服唯分数、唯升学、唯文凭、唯论文、唯帽子的顽瘴痼疾，从根本上解决教育评价指挥棒问题。"② 可见，高校应完善相应工作机制，设置专门部门或专职岗位，结合教师工作部或教师发展中心等有关教师培训部门，制定教师思想政治素质培训方案，构建常态化教师思想政治教育机制，定期开展问卷调查等及时掌握教师思想政治状况，建立相应反馈机制，倾听教师关于思想政治教育工作的改进建议意见。要开展相关工作研究以加强提升教师理想信念教育的实效性，加大人力物力等投资力度，构建相关工作的考核问责机制，切实提高有关高校教师理想信念状况研究的积极性及思想政治素质培育相关研究的实效性。构建科学合理的考核评估机制，需要逐步完善各项制度，尽可能考虑到大多数教师的实际情况，特别要考虑到部分高校教师的现实情况和思想特点，力避和防范形式主义做法。在评价内容和指标选择上要有参考意义和可操作性，要及时反馈和运用评价结果，发挥评价结果应有的作用。

总之，在新时代背景下进一步加强对高校教师以增强"四个自信"为核心的理想信念教育有着新的重要意义。牢记使命，坚守初心，坚定

---

① 余双好：《新时代高校思想政治工作新模式的实施纲要》，《高校辅导员》2021年第6期。

② 《坚持中国特色社会主义教育发展道路 培养德智体美劳全面发展的社会主义建设者和接班人》，《人民日报》2018年9月10日第1版。

理想信念，不断提高广大高校教师的思想政治觉悟，是新时代高校实现立德树人宏伟目标的思想保证。构建高校教师理想信念教育的长效机制是一项系统工程，要从内容体系、机制建设、方式方法创新等多方面、多层次协同推进。我们要始终掌控宣传阵地的主动权，牢牢把握高校意识形态导向，施行一系列长期化、规范化、制度化举措，使高校教师的理想信念教育真正落到实处，入脑入心。

第九章

强化党的思想引领

　　开展教师思想政治教育是高校党委的职责，不仅是高校开展师德师风建设、提升教师素质的需要，也是保证学校办学方向和提升学校办学质量的重要内容。在高校，党员教师占教师队伍的比例很大，我国高校普遍健全了基层党的组织，公办高校校级层面实行党委领导下的校长负责制，学院层面实行基层党政联席会议制度，可见党建与教师思想政治工作联系密切，改进教师思想政治工作较有效和较直接的切入点就是抓好教师党建。党委组织部、党委教师工作部以及院系党委可以围绕提升教师党支部党建质量，贯彻落实党建工作标准，结合高校实际改进和创新工作方法。首先应该严肃党内政治生活，高校开展教师党支部建设的核心任务是教师思想政治建设，通过"不忘初心、牢记使命"主题教育扎实开展，"两学一做"学习教育常态化、制度化推进，党史学习教育掀起热潮，坚定党员教师的理想信念，进一步强化在高校意识形态领域马克思主义的指导地位。其次要发挥高校教师党支部战斗堡垒作用，充分发挥党支部在培育人才、凝聚人才和服务人才方面的政治优势和组织优势；还要通过教师党支部活动助力教师思想政治素质和自身专业能力同步提升，及时培养并吸纳优秀教师进入党组织，同时让符合条件的党员学术带头人参与党建领导工作，逐步将其培养为教师党支部书记，将"双带头人"教师党支部书记打造为高校基层党建工作和教学科研工作相互融合、相互促进、相互提高的中坚力量。高校基层党支部与普通教师紧密联系在一起，容易熟悉直接和全面了解每一位老师，党支部成员应该牢固树立为其他教师服务的宗旨意识，更加关爱每一位老师，及时帮助教师解决思想问题；

也要多开展群众工作,主动帮助教师解决工作和生活中的矛盾和困难,汇聚起建设文明学校的正能量。

第一节 加强高校教师党员队伍建设的重要意义

目前,高校党员教师队伍渐渐壮大,并且大部分党员教师在教学和科研第一线工作。如何充分发挥党员的先锋模范作用,努力调动广大教职工的积极性是高校人才培养、事业发展和稳定大局的关键。

一 加强高校教师党员队伍建设有利于坚持社会主义办学方向

坚持社会主义办学方向,要求高校教师一定要提高认识,把自己的工作目标定位在培养社会主义的建设者和可靠接班人上。在培养什么人的较量中,高校从来都不是风平浪静的港湾,一直是激烈斗争的前沿阵地,对此我们应该清醒。当今世界,各国之间经济竞争和综合国力较量十分激烈。我们国家不但面临发达国家在经济以及科技上卡脖子的挑战,而且还面临世界霸权主义和强权政治的压力,包括"西化""分化"的图谋。高校历来是国内外敌对势力进行政治操弄和思想渗透的重点。我国改革和发展过程中难以避免的一些暂时困难和社会矛盾慢慢会反映到学校中来;社会上出现的各种思潮和价值观念也逐渐会在学生中产生影响,何况高等教育自身的改革和发展也面临大量的矛盾和困难。因此每个教师都应清楚认识到,紧紧围绕"立德树人"的人才培养根本目标,积极引导大学生树立正确的马克思主义立场、观点和思想方法,任务重,意义大。因此,在高等教育中,教师不管是什么职称,不管是什么专业,只要是一名共产党员,他就应坚定不移地贯彻党的路线、方针和政策,忠诚于党和人民的教育事业,在教书育人的本职工作岗位上作出成绩,体现党员的先锋模范作用。这是衡量高校教师中的共产党员是否合格、党性是否强的最重要的尺度之一。因此,这些党员教师的政治理论素质提高了,能够用我们的正确的先进的思想影响广大青年学生,对培养合格建设者和接班人,具有极其深远的意义。

二 加强高校教师党员队伍建设有利于做到政治上的坚定

对于年轻的入党积极分子来说,应该自觉地学习和掌握习近平新时代中国特色社会主义思想,自觉地理解党的路线、方针,工作中做到增强预见性,减少盲目性,同党组织保持一致,做学生的表率,这关系到是否能够培养出合格建设者和可靠接班人的问题,关系到能否在"百年未有之大变局"到来的时候,把中国特色社会主义事业建设好的问题。高校教师只有做到理论上清醒,才可能做到政治上的坚定。有的人在关键时刻对一些重大事情认识不清,对我国建设中国特色社会主义表示怀疑,主要原因是理论上的不清醒。"法轮功"等邪教组织所造成的不良影响,也说明了这一点。

三 加强高校教师党员队伍建设有利于培养时代新人

在高等教育中,教育工作者不论是什么职称,不论从事何种专业,只要是一名共产党员,他就应忠诚于党和人民的教育事业,坚定不移地贯彻党的路线和教育方针,发挥先锋模范作用,在教书育人的工作岗位上努力作出成绩。这是衡量教师中的共产党员是否合格和党性强弱的最重要的尺度之一。可见,我们这些教师的政治理论素质提高了,用马克思主义的先进的思想去影响广大青年学生,对培养"有理想、有道德、有文化、有纪律"的时代新人、对培养 21 世纪的合格建设者和可靠接班人,无疑具有十分深远的意义。

第二节 高校教师党员队伍建设存在的问题

许多调查资料表明,当前高校党员教师队伍的主流思想是与我国社会主流大环境相一致的,呈现出积极、健康、向上的态势。高校涌现出的先进模范人物大多数都是共产党员。但是,我们也不能不看到,由于 20 世纪 90 年代初东欧剧变、苏联解体,导致国际共产主义运动进入低潮;社会主义市场经济体制的所有制形式、分配形式和社会利益等许多方面呈现多元化特点;有些高校基层党组织疏于管理教育党员教师等原因，造成在这些高校一些不良论调流行；有些人把市场经济的等价交换原则引入党内生活，在这些负面影响下享乐主义、拜金主义和极端个人主义泛滥；党的组织生活被空化，党员的先进性被淡化，党的组织纪律被弱化，在有些党员教师中出现了与党的奋斗目标不一致的种种现象。具体表现在：

第一，理想信念淡薄，政治上不求进取。有些党员教师对政治理论学习无兴趣，对各种否定马克思主义的言论听之任之，对主张指导思想多元化的言论随波逐流。对改革开放以来的巨大成就视而不见，以个人得失作为判断是非的标准。

第二，党员意识淡化，组织上缺乏管束。有些高校基层党组织，在发展党员后忽视思想教育，党的组织生活流于形式，有些党员混同于普通群众，没有发挥先锋模范作用。而且政治表现上入党前后判若两人。

第三，个人利益膨胀，纪律上放松要求。有些党员教师受拜金主义、享乐主义以及极端个人主义思想影响，喜欢追名逐利，做事不择手段。常常是只要组织照顾、不要组织纪律。

第四，忙于个人奋斗，置国家集体利益于不顾。有些党员教师"上课来，下课走"，评职晋级则争先恐后，对其他的事情没有兴趣，不太愿意参加集体活动，尤其是公益活动。有的甚至不关心国家大事，不关心群众疾苦。有的为挣钱，谋取"第二职业收益"，不惜牺牲学生利益，影响教学质量。

凡此种种，说明在高校党员教师队伍中的确存在不符合新时期党的要求的现象，如果不能及时解决不仅影响党的光辉形象、败坏党的威信，而且无法完成党赋予高校的伟大历史使命。

第三节　加强高校教师党员教育的重要举措

我们党一直十分重视党的思想建设，也十分重视党的组织建设，每当党的客观环境或者主观情况出现重大变化的时候，都会在党的建设，尤其是党员队伍建设方面提出新的要求和任务，就会相应地把学习重要理论以及学习党章的任务提到全体党员面前。党的十八大以后，2016 年

2月，中共中央办公厅制定了《关于在全体党员中开展"学党章党规、学系列讲话，做合格党员"学习教育方案》，同时发出通知，要求各地区各部门切实贯彻执行。面向全体党员深入开展"两学一做"学习教育，是深化党内教育的重要实践，是着力推动党内教育从"关键少数"向全体党员拓展、从集中性教育向常规性教育延伸的重要举措。2022年10月22日党的二十大通过了新党章，学习新党章，践行新党章，是每个党员义不容辞的责任和义务。这都充分说明无论是老党员，还是新发展的党员，或是入党积极分子，都要不断学习。抓思想政治教育工作是我们党的传统优势。高校党组织可以发挥政治核心作用，通过提升对教师的亲和力、感染力和凝聚力，调动教师的政治热情。

一 发挥高校教师党员模范带头作用

列宁说过，"真正建立共产主义社会的任务正是要由青年来担负"[①]。习近平总书记强调指出："党和国家事业发展需要一支宏大的师德高尚、业务精湛、结构合理、充满活力的高素质专业化教师队伍，需要一大批好老师。"[②] 各地各校要从战略高度来认识教师工作的极端重要性，始终不渝地把加强教师队伍建设作为提高教育质量的关键，摆在教育事业优先发展的战略地位，进一步明确工作方向和行动要求。

2012年1月4日，习近平总书记在会见第二十次全国高校党建会代表时强调："要把加强青年教师队伍思想政治建设作为高校党的建设的重要内容来抓。"[③] 可见，高校各级党组织要认真梳理、掌握教师思想政治状况，使党的工作能够覆盖到每一位教师，主动帮助引导青年学术骨干、专业带头人、拔尖领军人才和留学归国教师向党组织靠拢，有些条件相对成熟的教师及时确定为党组织拟发展对象，并且把符合党员条件的教师吸收入党。

---

① 《列宁选集》第4卷，人民出版社1995年版，第281页。
② 《习近平总书记在北京市八一学校考察时的讲话引起热烈反响》，《人民日报》2016年9月10日第1版。
③ 《习近平在第二十次全国高等学校党的建设工作会议上的讲话》，《人民日报》2012年1月5日第1版。

党员好比是党组织肌体的"细胞",我们要不断供给基层党员"细胞"的营养,不断充实基层党组织的队伍,注重选拔一批具备较强服务意识和较高文化素质的年轻人到基层党组织工作,着力优化党组织工作者的队伍结构。据调查,青年教师占高校专任教师总人数的比例是64.4%,已经成为高校教师队伍的中坚力量,然而青年教师中中共党员(预备党员)仅占比47.9%,与青年教师在高校所有教师中所占的比例差距是16.5%,因此我们党需要提高青年教师自身的思想素质,吸收更多的优秀青年教师进入到党组织中来,扩大青年党员教师比例,加强基层党组织建设。同时我们也要充分发挥教师党员的先锋模范带头作用,通过开展党员先进事迹报告会以及官方微信、微博等新媒体平台对先进党员事迹的推送等形式,广泛宣传模范党员先进事迹,不断扩大党员教师的影响,激发其他教师的政治热情,从而吸收更多的教师到我们的党员队伍中来。

二　发挥高校党支部的战斗堡垒作用

中共教育部党组《关于加强新形势下高校教师党支部建设的意见》指出:"党支部是党最基本的组织,是党全部工作和战斗力的基础。"[①] 中共教育部党组:《关于加强和改进新形势下高校思想政治工作的意见》指出:"要加强高校基层党建工作,建立健全高校基层党组织,加强教师党支部建设,充分发挥党支部战斗堡垒作用。"[②] 习近平总书记强调,"要把加强教师队伍思想政治建设作为高校党的建设的重要内容来抓"[③]。可见,高校要坚持党的组织生活各项制度,加强党员日常管理监督,组织党员教师常态化制度化开展"两学一做"学习教育。借助网络平台创新工作方法,高校基层党组织可以在互联网络上建立一个以服务教师为目的的钉钉群或者微信公众号,通过新媒体平台宣传党组织的服务理念

---

① 《关于加强新形势下高校教师党支部建设的意见》,2017年8月2日。
② 余双好:《新时代高校思想政治工作新模式的实施纲要》,《高校辅导员》2021年第6期。
③ 周英峰:《第二十次全国高校党建工作会议在京召开习近平会见会议代表并讲话》,《人民日报》2012年1月4日第1版。

和思想，切实抓好党支部教师思想政治工作，进一步扩大基层服务型党组织影响力，也可以为广大教师不定期推送关于思想政治素质方面的信息，还可以为教师提供一些养生信息，让教师更好地体验到党组织的贴心服务。高校可以通过创办基层党群的活动中心，进一步加强与教师的沟通，了解教师急难愁盼的事情，以实际行动来为高校教师排忧解难。有一些条件允许的高校可以开展与教师相互关联的线上远程教育沟通平台，随时通过该平台与教师实时连线可以第一时间掌握教师的思想动态。

三　增强党对思想政治素质建设领导

习近平总书记在 2016 年全国高校思想政治工作会议上指出，"高校党委对学校工作实行全面领导，承担管党治党、办学治校主体责任，把方向、管大局、作决策、保落实。要加强高校党的基层组织建设，创新体制机制，改进工作方式，提高党的基层组织做思想政治工作能力"[1]。2017 年中共教育部党组《关于加强新形势下高校教师党支部建设的意见》提出，"高校要加强组织领导"[2]。高校党委要充分认识到教师思想政治素质建设在高校治理中的重要作用，应该着力加强对教师党支部建设工作的领导，充分发挥基层党委在教师思想政治素质建设中的核心作用，坚持用习近平新时代中国特色社会主义思想武装教师头脑，不断加强马克思主义理论的指导地位，在对教师进行人才选拔时，充分考虑教师的思想政治素质，做好教师干部的聘用管理。

四　开展高校教师网络思想政治教育

当今社会，以互联网为代表的新兴媒体已经深度融入人们的工作和生活，是人们沟通交流、表达诉求和建言献策的主要工具，成为人们行使知情权、参与权和监督权的重要渠道。当前，面对网络传媒，高校思想政治教育工作者应积极转变观念，把网络作为高校教师思想政治工作

---

[1]《把思想政治工作贯穿教育教学全过程　开创我国高等教育事业发展新局面》，《人民日报》2016 年 12 月 8 日第 1 版。

[2] 中共教育部党组：《关于加强新形势下高校教师党支部建设的意见》，2017 年 8 月 2 日。

的重要领域，通过多种方式加强网络思想政治教育，巩固壮大主流思想舆论，形成全校团结奋进的强大力量。在时代背景下，激发党建活力，首先要扎实做好基层党建工作。"互联网＋党员教育"把互联网产业优势转化为开展党员教育培训的重要平台。一方面通过网络狠抓党员理想信念教育，另一方面通过网络引导非党员向党组织靠拢，高校教师大多数都是中共党员，他们是否做到"又红又专"决定了他们所培养的学生的素质。高校各级党组织要高度重视，通过网络抓好基层党建来带动广大教师的整体的思想政治素质，从而把广大教师紧紧地团结在党组织周围，采用"互联网＋党建"的方式引导广大教师树立正确的世界观、人生观、价值观，从而培养优秀的职业道德和爱岗敬业的精神。

五　加强高校教师思想政治理论教育

新时期加强教师队伍的思想政治工作，必定要坚持党的领导，将教师队伍的思想政治教育工作纳入高校党建工作体系中，使党的工作更加健全。当前各高校对教师思想政治工作的重视程度在不断提高，加强了"三会一课"制度的常态化建设，实施了"双带头人"培育工程，也加强了对"学习强国"的学习要求，有的高校还建立了党委教师工作部，进一步完善工作机制来补齐短板。通过建立一系列的制度机制能为高校教师队伍的思想政治工作提供良好的服务和引导，让高校教师思想政治工作实现体系化、制度化，让高校教师在思想政治教育过程中提高素质，升华情感，强化意识。加强高校教师思想政治工作的组织领导，完善顶层设计，才能保证教师队伍思想政治工作落实见效。高校要完善党建组织建设，要依托强有力的党组织加强对高校教师的政治理论培训，帮助教师队伍树立正确的政治观。高校党组织可以依托丰富的教育资源，把思想政治理论教育作为学校教师队伍思想政治工作的重要内容，借助自身完善的思政课程体系和大力推进课程思政来帮助高校教师树立社会主义核心价值观。不同专业、院系的基层党组织可以借助学科优势，采取合适的方式组织教师学习，强化对国际国内形势、党和国家大政方针政策的学习，并积极组织各种教师喜闻乐见的思政学习活动，坚定教师的社会主义信仰，将思政理论贯彻和运用到日常教学、科研中。

六　提升基层党组织对教师的亲和力

基层党委、党总支是高校教师思想政治教育工作的具体实施者，可以发挥扎根基层的优势进一步加强对高校教师的思想引领。一是基层党委、党总支需要第一时间掌握教师的思想动态，想教师之所想，找准思想引领的突破口。二是基层党委、党总支需要仔细掌握教师面临的工作、生活等方面的实际问题，急教师之所急，动员协调各种力量办一些暖人心的实事，主动及时解决这些问题，使教师感受到党组织的温暖。

七　强化党支部对教师的政治吸引力

增强教师党支部对教师的政治吸引力需要多措并举，重点是通过优化党支部设置和高质量发展教师党员来提升教师党支部的组织力、凝聚力。一是优化党支部设置。教师党支部要成为团结教师、教育教师、攻坚克难的坚强阵地。比如，对于专业业务研究较活跃的教师群体，可以依托学术骨干团队建立党支部，一方面有利于教师在教学、科研等工作中进行探讨；另一方面也有利于教师围绕共同话题开展活动。二是着力发展教师党员。教师党支部要发挥党员的模范带头作用，让教师时时感受到身边党员的先进性，强化党支部对教师的政治吸引力。通过加强与教师的沟通交流，以潜移默化的方式吸引教师。对思想上积极要求进步的教师，要多加培养，帮助他们尽快提高政治思想觉悟，符合条件的可及时吸收入党。

除此外，基层党组织也可以开展"不忘初心、牢记使命"主题教育活动引导教师增强"四个意识"，进一步作出应有的表率和贡献；建立不同院系、专业的教师交流平台，加强思想政治交流。

第十章

深化高校教师师德师风建设

新时代深化高校教师师德师风建设，需要将师德考核评价融入教师管理和职业发展的全过程各环节，对违反师德的行为依法依规进行严肃处理，严格执行"一票否决制"，守住师德底线，有效规范教师行为。重点可以从加强宣传表彰、健全培训体系等方面着眼，积极引导高校教师以德施教。

第一节　创新高校教师师德师风建设形式

一　做到师德师风建设五个相结合

师德师风建设是一项系统工程，需要多方协同才能完成，实践中可以运用五个结合。一是将师德师风建设与教师业务工作相结合。把教师科研、教学业务能力和工作实绩与教师师德状况、思想政治状况结合起来，使教师既教书又育人。二是将师德师风建设与校园文化建设相结合。我们的意识形态领域一定要坚持马克思主义的指导地位，倡导主流文化，引导流行文化，旗帜鲜明地反对资产阶级自由化思潮，形成良好的学校校园文化。同时，要用校园文化的隐性教育载体开展师德师风建设，对教师进行思想政治教育，不断提高教师思想觉悟，增强文化自觉。三是将榜样教育与警示教育相结合。在师德师风建设上，抓住教师的正面典型案例，广泛宣传表彰树立榜样，对好的思想和行为加以肯定和倡导，以启发、感染、教育其他教师。高校要建立完善师德师风标兵评选制度，发挥师德楷模的引领示范作用；与此同时对某些教师的反面典型例子，开展广泛的警示教育。四是将线下师德师风建设与线上师德师风建设相结合。积极运用网络工作平台，充分发挥网络平台在提高教师师德师风方面的积极作用。通过高校官网，以及官方微博、微信、手机客户端等新媒体，进行内容创新、技术创新、管理创新，不断增强网络师德师风建设的亲和力、吸引力。五是将师德师风理论教育与实践教育相结合。师德师风建设理论来源于实践又能指导实践，学校应通过教师的企业实践、挂职锻炼、对口交流、暑期调查等形式，引导教师了解国情、熟悉社情、体察民情，增强教师对中国特色社会主义道路，以及对党的路线、方针、政策的领悟和政治认同。

二 加强高校教师敬业精神的培养

教师敬业精神是师德师风的重要表现，推进教师师德师风建设，需要强化职业理想和职业道德教育，增强责任感和使命感，激发教师树立崇高的职业理想，守住教育教学纪律和学术规范。高校教师要坚持学术研究无禁区，但课堂讲授有纪律，坚决杜绝有损国家利益和不利于大学生健康成长的言行。教师敬业精神的培养需要全社会共同形成尊师重教的良好风尚，高校和教育主管部门应形成合力，共同为高校教师的成长创造适宜的有利环境，最终教师职业道德的确立还要依靠教师自身的不断努力。

高校应重视对教师进行师德与敬业精神的培训与教育，要以师德师风建设为重点，有针对性地采取切实有效的措施，增强教师的责任意识，强化育人观念。一是坚定信仰，培养教师的使命感；二是端正认识，培养教师的光荣感；三是教学相长，培养教师的成就感；四是融入团队，培养教师的归属感。高校针对教师的职业道德培训，应引导广大教师自觉遵守《教师法》《高等教育法》《新时代高校教师职业行为十项准则》等对教师职业道德的明确要求。同时要加强青年教师世界观、人生观、价值观教育，引导年轻教师志存高远，为人师表。

三 完善制度规范高校教师的行为

要提升高校教师的道德素质，首先要建立完善的师德建设制度。高校应该重视师德建设，通过一系列的制度来规范教师的行为，引导教师以身作则、严于律己。对于有违职业道德规范，在教学过程中一边教书一边侵害学生利益的不良行为，学校应该严厉惩罚，可以扣除工资或奖金，重者取消教学资格，而且在一定年限内不得从教。对于高校教师群体中可能存在的贪污腐败现象，也要制定相关制度严格惩处。高校在引进教师时，要坚决杜绝走亲戚、攀关系的现象，凭个人实力和道德素质才能进入高校教学。只有教师严格要求自身，洁身自好，踏踏实实做好本职工作，才能在根本上改善高校教师的师德。

第二节　建立健全高校教师师德建设长效机制

一　提升教师队伍的整体社会形象

高校的教师队伍思想政治工作要立足内部，加强教师师德师风建设，引导教师队伍进行自我约束，提高自身修养，锤炼个人意志品质，提升整体教师队伍的社会形象。要借助高校教育资源，开展多种宣传教育活动，在学校内开展尊师重教活动，培养学生、家长以及社会民众的尊师重教意识，在校外也可以开展群众喜闻乐见的教育公益活动，发挥教师的专业特长调动教师的工作积极性，丰富业余生活，同时也要加强外界对高校教师群体的接触和了解，带动民众形成尊师重教的良好氛围，让高校教师体会到职业特殊性且感受到职业荣誉感。高校也可以借助大数据和网络技术，借助新媒体的传播扩大尊师重教教育活动在民众中的影响力，增强公益活动的时代感和吸引力，健全校内舆情监控体系，加强创新教师工作的理念思路，建立清朗网络文化，以良好的网络文化带动社会良好风尚的形成。

二　借助校园文化活动涵养师德师风

高校要坚持以文育人以文化人，文化创校，将我国尊师重教的传统文化同校园文化活动融合起来，创造具有鲜明的风格、高雅的格调、深厚的底蕴的校园文化，加强校歌校训宣传，重视开发校园景观文化，借助丰富多彩的校园文化活动涵养师德师风，提升教师对本职工作的自豪感和荣誉感。加强师德师风宣传表彰，树立师德典型、进行榜样示范。

可以开展师德师风先进个人评选活动，依据事先制定的师德师风先进模范的评判标准，在广大师生中开展师德师风先进个人评选。加大师德师风先进模范的褒奖，坚持制度化常态化的以报告会等形式开展师德师风宣传表彰活动，表彰奖励师德师风先进教师，发挥先进模范的榜样作用。定期开展师德标兵评选活动，树立和宣传一批践行良好师德师风的先进典型，充分发挥优秀教师榜样在师德建设中的示范带动作用。

三　提升高校教师育德意识和能力

（一）建立健全师德师风培训体系

在准确把握新时代"四有好老师"和"四个引路人"的内涵和要求的基础上，健全师德师风培训体系，提升高校教师思想政治素质。一是完善校、院两级师德师风培训制度。比如，在新教师岗前培训中安排师德师风培训，在教师日常培训中安排师德师风建设的内容，在教师职业生涯中贯穿师德师风教育。二是制定年度培训计划。按照年度培训计划，合理规划培训时间，保证培训的效果和质量。三是定制丰富的培训内容。因材施教，结合不同岗位特点定制培训内容。四是拓展培训形式。组织开展线上线下素质教育活动、交流沙龙、先进典型事迹宣讲等多种培训形式，让教师深入领会应有的职业情操。

（二）加强育德意识和能力的培养

面对当今意识形态领域和社会思想文化出现的复杂的新形势新情况，高校要加强教师思想政治学习培训，提升教师培养德性的意识和能力。一是加强高校教师政治理论学习。切实加强思想政治理论学习培训，把高校教师的理想信念教育等放在首位，在学习培训中，注重引导广大教师坚定中国特色社会主义道路自信、理论自信、制度自信和文化自信；引导教师增强对中国特色社会主义的思想认同、政治认同、理论认同、情感认同。同时，要加强对青年教师、海归教师和访问学者等重点群体的培训培养，加强理想信念教育、国情教育和校情教育。二是加强主流意识形态教育。高校要加强意识形态建设和党对高校的领导权，引导广大教师学会把马克思主义的立场观点和中国特色社会主义理论体系融入学术研究前沿与教育教学全过程，切实推动学校的专业建设和教学改革。

教师育德意识和能力的培养要坚持以马克思主义为指导，强化社会主义意识形态对教学工作、科研工作的价值引领，坚持学术标准的同时坚持政治标准。三是加强基层教师党员教育。强化党支部教育管理党员和宣传引导师生凝聚起来的主体作用，充分发挥教师党支部战斗堡垒作用。四是着力加强师德师风建设。督促教师遵守职业道德规范，加强教师学术道德特别是职业诚信教育，恪守学术道德，反对弄虚作假、剽窃他人学术成果，教学科研一丝不苟、严肃认真，引导广大教师做到以德立身、以德立学、以德施教。

四 完善师德师风规范加强师德监控

师德的好坏需要有一个衡量尺度，高校需要构建教师师德评价指标体系。中组部、中宣部、教育部党组联合印发《关于加强和改进高校青年教师思想政治工作的若干意见》，要求高校完善师德考核评价机制，实行师德师风"一票否决制"。长期以来，我国高校一直存在重业务考核、轻思想政治素质考核的问题，对思想政治方面的考核评价形式偏于宏观，缺乏对职业道德素质进行考核的明确指标。高校可建立相应的师德师风评价指标体系，把高校教师职业道德作为优秀教师选拔，职称职务等晋升、专业骨干教师选拔、进修培训、绩效考核等涉及教师切身利益事项的重要依据和内容，落实师德标准"一票否决制"。

第三节　完善高校教师师德师风建设领导体制和工作机制

教师思想政治工作是加强教师队伍建设以及提升大学治理能力，实现治理体系现代化应该重点关注的领域，这需要不断完善党委统一领导、党政齐抓共管、相关职能部门分工合作、各二级学院具体落实、教师自我不断提升的工作格局和体制机制，统筹解决"多头管理"问题，形成统一领导、共同发力的工作格局；要把好教师"入口关"，多方面考察、管理教师队伍，其中建立的教师评价体系既要对学历、履历等有明确的要求，对学术研究成果有具体的规定，更要注重考察教师思想品德修养，经常运用制度和规范引导高校教师教育教学行为，将师德放到更加突出的位置，对教师的品行、职业道德、师德表现在考核评价办法中提出明确的要求。高校要注意充分发挥院系基层在教师思想政治工作中的作用，让与教师联结最密切的组织和领导力量发挥最直接、最有效的主体性作用，进而提升高校教师思想政治工作的组织力。

一　形成各有关机构齐抓共管的工作格局

加强高校教师思想政治工作是高校坚持立德树人的必要前提，是高校办学质量的根本保证。所以，高校应充分认识教师思想政治工作的重要性，要健全机构，明确职责，狠抓落实，齐抓共管，形成教师思想政治教育合力。高校党委要全面领导建设和改革学校思想政治工作，成立校内思想政治工作领导小组，统筹宣传部、统战部、组织部、人事处、教务处、后勤处、工会以及二级教学科研机构这些部门、单位，着力推进思想政治教育工作；成立思想政治工作监督小组，加强对学校教师思想政治教育改革方案的落实情况进行检查；各二级教学单位要设立工作小组，负责推进本单位的思想政治教育改革任务全面落实；高校党委成立党委教师工作部，统筹教师思想政治教育和管理服务工作。

二　建立完善选聘提拔与考核评价机制

在高校教师的人员选聘、提拔干部、培养骨干教师、引进海外人才、职称晋升、项目资助、实践考察、海外进修、国内访学等方面，严格把牢思想政治关。一是把牢"入口关"，在教师资格和准入制度方面严格落实把政治标准放在首位，在教师评聘考核时把思想政治表现和教师课堂教学质量作为首要标准。二是组织部和人事处公开招聘人才，选拔干部时应该坚持"德、能、勤、绩"标准和以德为先的用人原则。三是在教师考核评价体系中纳入教师德育意识和德育能力，运用好教学纪律约束机制，做到课堂讲授有纪律、公开言论有规矩。在教师教学考核、职称评聘、课题申报、评奖评优等方面，严格执行师德方面"一票否决制"。

三 完善组织领导强化师德师风制度建设

"师也者,教之以事而喻诸德者也。"① 教师这一特殊的职业,决定了教师的德行影响着学生的世界观、人生观、价值观。可见,师德师风建设直接关乎高校"为谁培养人、培养什么样的人以及如何培养人"这个根本性问题,直接决定高校立德树人根本任务的完成,这就要求师德师风建设工作必须加强政治领导和制度建设。

(一) 完善师德师风组织领导

师德师风建设工作是一项十分重要同时又比较复杂的系统性工程。为了加强和改进高校教师思想政治教育工作和师德师风建设工作,高校需成立党委教师工作部,专门负责教师思想政治教育工作,整体统筹落实师德师风建设各项任务。要进一步完善师德师风建设工作领导小组,全面融合教师思想政治教育工作、师德师风建设工作、党建工作、统战工作、教师发展工作、教师考核工作、奖励激励等,使高校师德师风建设真正有抓手。师德师风建设工作领导小组作为师德师风建设的议事机构,一般由党委书记、校长担任双组长,分管组织人事工作的校领导、校纪委书记担任副组长,统筹推进师德师风建设。为建立健全师德师风建设长效机制,真正落实教师思想政治教育、教师发展培训和教师考核评价、教师思想动态分析研判及教师岗聘、考核、晋升、评优等各环节师德师风考察等方面工作,提供强有力的组织领导。

(二) 强化师德师风制度建设

制度建设是推动师德师风工作的牛鼻子,高校在全面深入自查、广泛开展调研、细致梳理高校教师师德师风建设弱项上,需出台专门文件,建立起校院两级师德师风建设组织机构、师德师风状况调研制度、师德师风舆情快速反应制度、师德师风重大问题报告制度等。通过一系列制度的出台,使高校构建起宣传教育、考核评价、监督与奖惩相结合的师德师风建设长效机制,为高校进一步推动师德师风建设融入教书育人、管理育人等各项工作,引导广大高校教师以德立身、以德立学、以德育

---

① 《礼记》,辽宁教育出版社1997年版,第60页。

德、以德施教，争做"有理想信念、有道德情操、有扎实学识、有仁爱之心"的好老师，当好"学生锤炼品格的引路人，学生学习知识的引路人，学生创新思维的引路人，学生奉献祖国的引路人"，奠定了坚实基础，提供了强有力的制度和机制保障。

四 构建宣教体系营造崇德氛围

习近平总书记在全国高校思想政治工作会议上强调，"传道者自己首先要明道、信道。高校教师要坚持教育者先受教育，努力成为先进思想文化的传播者、党执政的坚定支持者，更好担起学生健康成长指导者和引路人的责任"①。高校紧抓教师政治理论学习和发挥师德榜样示范作用，常态化推动学习教育，引导广大高校教师真正"明道、信道"，同时要注重营造良好氛围，形成崇德敬德、争做师德典范的良好局面。

（一）抓实政治理论学习

高校要全面强化教师党支部建设，坚决贯彻落实教师政治理论学习制度，组织所有教师定期开展集中政治理论学习，推动教师政治理论学习往实里走、往心里走。落实教师党支部书记"双带头人"的要求，选优配强教师党支部书记，发挥党组织主体作用和政治功能。推动高校各级党组织深入开展"党史学习教育"，引导广大教师准确把握"四有"好老师和"四个引路人"内涵，增强行动自觉。高校可为全体教职工选购多本思想政治工作和师德师风主题教育书籍，领导干部集中学、带头学，安排各级党组织带领全体教职工研究学、讨论学，不断深化全体教职工对习近平新时代中国特色社会主义思想的认识，真正发挥教师党支部教育管理党员和宣传引导凝聚师生的核心作用，推动广大教职工坚定理想信念，加强理论武装。

（二）构建师德宣教体系

为推动师德教育落地生根，高校可建设线上师德师风相关专题教育网站，设置相关栏目，打造建设成为高校师德教育、宣传与监督的重要

---

① 《把思想政治工作贯穿教育教学全过程 开创我国高等教育事业发展新局面》，《人民日报》2016年12月8日第1版。

阵地。该网站聚焦弘扬践行高尚师德，注重多方面挖掘展示师生身边的模范人物、先进事迹，营造出崇德敬德的良好校园氛围。高校可充分利用师德标兵评选、教师节表彰慰问、新进教师入职宣誓、退休教师荣休仪式、青年教师拜导师仪式、教学奖评选、年度人物评选等活动，选树并宣传师德先进典型，强化师德师风教育引导。构建师德宣教体系，运用校内外多种媒体矩阵的广泛宣传报道，展现高校教师良好的精神风貌，从而激励全体教师崇教爱生、潜心治学，向师德典范看齐。

五　注重价值引领融入专业发展

以教师发展中心建设为依托，以理想信念教育为引领，将师德建设有效融入教师专业发展培训，推动解决部分教师对师德教育"重在参与"或"敬而远之"的问题，推动高校教师师德水平与业务能力共同进步。

（一）加强新教师入校教育

将思想政治工作和师德教育放在首要位置，组织全体新入职教师学习师德规范，签订师德承诺书并做好入职宣誓，强化新教师对师德标准的认知。新教师入校教育，学校党委书记作开班讲话，校长讲授"入校第一课"，同时注重通过真实动人、震撼心灵的红色教育实践强化新教师立德树人责任感、使命感。

（二）强化全员职业素养

面向全体教师制定分类分层的系列培育计划和提升行动，将思想政治工作和师德教育工作有效融入教学能力提升培训、科研能力提升培训、综合管理能力提升培训以及人文素养、健康心理等素质拓展类沙龙、讲座中。同时注重通过解决教师发展问题以及解决教师思想问题，真正提升师德教育效果。

（三）开展专题培训实践

通过探索实践，形成师德宣教活动品牌，举办相关专题教育报告会、师德标兵宣讲会等，组织相关主题实践活动，推动广大教师"走向基层"了解我国国情、市情、社情、民情，通过这些实践活动坚定理想信念，更好地实现"坚持教书和育人相统一，坚持言传和身教相统一，坚持潜心问道和关注社会相统一,坚持学术自由和学术规范相统一"。

教育大计,教师为本。新时代拥有新使命,需要坚持把师德建设摆在学校加强教师队伍建设的首位,以学习领会习近平新时代中国特色社会主义思想为主线,用情用心用力、抓细抓小抓实,引领广大教师做"四有好老师",做"四个引路人",为国家富强、民族复兴培养有国际视野、有家国情怀的社会主义事业接班人。

第十一章

拓宽高校教师思想政治教育途径

第一节 地方精神文化融入高校教师思想政治教育

地方精神文化，比如浙江精神中就包含着丰富的价值引导内容，有着催人向上的精神力量。浙江精神融入高校教师思想政治工作是改进和加强新时期高校教师思想政治工作的有益尝试，可以改善思想政治教育的环境，提升思想政治教育的吸引力和渗透力。运用渗透理论，以"讲故事"这种间接的、综合的、渗透的方式对高校教师进行思想政治教育，为浙江精神融入高校教师思想政治工作提供了可行之径。讲好浙江故事，需要准确把握高校教师队伍思想政治现状和现实需求，深入挖掘浙江故事蕴含的思政元素，精心设计高校教师思想政治教育内容，运用好互联网平台自媒体技术提升教育的针对性和实效性。

习近平总书记特别强调，高校思想政治工作关系高校培养什么样的人、如何培养人以及为谁培养人这个根本问题。这一论断抓住了加强高校思想政治工作的关键，为了切实解决好这个根本问题，亟须加强高校教师思想政治工作。浙江高校浸润在浙江精神文化氛围之中，其教师的精神面貌和思维模式必定受到浙江精神文化的影响。对浙江高校而言，融合浙江精神开展高校教师思想政治工作，能够增强高校教师思想政治工作的时代感、主动性、针对性、实效性，为高校教师思想政治教育带来新的生机和活力。探寻浙江精神融入高校教师思想政治工作的路径，引导广大教师秉持浙江精神，立德树人、教书育人，更好担起学生健康成长指导者和引路人的责任，已成为急需解决的热点和难点问题。

一 浙江精神、高校教师思想政治工作及其内在联系

（一）浙江精神的时代内涵与现实意义

浙江精神是一种被认同的、能够催人奋进的、具有浙江地方特色的群体意识、价值取向、思想观念、心理精神状态和社会道德标准的理论概括。文化涵养着精神，浙江文化深厚的土壤中孕育出来的浙江精神，是浙江经济和社会发展的强大精神动力。

2000年，浙江人首次概括出了"十六字浙江精神"，即"自强不息，坚韧不拔，勇于创新，讲求实效"。自强不息，就是要充分发挥自主意识，克服"等、靠、要"消极思想；坚韧不拔，就是不管遇到什么困难，都要意志坚定，不可动摇；勇于创新，就是要在激烈的市场竞争中，不断生产出适销对路的商品，满足不同消费群体的需求；讲求实效，就是要求从小事做起，从实事做起，讲究实际效果，不断提高生产效率。2005年，习近平在浙江工作时提出在坚持与发展"十六字浙江精神"基础上，进一步培育和弘扬"求真务实、诚信和谐、开放图强"的"十二字"浙江精神。这一概括更具有前沿性和引领性，突出了浙江精神的核心特质。2016年，习近平总书记在G20期间，又对浙江提出了"秉持浙江精神，干在实处、走在前列、勇立潮头"的新要求。2018年，习近平总书记对浙江人民提出希望："干在实处永无止境，走在前列要谋新篇，勇立潮头方显担当。"也可以说是对浙江精神的新概括。

（二）新时代高校教师思想政治工作的内涵与要求

高等教育是国家发展水平的重要标志，高校教师是人才培养的关键，大学办学能力和水平由教师队伍素质决定。大学建设的基础性工作是建设高素质教师队伍，这样的队伍需要由一个一个好老师带出来。高校教师是大学生成长的引路人和指导者，他们对青年学生具有很强的影响力和感染力，一言一行都给学生以极大影响，在思想传播方面起着十分重要的作用。[①] 新时代高校教师思想政治工作的内涵与要求，主要有

---

① 参见周英峰《第二十次全国高校党建工作会议在京召开习近平会见会议代表并讲话》，《人民日报》2012年1月5日第1版。

以下几个方面：

1. 新时代高校教师思想政治工作要长期坚持社会主义办学方向

新时代高校教师思想政治工作要坚持党的领导，全面贯彻党的教育方针，立足基本国情，扎根中国大地，服务于办好中国特色社会主义大学。世界各国高等教育都致力于本国政治经济的发展。中国的大学要为中国共产党治国理政服务，为政治经济与社会的发展服务，为社会主义现代化建设服务。高校能不能坚持这个社会主义办学方向，能不能为中华民族伟大复兴培养合格的人才，培养有社会主义觉悟的德智体美劳全面发展的可靠接班人，决定权完全掌握在教师手中。明确高校培养什么样的人以及为谁培养人这一根本问题，坚持为实现中华民族伟大复兴的中国梦源源不断培养大批德才兼备的优秀人才，是做好高校教师思想政治工作的基础。

2. 新时代高校教师思想政治工作要致力于实现高等教育内涵式发展

高校实现内涵式发展，要以育人为核心使命，坚定立德树人的培养目标，要以提升教育教学质量为落脚点，切实加强师资队伍建设，不断提升教学育人水平，服务于学生的成长成才。加快一流大学和一流学科建设是高等教育在新时代的奋斗目标，以"双一流"建设为引领，促进高校教育教学质量整体提升，推动高等教育高质量发展。随着学习方式的变化，学生自主学习的特点日益明显，高校教师需要提供差异化的教育服务，实现以学为中心，以学生为中心。建设高层次教师人才队伍，并加强学科体系建设，全面提升高校人才培养质量，推动高水平科研成果融入教学课程，实现高等教育内涵式发展。

3. 新时代高校教师思想政治工作要致力于培养能担当大任的时代新人

人民有信仰，民族有希望，国家有力量。在实现中华民族伟大复兴的道路上，离不开思想的引领、价值的领航。高校教师思想政治工作要凝聚共识、团结力量、以身作则，创造一种价值语境和化育氛围，形成良性的影响环境，对身处其中的学生进行"涵化"，共同推动复兴大业向前进。在人才成为推动经济社会发展的今天，高校要担起发现人才、培育人才的任务，高校教师要用高尚的人格感染学生，用真理的力量感召学生。培养有家国情怀、有全球意识、有综合素养、有创新能力的时代新人，要以坚定的理想信念筑牢精神之基，高校教师是培养人才的人才，教师有坚定的理想信念，学生才会有对中国特色社会主义的高度自信。

4. 新时代高校教师思想政治工作要满足人民群众对高等教育的需求

四十年前，高校为了解决人民群众"有大学可以上"的问题，进行了扩招；今天，如何解决人民群众"上一所好大学"的问题，摆在各大高校面前。这是人民群众的呼声，反映出人民群众接受更好高等教育的需要与高等教育发展不均衡不充分的矛盾，反映出人民群众对高等教育的新需求。面对人民群众"上一所好大学"的朴素愿望和强烈需求，我们需要建设一大批"一流"大学。教师队伍建设是"一流"大学建设的根本。高校培养一流学生、创造一流科研、传承一流文化和提供一流社会服务，关键在教师。习近平总书记在多个场合对"好老师"的标准进行了阐述：教师要争做"四有好老师"[①]，做好学生"四个引路人"[②]，坚持"四个相统一"[③]，成为党和人民满意的好老师。高校要永远把人民对"上一所好大学"的向往作为奋斗目标，破解现阶段高等教育各种突出矛盾，打造一支理想信念坚定、师德高尚、师艺精湛、满怀仁厚师爱、能成为学生指导者和引路人的"好老师"队伍。[④]

（三）浙江精神与高校教师思想政治工作的内在联系

浙江精神是对浙江文化的凝练，是浙江文化的内核，是社会主义核心价值观的具体体现，根植于浙江人民的内心。浙江精神的丰富内涵正好符合了高校教师人格精神培育的现实需求，是浙江高校进行思想政治教育的重要资源，"浙江精神"所体现的丰富内涵对高校教师人格精神

---

① 习近平：《做党和人民满意的好老师——同北京师范大学师生代表座谈时的讲话》，《人民日报》2014年9月10日第1版。

② 《习近平在北京市八一学校考察时强调：全面贯彻落实党的教育方针努力把我国基础教育越办越好》，《人民日报》2016年9月10日第1版。

③ 《把思想政治工作贯穿教育教学全过程 开创我国高等教育事业发展新局面》，《人民日报》2016年12月8日第1版。

④ 张苗苗：《习近平关于教书育人的重要命题》，《思想教育研究》2019年第4期。

培养具有不可替代的教育功能和十分重要的现实意义。另外,加强和改进高校教师思想政治工作有利于增强高校教师对浙江精神文化的认同,有利于高校教师以身示范的浙江精神并增强大学生的认同感,有利于与时俱进地创新和发展浙江精神。

在浙江精神文化场域的影响下,涌现出许多优秀教师典型事迹,这些优秀教师典型事迹也彰显了浙江人民诚实守信、敬业奉献、勤劳智慧,干在实处、走在前列、勇立潮头的浙江精神,可见浙江精神与高校教师思政工作有很好的耦合协调关系(见图11-1)。

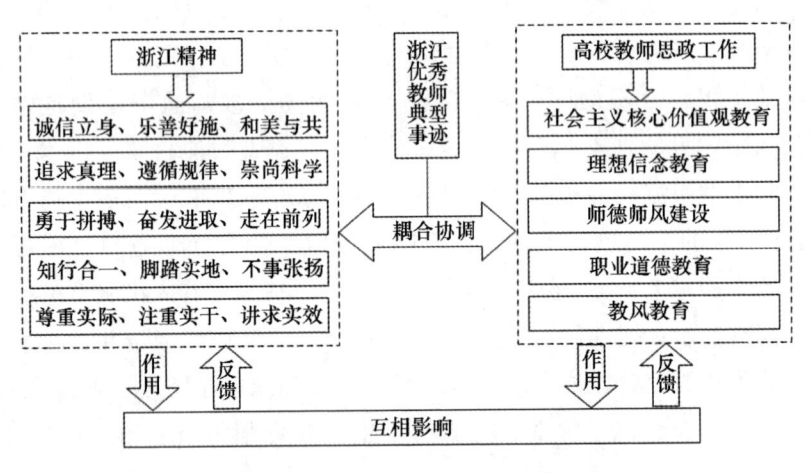

```
┌─────────────────────────┐   ┌──────┐   ┌─────────────────────────┐
│        浙江精神         │   │ 浙江 │   │     高校教师思政工作    │
│           ↓             │   │ 优秀 │   │           ↓             │
│ ┌─────────────────────┐ │   │ 教师 │   │ ┌─────────────────────┐ │
│ │诚信立身、乐善好施、 │ │   │ 典型 │   │ │ 社会主义核心价值观  │ │
│ │    和美与共         │ │   │ 事迹 │   │ │      教育           │ │
│ ├─────────────────────┤ │   │      │   │ ├─────────────────────┤ │
│ │追求真理、遵循规律、 │ │   │      │   │ │    理想信念教育     │ │
│ │    崇尚科学         │ │   │      │   │ ├─────────────────────┤ │
│ ├─────────────────────┤ │ ⟷耦合⟷│   │ │    师德师风建设     │ │
│ │勇于拼搏、奋发进取、 │ │   │ 协调 │   │ ├─────────────────────┤ │
│ │    走在前列         │ │   │      │   │ │    职业道德教育     │ │
│ ├─────────────────────┤ │   │      │   │ ├─────────────────────┤ │
│ │知行合一、脚踏实地、 │ │   │      │   │ │      教风教育       │ │
│ │    不事张扬         │ │   │      │   │ └─────────────────────┘ │
│ ├─────────────────────┤ │   │      │   │                         │
│ │尊重实际、注重实干、 │ │   │      │   │                         │
│ │    讲求实效         │ │   │      │   │                         │
│ └─────────────────────┘ │   └──────┘   └─────────────────────────┘
        ⇓作用  ⇑反馈                            ⇓作用  ⇑反馈
    ┌──────────────────────────────────────────────────────────┐
    │                       互相影响                            │
    └──────────────────────────────────────────────────────────┘
```

图11-1 浙江精神与高校教师思政工作的耦合协调关系

1. 弘扬新时代浙江精神推动高校教师思想政治工作创新和发展

浙江精神是浙江人民赖以生存和发展的精神支柱和文化力量,是浙江人民所共有的文化理念和生存取向,具有强大的创造力。浙江高校浸润在浙江精神文化氛围之中,其教师的精神面貌和思维模式必定受到浙江精神文化的影响,教师浸润于浙江精神文化之中,受这一场域的影响,教师对浙江精神产生强烈的认同感、归属感和自豪感,通过对教师群体产生积极的濡化效应,继而形成无形的导向作用和凝聚作用,使得教师个人不断调整自己的行为,使之与集体的目标趋于一致,从而最终形成稳定的文化氛围,以建构良好的教师形象。弘扬浙江精神有利于浙江高校培育良好的校园文化、营造良好的育人氛围。

其一，浙江精神中蕴含的"诚信立身、乐善好施、和美与共"精神，激励着高校教师践行"爱国、敬业、诚信、友善"的社会主义核心价值观个人层面的价值目标。从国药老字号的胡庆余堂奉行"真不二欺""有诚信便能立世，无诚信则会失世"的经营理念，到历代浙江人建立起讲义守信的朴素诚信观，都积淀成了浙江精神中"诚信"的文化基因。这种文化因子推动着浙江高校教师对"爱国、敬业、诚信、友善"的认同和践行。

其二，浙江精神中蕴含的"追求真理、遵循规律、崇尚科学"精神，激励着高校教师坚定理想信念，做到"政治坚定、思想进步"。浙江资源匮乏，先民首先要解决的就是生存问题，他们必须吃苦耐劳、务实开拓，才能赢得生的希望。浙江学者不迷信权威和经典，总是结合生活现实提出自己的观点，弘扬"求真、独立"的科学精神。浙江人这种"尊重实际、注重实干、讲求实效"的文化因子，推动着浙江高校教师"政治坚定、思想进步"。

其三，浙江精神中蕴含的"勇于拼搏、奋发进取、走在前列"精神，激励着高校教师"教书育人、为人师表"。浙江经济全方位发展，成绩骄人。浙江人民始终不小富即安，而是富而思进，做到"先人一步""高人一招"。从机关效能革命到"最多跑一次"改革，从调研开局、调研开路的好做法好作风到"大学习大调研大抓落实"，从"千村示范、万村整治"工程到补齐美丽城镇建设短板。透过"浙江现象"可以看出浙江一直走在前列。浙江人这种"勇于拼搏、奔竞不息、奋发进取、走在前列"的文化因子，引领浙江高校教师形成"教书育人、为人师表"的师德师风。

其四，浙江精神中蕴含的"知行合一、脚踏实地、不事张扬"精神，引领着高校教师遵循"献身教育、甘为人梯"的职业道德。浙江人重知识、重教育。特别是宋明以后，浙江是全国书院、藏书楼最多的省份之一，浙江学者众多，人才辈出，有许多著名的教育家，如王阳明主张知行合一，对主体精神和人的自我意识大加肯定，彰显了浙江精神脚踏实地的理性。这种文化因子有力地推动了浙江高校教师养成"献身教育、甘为人梯"的职业道德。

其五，浙江精神中蕴含的"尊重实际、注重实干、讲求实效"精神，有利于高校培育"严谨、勤奋、求实"的教风。浙东学派强调事功和经世致用的风格，务实是浙江社会发展的一贯精神诉求。浙江人注重实干，甘做铺路石，甘于默默无闻地奉献，一以贯之地干下去。浙江人强调勤勉务实，善抓机遇，求变、求进、求新。

2. 加强和改进高校教师思想政治工作有利于培育弘扬新时代浙江精神

其一，加强和改进高校教师思想政治工作能增强高校教师对浙江精神的认同。加强和改进高校教师思想政治工作，提升高校教师政治素质，能有效促进高校教师对社会主义核心价值观的认同和践行。[①] 高校教师的精神成熟表现在能清醒地认识自我、发展自我，进而对地方文化进行外推与提升。浙江精神是践行社会主义核心价值观的重要体现，加强和改进高校教师思想政治工作能够唤醒和激发高校教师对浙江精神的情感认同，内化为高校教师的精神追求和价值认同。

其二，加强高校教师思想政治工作有利于大学生认同和践行新时代浙江精神。高校教师以身示范，将践行浙江精神融入自身的行为习惯，立德树人，影响带动学生认同浙江精神，是弘扬浙江精神的有效途径之一。大学生是文化传承与创新的重要力量，大学生在多元文化的场域中难免受到西方文化的冲击，有时会看不清自己文化的精髓。高校教师群体秉持浙江精神，领悟浙江精神理论概括的深层内涵，既有利于引导在浙大学生正确认识浙江文化，增强地方文化认同感，也有利于在浙大学生树立文化自信，自觉践行新时代浙江精神。

其三，认同浙江文化的大学生留在浙江就业有利于将浙江精神推广传播，带动更多人认同浙江精神。在浙江读书的大学生了解浙江、热爱浙江，在教师的耳濡目染下高度认同浙江精神这一文化核心价值观，是新时代浙江精神的继承者和创造者。浙江精神让同学们终身受益，不断激发他们的智慧、活力和创造精神，支撑着他们在实践中奋发图强，迈

---

① 参见宋晓松《高校教师思想政治教育研究》，《牡丹江师范学院学报》（哲学社会科学版）2016年第4期。

上一个又一个新的台阶。他们以自己的实际行动很好地诠释了浙江精神，进一步丰富了浙江精神，并且会从星星之火逐渐形成燎原之势，影响和带动更多人创新和发展浙江精神。

二 浙江精神融入高校教师思想政治工作的特殊意义

浙江精神融入高校教师思想政治工作是实施渗透教育的有益尝试，不仅推动了高校教师思想政治教育的精神文化融入，而且推动了以文化人的隐性思想政治教育。隐性化的渗透教育以无意识性的形式传递给受教育者正能量，容易引起受教育者思想的共鸣、情感的认同，从而能够增强思想政治教育的吸引力和感染力。

（一）有利于深化高校教师思想政治教育的核心构成要素

从精神文化的角度分析高校教师思想政治教育工作，将精神文化融入高校教师思想政治教育，有利于深化高校教师思想政治教育的内涵。在分析高校教师思想政治教育相关问题时，重视精神文化环境，重视精神文化与人的关系，从精神文化的视野来分析高校教师思想政治教育，使其内涵更加丰富。高校教师思想政治教育是一个系统，精神文化是这个系统的一个核心构成要素，这个系统处于精神文化大背景中。研究精神文化大背景及其对高校教师思想政治工作的影响，准确把握高校教师思想政治教育的规律，深刻理解高校教师思想政治教育的本质，才能为高校教师思想政治工作的一系列问题提供好的解决方案。

（二）有利于引导高校教师无意识地形成良好的价值观念

高校教师思想政治教育过程实质上是将先进文化成果内化为教师个人内在力量的过程。人的行为是可以通过观察和学习获得的，以讲好浙江先进典型人物故事的方式将浙江精神融入高校教师思想政治工作，发挥榜样的感召作用，进而引导高校教师由模仿榜样的行为转变到模仿并接纳榜样精神实质的过程，进而促进高校教师的精神生活全面发展。浙江精神具有强大的影响感召和强化引领作用，具有潜在的教育力量，深刻地影响着人们的思想和情感。浙江人民秉持浙江精神，干在实处，走在前列，涌现出许多先进人物，高校教师受榜样正面效应的影响后再按照榜样的方式行事，大多都会慢慢地接受榜样标准，通过自我强化调节自己的行为，进而接受榜样所传达的精神和文化，无意识中形成良好的价值观念。

（三）有利于高校教师思想政治教育由政治说教向文化自觉的转变

我国近代著名的教育家夏丏尊先生在翻译《爱的教育》时说过这样一段话："教育之没有情感，没有爱，如同池塘没有水一样。没有水，就不成其池塘，没有爱就没有教育。"可见，简单的政治说教，往往是失败的教育，是苍白无力的教育。浙江精神融入高校教师思想政治工作，推动了以文化人的隐性思想政治教育，有利于高校教师不知不觉地接受浙江精神所蕴涵的文化，潜移默化地提升高校教师的思想政治素质。这种精神文化潜移默化的熏陶，使高校教师对浙江文化地位作用的认识更加深刻，能够正确把握浙江文化发展规律，自觉担当发展文化的主要历史责任。"浙江精神融入高校教师思想政治工作，促进了高校教师思想政治教育由政治说教向文化自觉的转变，增强了高校教师思想政治教育的主动性、时代感、针对性、实效性，为高校教师思想政治教育带来新的生机和活力。"①

（四）有利于进一步增强高校教师思想政治教育的吸引力和感染力

"随着时代的发展，高校教师思想政治教育环境和对象的变化，传统的高校教师思想政治教育方法的不足日益凸现。"② 单向灌输等传统的思想政治教育不考虑教师的实际情感，把教师看成完全被动和理应服从的承受者，不能发挥教师的主动性，这种方法影响了教师的参与积极性，将思想政治教育活动看作与自己毫不相干的事情，只是为了完成任务，很容易造成教师的反感，甚至是抵制，最终无法达到教育的目标、取得良好的教育效果。结合高校教师的认知需求与学习特点，充分运用微信、微博、微视频等高校教师喜闻乐见的传播方式，更走心、更贴心地讲好浙江故事，用浙江高校教师"身边人、身边事"感染、激励和引领教

---

① 史秋衡等：《立德树人的历史责任与路径设计》，《中国高等教育》2018 年第 24 期。
② 夏建国等：《关于新媒体时代高校教师政治理论学习模式创新的研究综述及启示》，《思想政治课研究》2016 年第 1 期。

师，将浙江精神融入高校教师思想政治工作，可以真正达到教育效果的深入人心，增强高校教师思想政治教育的吸引力和感染力。①

三 讲好浙江故事：浙江精神融入高校教师思想政治工作的可能之径

浙江精神融入高校教师思想政治工作需要一定的载体，运用渗透理论，以"讲故事"这种间接的、综合的、渗透的方式对高校教师进行思想政治教育，为浙江精神融入高校教师思想政治工作提供了可能之径。浙江故事是浙江人民秉持浙江精神，在长期实践中孕育出来的典型事迹，具有丰富的内涵。运用好移动互联网平台、自媒体传播等新技术、新手段，创新浙江故事的表达方式可以把"我们想讲的"变成"教师想听的"，也可以把"教师想听的"融进"我们想讲的"，发挥浙江故事的正向示范效应，引领人们争做模范践行者。

（一）准确把握浙江高校教师队伍思想政治现状和现实需求找准教育的着力点

为全面客观反映浙江高校教师在思想观念、工作和生活等方面的状况，笔者在2019年6月从开展高校教师思想政治工作的方法、高校教师思想政治状况和高校教师在工作、生活、学习中新媒体的应用等方面开展了问卷调查，选取了浙江十所高校（所在地包含了杭州、宁波、温州、金华等地区），其中四所为本科高校，六所为高职院校。问卷调查对象是高校教师（以专任教师为主）。本次调查以分层随机的方式发放问卷共计200份，实际回收198份，有效率为99%。通过调查数据发现，高校教师思想政治状况总体健康良好，在政治理论学习、职业认同等方面较为积极，对高校师德师风建设有一定认识，但也希望教育主管部门和高校在教师思想政治工作的方式方法上有所创新，在针对性和实效性方面有所增强。

1. 浙江高校教师关注学生思想状况和生活状况，对本校的校风、教风、学风和师德师风建设感到比较满意。调查结果显示，浙江高校教师

---

① 参见赵明炬《新媒介文化影响高校思想政治教育接受机制探析》，《黑龙江高教研究》2015年第4期。

对学生思想状况和生活状况关注程度很高,"十分关注"的教师占比67.3%,"一般关注"的教师占比29.0%,"需要关注就关注"的教师占比3.7%,"毫不关注"的教师占比为0。从数据可以看出,教师对学生思想状况和生活状况普遍十分关注。对本校校风、教风和学风建设感到"非常满意"的教师占比33.7%,感到"比较满意"的教师占比50.2%,感到"一般"的教师占比12.9%,感到"比较不满意"和"非常不满意"的教师占比3.2%。可见,绝大部分高校教师对本校的校风、教风和学风建设是比较满意的。对本校的师德师风建设感到"非常满意"的教师占比23.5%,感到"比较满意"的教师占比54.4%,感到"一般"的教师占比18.9%,感到"比较不满意"和"非常不满意"的教师占比3.2%。对本校的师德师风建设感到不满意的原因主要有四点:一是近期高校出现社会影响较大的学术不端事件;二是现行高校教师业绩评价制度导致部分教师重科研轻育人;三是社会上的拜金主义等不良社会思潮对高校的冲击较大导致部分高校教师心理失衡;四是部分高校的教师思想政治工作方式方法陈旧实效性不强,个别高校对教师思想政治工作抓的不严。

2. 浙江高校教师职业幸福感比较强,工作成就感主要来源于受到学生的尊敬和在教学中与学生共同进步。调查结果显示,认为高校教师是"最好的职业选择,有较强的职业幸福感"的教师占比81.1%,认为"不是最好的职业选择,职业幸福感不强"的教师占比4.6%,认为"从事教师工作仅是为了生存,不必追求发展与努力增长学识"的教师占比5.1%,认为"随遇而安,无所谓有无职业幸福感"的教师占比9.2%。以上数据表明高校教师对自己所从事的职业普遍是比较满意的。对于高校教师工作成就感的主要来源情况(多选题,限选三项),调查结果显示,64.5%的高校教师认为"受到学生的尊敬",54.4%的高校教师认为"在教学中与学生共同进步",52.1%的高校教师认为"热爱教师职业",40.6%的高校教师认为"得到领导和同行的认可",21.2%的高校教师认为"在科研中取得成果",18.9%的高校教师认为"高校教师社会地位较高"。

3. 浙江高校教师对政治理论学习感兴趣,希望有宽松和谐的工作氛围和公开公平公正的资源。调查结果显示,对国务院印发《关于全面深化新时代教师队伍建设改革的意见》,表示"赞同"的教师占比97.3%,表示"不赞同"的教师占比1.8%,表示"无所谓"的教师占比0.9%。这表明,教师师德师风等的监督,体现奖优罚劣,建立教师个人信用记录,着力解决学术不端等问题深受教师关注。对于政治理论学习,61.8%的高校教师认为"有必要",18.9%的高校教师认为"感兴趣",16.6%的高校教师认为"一般",2.7%的高校教师认为"毫无兴趣"。总体上来看,绝大部分的高校教师对政治理论是感兴趣的,学习态度是积极的。对于高校应该怎样调动教师的积极性(多选题,限选三项),68.2%的高校教师认为"营造宽松和谐的工作氛围",63.1%的高校教师认为"公开公平公正的资源分配机制",42.4%的高校教师认为"营造宽松自由的学术氛围",33.6%的高校教师认为"建立科学的用人制度",39.2%的高校教师认为"调动发挥个人所长",25.3%的高校教师认为"帮助形成科研团队"。

4. 浙江高校教师认为地方教育主管部门和高校对教师思想政治工作是重视的,但工作的方式方法以及针对性和实效性还有待改进。调查结果显示,高校教师认为地方教育主管部门和高校对教师思想政治工作"很重视"的占比47.5%,"重视"的占比45.2%,"不重视"的占比6.5%,"完全不重视"的占比0.8%。由此可见,只有极少部分的地方教育主管部门和高校完全不重视教师的思想政治工作。对于师德建设工作最重要的方面(多选题,限选三项),91.2%的教师认为"表彰师德先进",47.0%的教师认为"学校高度重视",44.7%的教师认为"提倡自我修养",39.6%的教师认为"营造良好氛围",36.2%的教师认为"强化考评监督",29.0%的教师认为"制定师德规范"。对于加强高校教师政治理论学习最好的途径(多选题,限选三项),82.9%的高校教师认为"通过媒体学习",46.5%的高校教师认为"建立网上学习室",35.0%的高校教师认为"专题讲座或报告",36.4%的高校教师认为"定期集中学习",30.4%的高校教师认为"开展专项课题研究",21.2%的高校教师认为"在班主任等工作实践中提升",9.7%的高校教师认为"成立培训班"。对于当前高校教师思想政治工作的方式、方法,

21.7%的高校教师认为"很好",17.0%的高校教师认为"较好",48.4%的高校教师认为"一般",12.9%的高校教师认为"不好"。可见,有部分高校教师认为学校的思想政治工作的方式、方法有待改进,其中存在着方法简单、工作手段落后和不符合实际工作需要等问题,改进工作方式、方法已经成为高校教师思想政治工作必须要突破的难题。对于当前高校教师思想政治工作的针对性和实效性,16.6%的高校教师认为"很强",19.4%的高校教师认为"强",51.6%的高校教师认为"不强",12.4%的高校教师认为"很不强"。可见,高校教师思想政治工作的针对性和实效性还有待进一步加强。

(二)深入挖掘浙江故事蕴含的思政元素精心设计高校教师思想政治教育内容

最美浙江人斯坦福大学博士后陆盈盈选择回浙江大学工作,她的故事里蕴含着爱国、献身教育、严谨、勤奋、求实的精神是社会主义核心价值观教育、师德师风教育、职业道德教育的思政元素。

在故事内容上要找出蕴含浙江精神的故事载体,深入挖掘浙江故事蕴含的浙江力量,要使人想听、爱听,听有所思,听有所得。比如:通过扎根乡野的王伟平、扎根边远农村的杨树长等优秀教师"干在实处"的故事;敬业奉献的姚玉峰、给学生孟母式成长关爱的蔡丹红等优秀教师"走在前列"的故事;甘于奉献严谨笃学成绩卓著的黄华新、潜心研究以研促教的郭福春等优秀教师"勇立潮头"的故事进行社会主义核心价值观教育。通过援疆教师钱存阳、志存高远的章荷青等优秀教师"干在实处"的故事;崇尚科学的俞小莉、把科研实践融汇到教学中的熊蓉等优秀教师"走在前列"的故事;援疆助学扶贫帮困的崔玉江、指导"挑战杯"国赛金奖的储张杰等优秀教师"勇立潮头"的故事进行理想信念教育。通过三十余年来日复一日地传道授业的张克端、把学生需求永远放在第一位的王绪强等优秀教师"干在实处"的故事;以自己的模范行为影响和带动学生的李善东、与时俱进上好每一堂课的刘小晶等优秀教师"走在前列"的故事;站在智慧前沿的郑裕国、教坛偶像成绩斐然的苏德矿等优秀教师"勇立潮头"的故事进行师德师风建设。通过爱岗敬业无私奉献的陈莹丽、诲人不倦孜孜以求的吕立江等优秀教师"干在实处"的故事;克己奉公的徐琳峰、牢记教师职责使命的钱旭武等优秀教师"走在前列"的故事；通过情系学生情倾讲坛的王万良、潜心教研的季敬璋等优秀教师"勇立潮头"的故事进行职业道德教育。通过教学技艺精湛的涂黎晖、以满腔热情严谨治学的金花等优秀教师"干在实处"的故事；尊重学生人格严慈相济诲人不倦的徐荣峰、一心扎在高教人才培养及教改创新中的钱裕禄等优秀教师"走在前列"的故事；敢为人先的俞志慧、教学严谨技艺精湛的韦益毅等优秀教师"勇立潮头"的故事进行教风教育。用故事的"理"与"道"去折服人、影响人，引起思想的碰撞，灵魂的交融；用哲理去提升浙江故事，给听故事的人更多启迪。

（三）运用好互联网平台自媒体技术讲好浙江故事提升教育的针对性和实效性

"增强高校教师思想政治工作的针对性和实效性，需要从高校教师的需求出发，凝练教育主题、设计教育内容，创新话语体系，改进传播手段，优选育人载体。"①

其一，讲好浙江故事需要运用好信息技术平台。"随着网络信息时代的到来，海量的信息依托网络已经渗入高校教师的日常生活，新媒体新技术如果不能及时融入育人载体将导致技术融入滞后。"② 浙江精神融入高校教师思想政治工作需要将浙江精神与信息技术有效融合，充分利用好微信、学习强国、专题网站等网络平台，通过有针对性地进行主题网文、公众号文章推送，将育人的内容积极有效融入信息技术平台，进行参与式互动和分别式引导。

其二，讲好浙江故事需要让受众产生耳目一新的视听体验。不仅要将浙江故事通过潜隐的方式融入教育内容，而且在讲故事的方式上要运用好移动互联网平台、自媒体传播等新技术、新手段。一方面，要将浙江故事转变为图文并茂、音视同步、有声有色的视听盛宴，防止审美疲劳。另一方面，"要适应时代发展对育人方式提出的新要求，结合当下流

---

① 李怀杰等：《大数据时代高校思想政治教育模式创新探究》，《思想教育研究》2015年第5期。

② 王帅：《供给侧视域下思想政治教育获得感的缘起、逻辑生成与构筑》，《江苏高教》2018年第7期。

行的话语体系打造出别具匠心的思想政治教育活动精品力作,进行潜隐式宣传,达到教育感化、价值同化的效果"[1]。

其三,讲好浙江故事需要在人物塑造上增强吸引力。讲浙江故事要避免"自说自话",在人物塑造上要进行包装设计、梳理剖析、延伸以增强吸引力。精选的故事内容要易于接受、易于认同,通过凝练理论思想使故事有深度,通过反复推敲使故事有逻辑,制作出充满正能量的浙江"好声音"。浙江故事是浙江教师"身边人"和"身边事",能够发挥榜样的力量和楷模的作用,用故事的"理"与"道"去折服人、影响人,引起思想的碰撞、灵魂的交融、心理的共鸣,给听故事的人更多的督促、激励和启迪,达到思想接纳、情感认同、价值内化的效果。

第二节　大学精神融入高校教师思想政治教育

一　通过校园文化和大学精神提升高校教职员工的思想素养

高校校园文化和大学精神是做好教师思想政治工作的重要载体,习近平总书记曾经强调指出:"要坚持不懈促进高校和谐稳定,培育理性平和的健康心态,加强人文关怀和心理疏导,把高校建设成为安定团结的模范之地。要坚持不懈培育优良校风和学风,使高校发展做到治理有方、管理到位、风清气正。"[2] 高校健康向上的良好精神文化环境能够引导教师树立正确的价值观念,对高校教师思想政治教育具有正面引导功能,能有力推进高校教师思想政治教育工作。

二　将中国共产党的初心与使命融入大学精神培育过程

在高校文化建设中,我们应加强高校思想政治工作环境建设,将中国共产党的初心与使命融入大学精神和高校文化之中,建设富有新

---

[1] 牛凤燕:《新媒体时代大学生思想政治教育话语的现代转换》,《社会科学战线》2018年第12期。

[2] 《把思想政治工作贯穿教育教学全过程　开创我国高等教育事业发展新局面》,《人民日报》2016年12月8日第1版。

时代特征、中国特色社会主义特点和中国共产党实践特色的思想政治教育高校环境，以此提升高校教师思想政治工作的效果。将中国共产党的初心与使命融入高校文化和大学精神之中，让社会主义先进文化潜移默化地影响高校教师，使其深刻认识到高校进行思想政治教育的初心与使命和中国共产党的"初心"具有一致性，从而形成敢为人先、勇立潮头的拼搏精神和为人民服务的高尚思想觉悟，自觉以习近平新时代中国特色社会主义思想为指导，忠诚于中国共产党的思想政治教育事业，不忘教育初心、牢记教师使命、勤奋工作、爱岗敬业、勇于担当、为人师表，为培养德智体美劳全面发展的新时代大学生贡献自己的一分力量。

第三节　创业教育融入高校教师思想政治教育

创业教育与素质教育都是教育。作为培养人的社会活动，两者均具有"育人"的功能，在"促进教师发展"的目标理念方面有共同之处。作为一种人格塑造的教育，创业教育可以有效激发人的创造潜能，帮助人实现自由而全面的发展，"创业教育本质上是素质教育的一种，其以促进教师自由发展这一'育人'的核心目标贯穿于教育的全过程"[①]。

创业教育具有个体发展功能。从人的发展功能而言，创业教育强调培养人的首创精神、冒险精神、创业能力、独立工作能力和管理技能，对人的全面发展起着重要作用，是全面推进高校教师思想政治教育的重要突破，在创业教育的实践中，可以将创业教育与思想政治教育进行有机融合，更好地发挥高校"育人"的功效。

创业教育目标就是培养创业意识、创业精神、创业品质等能力素养。创业教育的根本目标是让教育对象形成强烈的创业动机和意愿，"这就意味着，高校教师创业教育的根本目标是要树立起创业是科学知识终极价值的观念，塑造出高校教师在自身的岗位上愿意创业、乐于创业的价值

---

① 何杰：《卓越教师核心能力培养》，南京大学出版社2019年版，第184页。

观，同时也获得了要将自身所学知识转化为社会实践的强大动机"①。创业教育重在培养教师的创业观念、企业家精神和创业思维，而非只是创业知识、技巧。

对高校教师进行创业教育的价值是通过培养教师的创业意识，传授创业知识，鼓励体验创业过程，唤醒发展意识，激发创造潜能等，使高校教师能够像企业家一样，具备分辨机遇的能力、产生新想法和整合资源的能力、具有远见和形成批判性思维的能力。

第四节 微学分素质教育课程融入高校教师思想政治教育

一 "微学分"课程的提出

"微学分"的概念是在高校实行教师培训学分制背景下，借鉴微课程理念提出的。2008年，美国的戴维·彭罗斯提出微课程概念，随着移动通信技术、社交媒体以及以开放、共享为理念的开放教育资源运动的蓬勃发展，"微"教学模式逐渐在全球范围内兴起。"微课程是一套以微视频为核心、辅之以相应的教学资源与学习支持的学习资源。微课程是否独立成一门课，或是否成为一门课的组成部分，都需要施教者根据实际的教学设计需求来决定，并没有严格的限制。"② "其核心理念是在课程中把教育内容与教育目标紧密地联系起来。"③ 有学者从学习载体、学习内容、学习情境和学习形态四方面概述了"微课程"的特征：以信息技术为载体，学习内容精简，可灵活运用于多种学习情境，学习形态可以是正式或非正式学习。显然，微课程时间短、内容精、容量小、模块化的特点能够有效帮助学习者短时间内集中注意力在某一主题上并掌握相关知识；由于时间短、见效快，学习者因此很容易产生较大的成就感，

---

① 何杰：《卓越教师核心能力培养》，南京大学出版社2019年版，第203页。
② 梁乐明、曹俏俏、张宝辉：《微课程设计模式研究——基于国内外微课程的对比分析》，《开放教育研究》2013年第2期。
③ 梁乐明、曹俏俏、张宝辉：《微课程设计模式研究——基于国内外微课程的对比分析》，《开放教育研究》2013年第2期。

教育效果也随之大大提高。

本书中的"微学分"课程的内涵和特征集中体现为以下三个方面。

（一）课程理念方面

"微学分"素质教育课程的设计理念融合了学分制和微课程的相关设计理念，集中表现为人本理念、学习自由理念和参与理念，通过"微学分"素质教育课程彰显学习者权利、发挥学习者个性、突出学习者参与，实现"面向全体教师、促进教师全面发展"。

（二）课程内容方面

"微学分"素质教育课程强调"微内容"，表现在课程学分上，按照课程的"微"程度，分别赋予不同的素质教育课程 0.1—0.5 学分不等，以更好地实现"着力提高教师服务国家人民的社会责任感、勇于探索的创新精神和善于解决问题的实践能力"①。

（三）课程评价方面

在做好课程学习常规考核的基础上，更加关注学校整体素质教育课程推进的成效检测考评，突出以"体验式"为主的过程考核，重点通过"素质教育专题研讨""素质教育博览会"等项目展示教师思想政治教育成果，检测教师思政素质教育课程的开展成效。

二 高校教师"微学分"素质教育课程体系建构

（一）高校教师"微学分"素质教育课程的设计理念

1. 以人为本理念

教育学上的人本理念，"深受20世纪复兴的各种人本主义思想的影响，直接以人本主义心理学为基础，主张教育应培养整体的、自我实现和创造性的人"②。高校以人为本的教育理念本质上是一种育人理念、服务理念和发展理念。"微学分"素质教育课程从教师的素质现状出发，根据教师的实际需求开设，体现了育人为本的教育理念。同时，"微学分"和"微课程"的特性使得在原有条件下，课程内容的多样性和教师的选择性大为增

---

① 黄建军、郭绍青：《论微课程的设计与开发》，《现代教育技术》2013年第5期。
② 单中惠：《西方教育史》，山西人民出版社1996年版，第968页。

加,可以让教师更为自由地选择自认为必要和感兴趣的课程和专业,以多种方式去适应和满足众多教师的不同需要,因而使教师个性能够有充分的发展空间,使教师朝向自己希望的方向和符合自己本性的方向发展,体现了以教师为主体的以人为本教育理念的本质。

2. 学习自由理念

学习自由与教学自由共同构成了学术自由。学的自由是学生在教授的正确方法指导下在专业学习上拥有探讨、怀疑、不赞同和向权威指出批评的自由,有选择教师和学习什么的权利,在教育管理上参与评议的权利。但是,由于种种原因,我国高校教师的学习自由现状并不理想。依照学习自由原则和精神,开展教师思想政治教育可以让接受教育的教师自主选择课程、学习方式,甚至可以自主选择学习时间、学习进程和学习量。但在实践中,教师的这些"自由"非常有限。受客观条件限制,教师能选择的课程数量不多,教师选择课程的自由根本无法得到保障。"微学分"素质教育课程的推出,使得教师能够在总学分不变的情况下,所选择的课程数量平添了三倍以上,大大增加了教师的课程选择自由度。

3. 参与理念

教师参与管理是近年来世界高等教育管理发展的一大趋势,更是提升教师的社会责任感和公民道德素质、养成现代民主法制观念的有效途径和方法。"随着民主化进程,学校所充当的角色正在逐渐从大学和师生的管理者变为师生学习和参与管理的引导者。"① "微学分"素质教育课程注重教师的过程考核,突出教师的体验和参与,使教师从以往被动的教育接受者变成了主动参与者。

第五节　劳动教育融入高校教师思想政治教育

近年来有关教师崇尚享乐安逸、一夜成名,以自我为中心、不善协作,劳动观念淡漠、劳动能力欠缺、动手能力不足,消费超前、大手大脚、攀比享乐,吃不起苦、受不起累的新闻时有报道,这些现象所反映

---

① 王威:《浅析大学生参与高校民主管理》,《辽宁教育行政学院学报》2005年第9期。

出的问题值得我们深思,而这些问题大抵都可以直接或间接地从高校教师劳动教育的缺失中找到根源。要在教师中弘扬劳动精神,教育引导教师崇尚劳动、尊重劳动,懂得劳动最光荣、劳动最崇高、劳动最伟大、劳动最美丽的道理,在教书育人的岗位上能够辛勤劳动、诚实劳动、创造性劳动。

劳动模范以实际行动铸造和诠释了"爱岗敬业、争创一流,艰苦奋斗、勇于创新,淡泊名利、甘于奉献"的当代中国劳模精神,是党、国家和人民极其宝贵的精神财富。劳模精神可知、可感、可学,反映了马克思主义科学的劳动观,在理论和实践上与劳动教育具有契合性和共通性。讲好劳模故事,将劳模精神融入高校教师的劳动教育,让教师感受劳模身上表现出来的时代精神力量,既有利于弘扬劳模精神,又能增强高校教师劳动教育的实效性。因此,探寻劳模精神融入教师劳动教育的路径,为教师劳动教育提供生动形象的案例,实现润物无声、潜移默化的教育效果,引导高校教师树立正确的劳动价值观,涵养深厚的劳动情怀,已成为亟须解决的热点和难点课题,值得各高校不断去探索。

第六节 创新高校教师网络思想政治教育

一 建立规范网络思想政治教育平台

在互联网时代,高校应合理规划建立具有知识拓展性、安全保障性和教育针对性的网络思想政治工作内部教育平台。各个高校可以根据校内自身信息化建设特点设置平台功能,一般应该具有以下几项重要功能。一是应具有网络信息库,采取内容和形式创新的方式将思想、政治、心理、道德、特教、时事等信息融入该平台信息库中,做到内容既贴近生活又贴近教师关注点,从而不断提高教师的吸引力和关注力。二是利用互联网和计算机技术建立虚拟平台,通过平台进行现实虚拟互动实践活动,提高创新性,可以开展 VR 体验,利用计算机虚拟技术实现对真实环境的展现。三是注重数据的及时维护更新,保证平台教育信息的时效性。高校的网络思想政治教育平台要专人负责管理,及时上传新的信息,准确把握信息生命周期,不断在更新信息时融入思想政治教育的内容,从而大大提高教育的效果。四是实现即时沟通，开展在线互动，通过该平台嵌入交流平台，从而实现与校内或者校外其他地方的思想政治教育专家学者进行实时沟通，这样有利于教师吐露心声，缓解压力。五是加强舆情监控和反馈。网络平台是容易引发舆情的地方，必须对网络舆情进行及时的干预和引导，使其向着良性方向发展。

二　充分利用"互联网＋"的隐性教育功能

高校教师上网的目的是获取信息、学习、消遣娱乐、沟通交流等，应该根据教师上网的目的不同，有针对性地实施"互联网＋文化"策略，引领新媒体文化的发展，在学校的各个网站中渗透思想政治教育信息，实现相辅相成、相互促进。校园内网、学校实名认证的官方微博、官方微信等是开展隐性思想政治教育很好的载体，如可以将高校的各类大事记和高校未来发展规划以及时事热点等关乎新时代主题和教师切身利益的消息及时发布，悉心引导教师面对网络舆论中的热点事件正确、理性地分析，力求潜移默化地引导高校教师对上述问题的判断和走向。

三　构建"互联网＋"背景下高校思想政治教育微载体

不断兴起的互联网对于高校的思想政治工作既带来机遇也带来挑战，它已经成为意识形态在高校较量的前沿阵地。高校应借力发力，准确把握"互联网＋微时代"背景下的高校教师的互动交流新模式。借助互联网的互动性、平等性和及时性之力，利用微信、微博等新媒体平台，通过微访谈、微讨论、微评论和微课堂等开放的方式，创新推动教师思想政治教育工作。微信中的朋友圈是相对比较封闭的圈子，传播范围也都是彼此熟悉的亲友，在这个圈子里人们一般都能直抒胸臆，真诚相待。因此，高校思政教育工作者可以利用这个特点，从教师的言语闲谈中发现他们的各种需求，学会倾听，用心领悟，将一些教师中可能出现的不良苗头、各种隐患消灭在萌芽状态。高校教师除借助微信朋友圈进行交流外，越来越多的教师和教师团体也开始利用微信公众号进行发声。高校思政教育工作者也可以利用微信公众平台与教师保持密切联系，发布新闻、传播消息等，对教师进行及时的思政教育。高校官方微信公众平台的运行，要突出服务师生为宗旨，这是维系教育者与被教育者关系的基础。高校必须有专人监控和维护微信公众平台，不定期地在平台发布一些与教师密切相关的信息，及时监控、消除负面信息，将公众平台打造成真正的服务式平台。微载体能充分发挥新媒体技术在教师思想政治教育中的作用，实现线上和线下思想政治工作两条腿走路，营造新时代良好的思想氛围。

四 利用网络资源践行思政工作的核心理念

在高校教师思想政治工作开展过程中，通过建立网络信息库，可以为高校教师的思想政治教育工作搭建良好资源平台。一是基于网络信息资源库，针对教师中不同群体构建学习平台。比如，高校教师的道德教育情况、心理健康状况等，可以通过建立思想政治管理平台予以呈现，丰富思政工作资源。二是建立网络虚拟平台，通过电子计算机、互联网技术，构建虚拟的网络情境互动教育资源，开展虚拟化网络体验实践活动，用创造性的方式充分展现高校教师思想政治教育工作的重点内容。虚拟现实技术是通过客观情况，展现出真实环境，从而提高教师思想政治教育工作整体效果。比如，在高校教师思想政治工作开展过程中，可以通过应用虚拟技术，使教师完全充分融入角色，展现名人、伟人、教师等虚拟人物的主要特点。三是充分利用网络平台的交互性特点通过电子邮件、电子公告板等交互工具和实时聊天系统与广大教师进行思想交流，让教师在交流中认识到自己的弱项并加以改正，以更好地提升自身的思想政治素质。

第十二章

着力解决高校教师的实际困难

生存是人最基本的需要，人活着才能通过自己的劳动改造世界，创造历史，人类生存是社会发展的前提，为了生活，必须提供人们所必需的物质资料。我国的领导人一直以来都十分重视教师的待遇，邓小平同志提出，知识分子的待遇太低，无论如何要解决这个问题。胡锦涛同志曾提出，各级党委和政府要关爱广大教师，解决他们的困难；提高教师地位，增加教师待遇，形成尊师重教的良好社会风气。2013年习近平总书记在向全国广大教师致慰问信时提出要改善教师待遇，保障教师权益，支持优秀人才选择长期从教，终身从教。

第一节 加强对高校教师的人文关怀

新时代教师队伍的思想政治工作要做到以人为本，尊重教师的情感，将教师放在首位，结合时代的变化，及时疏通教师思想意识上的困惑，对教师予以全方位的关怀和照顾。特别是随着时代的演变，新时代的教师无论是在生活上还是在工作上都出现了巨大变化，生活上的压力、工作上的压力都有可能对教师的思想观念产生影响，社会上不良风气、不良社会思潮也会对教师的人生信念产生冲击。因此高校相关管理部门应当走进教师队伍，掌握教师面临的经济、心理双重压力，加强对教师的工作和生活上的人文关怀。

一方面，在工作中建立完善科学的教师激励机制，引导高校教师围绕学校立德树人这一中心工作教书育人，对当前高校教师中出现的唯奖项、唯论文、唯职称、唯学历现象进行有效引导，注重教师的思想政治和综合素养提升，重视教师教学中的道德表现，恰当设置资历、学历、论文和奖项等在教师评价、竞职中的权重。同时高校也可以开展内容丰富的教师活动，帮助教师群体拥有积极向上、良性竞争的心态，加强对教师的心理疏导，构建以教书育人为核心的教师队伍培养体系，在学校内宣传和弘扬立德树人理念，适当弱化大学排名、职称竞争和科研指标等，并且将教师的教学水平、育德能力和教学创新能力加入到教师评价体系中。

另一方面，在生活中关心教师，特别是年轻教师的成长，及时解决教师的后顾之忧。对于待遇较低的教师建立生活关怀机制，适当提高工作补贴，减轻上课压力，帮助他们解决生活、经济上的困难。对于资历较低的教师改进职称评审规则等他们非常关心的问题，给他们提供较好的自我提升空间。高校要关心教师的家庭，关注教师的身体状况，正确引导他们处理好工作和家庭的关系、获取个人利益与奉献服务的关系，增强他们的责任感，为教师的发展营造一个温馨的环境，提高他们的工作热情。

最后，建立合理的评价标准，设立择优、择贤教师聘用指标。高校应当坚持业务水平和思想素质两手抓的标准，在选聘教师时除了考察专业水平之外，还要将道德水平作为评价衡量引进教师的一个硬指标，对于学术水平高而道德有污点，或者有违法违纪行为的教师禁入，坚决杜绝害群之马破坏教师整体形象。同时对已经入职的教师建立思想道德动态评价体系，将思想道德水平、核心素养等纳入教师学年考核中，将思想政治考核和个人绩效挂钩确保教师自觉抵制歪风邪气的影响，自觉规范自身言行举止。

第二节 着力解决高校教师待遇问题

一 待遇低给高校教师造成了较大压力

据调查，有42%的高校教师表示对目前的待遇不满意。随着物价不断攀升，特别是房价快速上涨、子女教育成本的提高，同时高校教师工资待遇涨幅缓慢，部分教师难以支撑家庭开支，这种状况在很大程度上给教师的生活造成了压力。在对教师压力来源的调研中，36%的教师认为生活中的压力主要是收入较低，有31%的教师认为住房、子女入学等生活支出是工作生活中压力的主要来源。教师作为社会中的一员，如果连马克思所描述的第一层次需要——人的生存需要和物质需要都满足不了的话，一定会严重阻碍教师从事教学、科研的追求，更不用说思想政治素质等精神方面的追求了。

二　政府和高校合力提高教师的收入

各级政府要从实际出发，合理提高教师的收入待遇，特别是要增加教师的工资性收入，只有待遇提高了，满足了第一层次的生存需要和物质需要，教师才会有时间和精力追求更高层次的精神需要和社会需要，从而提高自身的思想政治素质。虽说房子是用来住的，而不是用来炒的，但我国日前的房价已经达到较高的价格，刚步入工作岗位的教师面对高房价还是望而却步，因此各级政府和高校应帮助教师解决住房问题，一是地方政府可以为教师提供购房补贴；二是各高校可以为教师提供住房津贴；三是地方政府可以将教师纳入经济适用房的保障范围。这样多管齐下，解决教师的住房问题。同时，地方政府和高校可以将教师的子女纳入当地公立学校进行学习，从而较好地解决子女上学难和成本高的困难。

第三节　关注高校教师心理健康

一　高校教师心理健康问题的成因

由于工作和生活中的压力较大，高校教师难免会产生心理问题，比如付出与收入不成正比、工作期望与现实情况差距较大等，都会给高校教师造成一定的困扰，长期压抑的心情会给高校教师、学生和学校带来一系列的负面影响。因此高校应关注教师的心理健康问题。首先在平时的工作中，应对教师进行积极地引导，了解教师的心理状况，定期开展心理健康筛查，从源头控制住教师心理健康问题的出现。其次各高校应在教师工作和学习方面积极创造一个良好的环境，可以利用周末时间组织教师开展篮球比赛、乒乓球比赛等文体娱乐项目，使教师从紧张的工作环境中解脱出来，降低生活和工作中的心理压力。此外高校还应该利用好心理咨询室，引导压力较大产生心理问题的教师走出心理阴影，提供切实可行的心理辅导服务，积极帮助教师缓解压力，早日走出阴霾。

二 促进高校教师精神面貌及心理因素统一发展

高校在思想政治工作开展过程中要强化教师对心理健康知识的认识，使教师的精神面貌和心理因素得到统一发展。一是要逐渐深化高校思想政治教育工作的核心理念，高度重视教师个体及其身心健康，全面满足其心理需求，建立专门的心理咨询部门，有计划地对教师开展心理咨询及辅导。比如，定期组织心理专家对高校教师开展心理培训及辅导，尽早发现问题，并建立疏导机制，使高校教师时刻保持良好的工作状态。二是应强化高校硬件建设，建好图书资料室、绿化园区，为教师创造温馨的工作环境。三是应建立健全激励制度，给予高校教师更多发展空间，使其精神面貌时刻保持良好的状态。

第四节　搭建高校教师成长发展平台

教师是人类灵魂的工程师，高校教师这个职业对教师自身的素质要求很高。虽然每位教师各有不同，但都必须严以自律，自觉树立立德树人意识，既是"经师"又是"人师"，启人以智、育人以德。对于新入职教师，特别是长期在海外求学新回国的教师，可以探索教师参与实践育人新途径，安排他们带领学生参与"三下乡"实践活动、创新创业和校园文化活动，鼓励教师扎根中国大地做学问，立足国家和社会发展真问题，做到在实践中了解国情民情、获得智慧才干。时代在变，教师参与组织和团体的方式和现实需求发生了很大变化，要用心引导各种新型教师组织建设，关注广大教师最集中、最活跃的几个组织和团体，让积极、健康和向上的正能量在组织团体中感染激励教师。高校教师思想政治工作需要务虚也需要务实，必须虚实结合，力求实效。新时期的教师讲究身心体验，注重心理感受，开展教师思想政治工作要结合教师成长发展规律和生活实际，积极帮助解决教师在户籍、住房、待遇、社会保障、孩子教育等方面的合理诉求，让高校教师感受到组织关怀，增强归属感和认同感。高校改革影响到每一位教师，通过开展思想政治工作也是帮助教师接受新观念、舒缓情绪、关注大局、支持改革的过程，高校教师都要在这个过程中经受锻炼。

一 建立受尊重的软环境提升职业认同感

调查显示，高校教师觉得职业认同感不强是目前主要的工作困扰之一。高校教师在取得物质需求满足后，更注重追求自我价值，期望获得教育领域或者是相关他者的尊重与认可，取得本专业或非本专业的荣誉与成就，进而得到自我实现的需要等更高需求的满足。高校教师得到他人尊重主要是因其拥有的知识、技能和创造力。因此，为实现自身价值，高校教师自身会不断采取措施激活其内在能动性，比如积极地开展创造性工作，不断主动升华个人人格魅力，努力提升专业学术实力，自觉主动地谋求个人快速成长发展。

二 搭建教师成长发展平台提升学术水平

提升高校教师思想政治工作的实效性，需要从助力教师发展入手，让教师在自身成长发展过程中争做"四有好老师"。提升学术能力是当前高校教师成长过程中急需破解的难题。卡内基教学促进基金会前主席博耶1990年出版的名为《学术的反思》的报告，将学术的范围拓展到包括探究的学术、应用的学术、整合的学术和教学的学术四个方面。下面从这四个方面探讨教师的发展路径。

（一）基于"教学的学术"的教师发展路径

"教学的学术"主要是指传播知识的学术。博耶认为，教学的学术与传统的单纯传授知识的教学有很大区别，教师学术的发展离不开教学，包括课程的设计、教学新方法的探索以及对教学过程的反思等都是教学学术的范畴。有关教师发展的实践路径可以通过采取"班组制"方式以及专题活动形式进行。比如宁波财经学院成立的"青年教师成长工作坊""翻转课堂教师工作坊""双语课程教师培训班""专业建设骨干研讨班"以及"课程负责人研习班"等都是基于教师的"教学",针对教师教学中存在的问题和不足,通过专门组建班级的形式开展相关教师发展活动。以"青年教师成长工作坊"为例,由于较之研究型大学,应用技术型大学的青年教师数量相对较多,在教学中暴露出来的如教学经验欠缺、教学能力不足、教学效果不佳等问题也更为突出,因此,学校通过为期三年的"青年教师成长工作坊",重点就教师的教学规范、教学方法、教学设计等内容对全校35周岁以下新进校且没有教学经历的青年教师进行专题培训。从培训效果来看,全校参加"青年教师成长工作坊"的190名青年教师不仅尽快熟悉了教学基本规范和要求,而且普遍掌握了教学的基本技能,很快"站稳"了讲台。在以"班组制"形式开发教师发展平台的同时,基于"教学的学术",学校还有针对性地创设一些教师发展活动载体,比如每年定期举行教学设计大赛活动,每两年开展一次"星级教学优师"评选活动。为保障"星级教学优师"评选活动的顺利实施,学校为此还专门出台《"星级教学优师"评选与奖励试行办法》,将"星级教学优师"分为"一星""二星"和"三星"三个级别,对"星级教学优师"予以现金奖励的同时,"二星教学优师"和"三星教学优师"分别享受课时津贴,系数按1.1和1.2计算。教学设计大赛和"星级教学优师"评选活动在调动和发挥教师教学的积极性,激励教师热爱教学、潜心教学,不断提升自身教学能力和水平方面起到了有效的促进作用。

(二) 基于"应用的学术"的教师发展路径

在博耶看来,"应用的学术"主要指学者运用自己的学科知识解决个人、机构和社会的各种问题,应用有助于对新知识的理解,因此,学者不仅应该致力于为丰富人类知识作贡献,还应该关注将知识应用于实践,为国家和世界服务。大学的人才培养目标是培养符合社会经济发展的人才,基于"应用的学术"观,可以开发适合应用型教师的发展路径。比如宁波财经学院成立的"应用型教师工作坊",组建的"教师实践能力提高班",以及开展"应用型教学团队建设"和"应用型教师认定"等活动,就取得了很好的效果。以学校开展的"应用型教师认定"等活动为例,学校专门出台《应用型教师资格认定、考核办法》,把

"应用型教师"细分为"应用教学、应用技术和应用研究"三种类型和"准入、初、中、高"四个层次，并分别明确了各不同类型和不同层次专业标准、考核标准及补贴标准，鼓励专业教师参加企业实践和社会服务，提升自身实践应用能力和职业素养。

（三）基于"探究的学术"的教师发展路径

博耶认为，"探究的学术"中的"探究"与通常学者们所说的以"创新和发现新知识"为主要内容的"研究"很相近，但较之传统意义的"研究"，"探究的学术"不仅对人类知识的积累，而且对整个大学学术氛围的营造方面都有很大的贡献。所以在博耶看来，"探究的学术"不仅指研究的结果，对于研究的过程，尤其是研究者在研究过程中所表现的工作激情等都属于"探究"的内容。研究是大学的主要职能之一，任何一所大学都不应该忽视科研工作。基于探究的学术观，可以通过举行"应用技术大学教师发展论坛"、成立"科研骨干教师培训班"、建立"应用性教师发展研究数据库"、开展应用性主题学术沙龙和"午餐会"等形式为教师学术探讨和交流提供发展平台，并以此提高教师学术"探究"的氛围。以宁波财经学院成立的"青年科研骨干教师培训班"为例，为培养一支具有较强科研能力的青年骨干教师队伍，学校根据年轻教师的科研能力和水平普遍较低的实际，分别成立自然科学和人文社科的"青年科研骨干教师培训班"，每班20位学员，为期两年。为此，学校还专门为每位学员配备科研导师，并对科研导师的选拔条件和工作职责予以明确。青年科研骨干培训班的组织实施由教师发展中心负责，人事处和科研处配合做好人员选拔、培训组织与考核工作。从活动成效来看，通过导师辅导、专题讲座、主题报告、研讨交流和自主学习等方式，参加科研培训班的青年教师在短期内熟悉和掌握了科研课题申报和论文撰写的基本理论和方法，科研素养得到快速提升。

（四）基于"整合的学术"的教师发展路径

在博耶看来，"整合的学术"并非建议人们回到早期"绅士学者"的时代，"整合的学术"的目标是如何通过"整合"在各学科之间建立联系。因为，一旦学科间的知识得到有效整合，往往会"给原始研究带来新的见解"。基于"整合的学术"，应用技术型大学应该为有着不同学科背景的教师创设一些有助于启迪教师思想、拓展教师视野、互通教师学科领域的教师发展平台。比如宁波财经学院成立的"卓越教师成长工作坊",充分发挥工作坊学员来自全校不同的二级学院、有着不同的学科专业背景的特点,紧紧围绕学校教学型大学办学定位以及应用型人才培养目标定位,结合"教学效果优秀、工作业绩一流、具有较强社会影响力"等卓越教师特征,重点就教学方法和教学效果、科研能力和科研水平提升、教师服务区域经济社会发展等方面进行培育。另外,学校组建的"青年博士发展班",充分发挥青年博士科研基础扎实、科研素养较高、思维活跃、学科背景多样等特点,通过博士沙龙、专题讲座、主题报告、研讨交流等活动,大大提高了青年博士的跨学科意识以及对研究问题的综合理解力。

三 创建科学合理性的教师评价标准体系

在教育领域,高校教师独有的职业价值主要通过其所获评的职称进行体现,且教师职称关系到教师薪酬、福利、学术和社会资源等,故而教育界普遍将高校教师职称看作是教师地位评价的重要指标之一。因此,高校有必要优化绩效考核体系,构建更加科学合理的评价标准来评估教师的自我价值,引导高校教师能通过全新的、客观的、公正的渠道更新知识、提升能力,从而获得应有的尊重,取得事业成就感,努力提高自身学术能力。只有这样,高校教师才能获得较高的职业认同感,更加积极主动地获得个人成长发展。

第十三章

强化高校教师思想政治教育的组织领导

高校教师的思想政治教育工作是一个综合性较强的工作，需要各地党委组织部门、宣传部门和教育工作机构积极配合，强化对高校教师思想政治工作的领导，加强统筹协调和检查督促。同时要建立高校党委统一领导，党政部门齐抓共管的工作格局，各部门形成工作合力，落实各项保障机制，全面提升高校教师的思想政治工作水平。一方面高校党委教师工作部、宣传部、人事处和教务处要建立起各司其职、齐抓共管的网络，从而保障教师思想政治工作良好的运行。另一方面要结合本校特点建立思想政治工作制度，用制度来保障工作的落实。结合思想性和政策性，发挥好思想政治工作的整体效应。

第一节 完善高校教师思想政治工作体系和工作机制

一 完善高校教师思想政治工作体系

新中国成立以来，我国一直十分重视建设高校教师思想政治工作体系。1952年，教育部颁发《关于在高等学校有重点地试行政治工作制度的指示》，1955年，中央发布《关于配齐高等学校政治工作干部的指示》。高校教师思想政治工作重心在发生变化，为了适应新的工作要求，高校也在不断发展调整教师思想政治工作体系。新时期我国高校要进一步发展教师思想政治工作体系。

纵向看，高校要发展完善"高校党委统一领导—专门工作部门统筹协调—院系党组织实施—教师党支部具体落实"的高校教师思想政治工作体系。可以从以下三个方面来实现这一目标。

(一) 落实党委教师工作部职能

在高校党委组织机构中党委教师工作部具有不可替代的作用。"在整个教师思想政治工作体系中党委教师工作部是'枢纽',肩负着纵向承上启下、横向统筹协调的工作使命,肩负着高校教师思想引领与管理服务的职责。"[①] 设置党委教师工作部完善了高校党的领导体制和高校党的工作机制,牢牢掌握住了高校意识形态工作领导权和话语权。各高校要设置党委教师工作部并将党委教师工作部"实体化"运作。将原先分散在人事处等与高校教师思想政治工作相关的职能转至党委教师工作部,同时配好专职工作人员。使党委教师工作部成为牵头负责高校教师思想政治工作统筹推进的党的工作部门。

(二) 加强基层党委工作队伍建设

目前高校基层党的工作队伍相对薄弱,二级学院要给党委委员明确具体分工,党委需要配备专职人员,真正做好本学院教师思想政治工作的落地见效,不要出现"发发文件,发发通知"的形式主义,杜绝出现高校教师思想政治工作体系的梗阻。

(三) 充分发挥党支部的作用健全基层组织根须

发挥党支部"战斗堡垒"作用是党取得胜利的宝贵经验。思想政治工作也是如此,高校教师思想政治工作成功的关键在于我们能否充分发挥党支部的"战斗堡垒"作用。一是要选好教师党支部书记,实现书记"双带头人"。可选理想信念坚定、作风过硬、业务精湛的骨干教师任教师党支部书记,发挥教师党支部书记引领、带头、模范的头雁作用。二是要加强教师党支部建设,实现教师党支部各方面均达标。坚持"三会一课"制度,在政治理论学习和教师日常教育教学以及科研活动过程中融入党的建设工作,同时在教育教学活动中进行教师思想引领,施行正确的价值观塑造。三是要坚持党的一切工作到支部。要将各项工作重心均下移,工作部署实现从传文件到抓落实的转化,保持高校教师思想政治工作"最后一公里"的畅通。

横向看,高校要不断完善由"党委教师工作部—党委宣传部—人事

---

① 万金城:《高校党委教师工作部的运作与功能定位》,《思想理论教育》2018年第7期。

处—教务处—党委组织部—其他职能部门"组成的工作体系。实现高校教师思想政治工作"纵横交错"的"网状"大思政工作体系，形成责任明确、管理清晰、运转高效的新局面。

二　理顺高校教师思想政治工作机制

高校教师思想政治工作是一项综合性的工作，具有一定的特殊性，不是仅仅依靠某个职能部门或某几个职能部门就能做好的。因此，需要建立与"网状"工作体系相匹配的科学的工作机制。高校应该建立"某个部门牵头，多个部门协同"的联动机制。具体来说，高校应该成立由党委书记担任组长，各相关党政职能部门负责人参与的教师思想政治工作小组，负责制定高校教师思想政治工作的规划，负责审定高校教师思想政治工作的重大事宜；协调各相关职能部门共同做好教师思政工作。形成"高校党委统一领导、学校教师思政工作组指导、党委教师工作部牵头，其他党政职能部门协同，院系党组织具体负责落实、多方齐抓共管"的大思政协同工作机制。

第二节　落实高校教师思想政治教育基础保障

一　完善高校教师考核考评机制

目前高校在教师考核和评优评先机制中过于偏重科研，在考核、评优评先、职称晋升中科研占了较大比例，而教学方面在考核中所占的比例较小，在教师思想政治素质方面的考核更少，基本都是顺带说一下"有师德师风问题的教师一票否决"。存在的问题是各个高校都将教师科研作为最重要的参考依据，教学方面则逐渐被边缘化，教师思想政治素质几乎被高校所忽视。因此，在高校中普遍存在教师重科研轻教学、重业务能力而轻思想政治素质的提高等现象。

在调研中"学校是否把高校教师思想政治素质加入到考核之中"一题，有86.0%的人表示学校并没有把高校教师思想政治素质作为考核内容；调研高校教师对目前高校的考核考评制度的态度时，36.0%的人表示并不满意。为了改变这种情况，目前对高校教师的考核考评机制应该完善，需要建立相对合理的比较适应社会主义高等教育发展要求的考核机制。一方面，在对高校教师进行各方面考核、评先评优和职称职务晋升时，除了发表论文数量、课题立项数量等科研成果和教学改革、教学能力竞赛等硬性指标以外，还应该加入对教师的意识形态、理想信念、马克思主义信仰、师德师风等思想政治素质的考核，坚决实行教师考核的思想政治素质一票否决制。对于在思想政治素质考核时出现问题的教师，应对其开展思想政治素质教育，促使教师不断地提高思想政治素质。另一方面，高校应加强纪委对教师考核的监督，完善考核和监督制度，为高校教师考核考评机制提供良好的制度保障，保证对教师思想政治素质的考核落实到位，加强对教师意识形态和师德师风的有效监督。

二 完善高校教师思想政治工作运行保障机制

一直以来，制约高校教师思想政治工作有效性提升的一大难题是运行保障机制不健全。大多数情况是高校现有的保障制度有的导向不准确，有的设计不科学，总体过于宽、松、软，这些制度缺乏有效性。在考评督查方面，有的没有开展考评，有的虽然考评了，但缺少对考评结果的运用；在约束激励方面，教学科研评价不是十分科学，职务评聘晋升导向制度还有待完善，以及高校约束教师思想政治外在行为的规则还有待建立，而这些恰恰是高校教师思想政治工作深层次的和直观的运行保障。可见，考评督查和约束激励好比车的两轮、鸟的两翼，对运行保障机制来讲是缺一不可的。当前十分迫切的是要根据工作目标，建立一套科学的考评督查机制，完善一套科学的激励约束机制，从而提升高校教师思想政治工作的有效性。

（一）建立一套科学的考评督查机制

对高校教师思想政治工作进行考评督查，一般是指高校依据工作目标，采用定性与定量相结合的手段，实事求是地督促检查和分析评价教师思想政治工作的过程与效果。考评督查是开展高校教师思想政治工作过程中的重要组成部分，来自高校外部和内部的健全的两大类考评督查机制，是保障高校教师思想政治工作职责落实到位的一项根本制度。

1. 建立分层分类的考评体系

高校教师思想政治工作的考核评价工作是一项复杂的系统工程，目前我国高校的管理部门和高校自身的层次和类别各异，应当根据实际情况分层次、分类别建立考评体系。

（1）建立分层考评体系

从我国高等教育行政管理情况看，在高校管理的行政层面，主要包括国家、地方和高校这三个层次。与此相对应，我国高校教师思想政治工作呈现三个层面金字塔形管理体制，最顶端的是中央和国家层面，主要进行制度、政策的顶层设计，发挥着导向作用；中间层是地方党委政府，包括省市地方党委和中宣部、教育部等中央机关、国家机关部门；底层是各高校自身，各高校也可以根据自身实际情况，分层次分类别考核教师思想政治工作，包括学校层面、学院层面。

（2）建立分类考评体系

高校的类型历来都是千差万别，针对不同类型的高校办学任务和追求而言，既有国办高校，也有地方办高校，还有民办高校；既有偏重精英教育，也有偏重职业教育。由于各高校办学基础、办学层次、办学类型不一样，人才培养的具体目标和特色也不尽相同，决不能忽略这些差别简单机械地建立高校教师思想政治工作考评体系，而应具体情况具体分析，建立分类考评体系。根据不同层级、各自管理责任的不同，考评体系也应该相应有所区别分类，而不能变成同一个模板，其中最重要的一点就是一定要把高校教师思想政治工作作为学校党建和思想政治工作的重要评价指标之一，更要把它作为学校人才培养和办学质量考评的一项指标，并且要占有较大的份额和比重，甚至要设置红线和一票否决性指标。

2. 设置切合实际的考评指标

高校教师思想政治工作要设置切合实际的考评指标，其在高校教师思想政治工作考评中占据核心地位，是考评工作的重要内容和基本依据。综合来看，高校教师思想政治工作考评指标的确定应当遵循以下三个基本原则。

（1）体现党和国家的意志

我们党和国家的有关法律、法规、相关文件对高校教师思想政治工作都提出明确的要求。如《教育法》《高等教育法》《教师法》等法律中都有关于高校教师思想政治工作的相关要求。教育部和教科文卫体印发的高等学校教师职业道德规范的文件内容，中共中央《关于进一步加强和改进高校宣传思想工作的若干意见》《关于加强和改进高校青年教师思想政治工作的若干意见》等文件精神必须纳入高校教师思想政治工作考核评价指标之中。

（2）符合高等教育事业建设发展的要求

深入开展高校教师思想政治工作，其目的最终是要落实在人才培养上，满足我国高等教育实现立德树人根本目标的要求。在考评指标的设置上，要紧跟时代的步伐，以发展的眼光紧密围绕我国高等教育事业改革与创新发展的目标和任务。比如结合《国家中长期教育改革和发展规划纲要（2010—2020）》所确立的高等教育事业的发展方向，既不能"守旧"，也不能"搞大跃进"，应该脚踏实地稳步推进，决不能为考评而考评。

（3）有利于教师的成长发展

高校教师思想政治工作的根本目的是为了提高人才培养质量。教师是高校人才培养的主体，提高教师的素质和能力是提高人才培养水平的基础。我们所有对教师思想政治工作的考评都必定是有利于促进高校广大教师的成长与发展，推动高校教师思想政治素质的提高和业务能力的提升。因而，在考评指标的设计上，可以"软""硬"结合，"虚""实"结合，既包括思想品德、政治素质和个人作风等方面的"软""虚"指标，也包括教学技能、科研水平、专业知识等"硬""实"指标。

3. 坚持科学合理的考评方法

高校教师思想政治工作考评应当多角度开展立体评价，坚持定性与定量考评相结合，过程与结果考评相结合，业务与综合考评相结合，达到合理、公正、科学的目的。

（1）坚持定性与定量考评相结合

高校教师思想政治工作考评需要解决的是一个如何"定性"的问题，依据量化来定性，即解决"是什么"的问题，如政治觉悟、职业道德、个人素养等。同时，高校教师思想政治工作还有一个"量"的表现，如制度建设、政治学习、专题培训、氛围营造、社会交往、活动开展等,这些工作、学习、生活的"量化",量化的结果是定性,解决的是"有什么"的问题。一个"是什么"和一个"有什么",定性与定量,两者相辅相成,互为表里。在考评上我们一定要综合考虑所有情况,从多个侧面、多个角度、多个层次进行辩证分析,避免出现"见识狭小看不到全面""为局部现象所迷惑看不到全局"的情况。

(2) 坚持过程与结果考评相结合

永远不要忘了我们为什么出发,高校教师思想政治工作考评的目的最终还是为了不断完善高校教师思想政治工作。高校教师思想政治工作考评的这一过程,其实就是思想政治工作接受检验和促进提升的过程。思想政治工作要重考评,但不能只看考评;要重结果,但不能只看结果。高校教师思想政治工作考评更要注重考评过程中涉及的方方面面,毕竟考评过程和结果不是我们的唯一目的,考评的意义在于以评促建、以评促改、评建结合、重在建设,从而不断加强相关制度建设、教师队伍建设,不断创新工作方法,突破高校教师思想政治工作的瓶颈。

(3) 坚持业务与综合考评相结合

高校教师的本职工作就是培养人才,广大教师的所有思想状况主要通过教书育人体现出来。应该将高校教师教书育人情况作为重要指标纳入高校教师思想政治工作考评中,而且要始终牢牢抓住这一点。此外,也应对高校教师做全面的分析考察,坚持从"德、能、勤、绩、廉"五个方面进行综合评价,既不能以教师业务考评替代思想政治考评,也不能以教师思想政治考评代替业务考评,而是要有机结合。避免出现盲人摸象、以偏概全的误判。高校一般由教务处、科研处、教学质量管理与评估办公室等专门职能部门负责教师的业务考评,因此,在做高校教师思想政治工作考评时必须要坚持全面的观点,综合评判,运用好学校党群部门如宣传部、教师工作部、工会、团委的综合评价,通过制度建设、文化建设、思想建设、组织建设、作风建设、廉政建设、活动组织等的综合考评,进行科学评价。

4. 加强考评监督反馈

从讲政治的角度来看,应当将高校教师思想政治工作考评作为一项严肃的政治任务来抓,与高校教师思想政治工作相关的各个层面、各个类别的考核关系到高等教育发展稳定大局，关系到培养什么人和为谁培养人的根本问题，也事关广大高校教师自身的成长与发展。高校一方面在秉持科学、客观的考评原则上，做好考评的监督，纪委和监察部门应当加强职能监督，工会和教代会应加强民主监督，确保考评公开、公平，公正。高校另一方面要及时将考评信息准确反馈给有关部门和教师本人，这样，有利于相关职能部门进行优化决策，也有利于高校教师更加深入了解学校、深入了解自己，做好自我教育、自我提高。

（二）建立一套科学的激励约束机制

高校教师思想政治工作考评督查和激励约束是其运行保障机制中的两翼，但侧重点各有不同，考评督查主要侧重构建高校教师思想政治工作自身的考评规则，激励约束主要侧重解决广大高校教师实际困难从而推动解决思想问题，以及对于教师思想政治失范行为的约束。学者更关切后者的他律和自律，因为高校教师这一思想政治工作对象有其特殊性，更多的激励和底线约束应该能够调动广大教师的主动性，从而帮助他们实现有序地从他律转化到自律。

1. 建立后勤保障机制

后勤保障是高校教师思想政治工作的基础。一是建立经费投入机制。高校教师思想政治工作的开展必须通过一定的载体来实现，购买学习资料、开展学习讲座、举办文体艺术活动等，都需要有足够的经费保障。高校教师思想政治工作应当有年度经费计划和比较长远的经费使用规划。二是建立基础设施投入机制。高校需要建设好体育馆、活动室等教师开展活动的场所，根据教师活动的需要购置相关器材、设备，包括教师休息室、教师公寓、教师食堂、附属中小学幼儿园等工作学习生活所需的基本的、必要的设施。尤其需要帮助解决好广大教师住房、子女入托、上学、升学等难题，缓解他们的后顾之忧，具体措施和办法各高校可以各有不同。

2. 建立激励机制

高校教师思想政治工作可以吸收管理学和心理学中有关激励与约束理论的内容加以运用。管理学和心理学的研究普遍认为，激励是人力资源管理的重要方法，是指激发人的行为的心理过程；因而一切内心想获取的条件、希望、愿望、动力等都构成了对人的激励。从动机和行为的关系来看，人的一切行为都是由某种动机引起的，人的动机是一种精神状态，它对个人的行为起激发、推动、加强的作用。在教师管理中用到激励这个概念，是指激发教师的工作动机，也就是说运用各种有效的方法去调动教师的积极性和创造性，使教师努力去完成教学的任务，实现学校的目标。有效的激励在高校教师思想政治工作中会点燃广大教师投身我国高等教育的激情，促使教师更加积极地开展教学、科研和社会服务工作，全身心投入到培养社会主义高水平创新人才之中去，让教师产生超越自我和他人的欲望，释放出自身潜在的巨大的内驱力。高校教师思想政治工作者在运用激励策略时，要遵循系统原则、开放原则、共性与个性相结合原则、目标一致原则、正负激励相统一原则和反馈原则，要有利于广大教师工作、学习和生活。只有这样，才能很好地激发广大高校教师潜心教书育人的主动性、积极性和创造性。

（1）抓住优势需要，实行成就激励

高校教师需求状况调查显示，高校广大教师在对自身学习进修机会、收入水平和住房状况等方面的需求是很强烈的，学校要在政策制度上加以保障，支持教师进行深造，为他们提供良好的学习机会。在教师能力提升方面的花销与教师的创造性劳动相比是值得的，高校也可以为进修教师补贴学费，提供补助，保证他们的生活质量，将办学经费向学习进修费用倾斜。在学校经费有限的条件下，也可以让教师个人自行解决，但学成归来之后可以给予晋职晋级、调整岗位、增加津贴等方面的鼓励。对于优秀教师，特别是拔尖人才，近年来国家实施了"千人计划""长江学者"等制度，不仅在物质方面对高校教师起到了激励作用，更是在精神、荣誉、成就等方面激励了教师，对教师所在学校发展起到了重要的促进作用。

（2）坚持内外结合，实行物质精神双激励

激励的双因素理论告诉我们，各种不同需要得到满足所引起的激励深度和效果是有差异的。教师物质需求的满足是必要的，缺少物质需求的满足会导致不满，但是即使物质需求获得满足，它的作用往往是浅层的、不能持久的。要想持久调动教师的积极性，不仅要注重物质利益和工作条件等外部激励，更重要的是要注意工作的人岗匹配、个人成长与能力提升，注意给人以成长机会、发展机会和晋升的机会。同时注重对人进行精神鼓励，给予赞赏和认可。各高校应当将物质激励与精神激励相结合，将物质激励转化为精神激励。要采取某种方式对教师所取得的成绩进行评价，认可他们的成绩，如晋职晋级，授予"师德标兵""我心目中的好老师""先进工作者""科研标兵"等称号，在满足高校教师物质需求的基础上，大力满足教师的精神需求。同时，高校要构建良好的学术生态，为教师尽可能地营造良好的学术发展环境，注重优质学术生态的营造以及对教师学术成果的奖励，赋予广大高校教师更加自由的学术权利。

（3）坚持竞争与稳定结合，实行公平激励

教师不仅关心自己因努力所得的报酬，而且还关心组织中其他人的报酬与自己所得报酬比较后的感受。高校应该在发放奖金、教师评优等工作中强调效率，坚守按劳分配、多劳多得的原则，力戒平均主义或轮流坐庄现象。在分配制度上，绝不能吃大锅饭，更不能激励少数、挫伤大多数。高校在制定和实行岗位津贴时，要有公开公平的标准，制定科学合理的绩效评估办法，并对教师的工作付出及成效进行科学评价，务必做到公平和公正。此外，在管理方面也要增加透明度，并让高校教师更多地、广泛地参与民主评价，力求营造开放、民主、和谐、包容、鼓励良性竞争的氛围，以激励高校广大教师立足岗位作贡献。

（4）坚持因人而异，实行分类激励

分类激励是指高校应根据广大教师性别的不同、年龄的不同、职称的不同、文化程度的不同、所学专业的不同，以及不同高校教师的认知差异、个性差异、需求差异，采取因人而异的激励方式。比如，对于刚进校的青年教师来说，工作年限不长，经济收入相对低，面临的压力却很多，买房、结婚、培养小孩、赡养父母、孝敬老人，他们的职业发展处于刚刚起步阶段，还需要锻炼深造。与老年教师相比，中青年教师更希望得到大家认同，更希望获得更多的职称晋升和进修的机会，以满足个人事业发展的需要。例如，副教授更重视公平的校内竞争环境，因为想要向更高的职级晋升，他们想有一个公平的竞争环境，靠他们的真本事，获得平等的职称晋升机会。而大多数教授则更在乎领导、同事、学生、社会的认同和尊重。

（5）结合教师期望，实行过程激励

高校教师想实现的目标对教师有很好的过程激励效果。比如，新任教师最期望能够站稳讲台，各高校应满足其基本物质需要，端正其工作态度，帮助他们不断提高教学水平；对于已晋升到高级职称的中年教师，要加强对学术成果的考核，作出成果质与量的评定，鼓励他们向更高目标，如硕导、博导、院士、诺贝尔奖获得者冲刺。学校每年可有计划地选拔一批立志于教育事业、安心于教师本职工作的优秀青年教师进修、培训、攻读更高学位，不断提高他们的教学技能、科研能力和自信心。

3. 建立约束机制

古话说得好"没有规矩不成方圆"。在当今社会中，每个人都是组织机构中的一员，其行为自由都是相对的，一定会受到自身所在组织的规范，只有这样才便于组织有序运转，使个人作用得到充分发挥。这些规范可以是规章制度也可以是手段，是具有一定标准和要求的，需要经法定程序制定和颁布执行。对高校教师的约束主要是针对高校教师的教书育人职责履行和言行规范，主要是法律法规、纪律规范的制度约束，舆论压力、责任惩处以及自我约束等方面。

（1）制度约束

高校教师必须遵守党和国家的法律法规和学校相关制度，特别是《中华人民共和国教育法》《中华人民共和国教师法》《中华人民共和国高等教育法》等。教育部已将师德建设放在教师队伍建设的首要位置，先后修订、颁布了《高等学校教师职业道德规范》，出台了《教育部关于进一步加强和改进师德建设的意见》，要求加强对教师入职的政治把关，实行师德一票否决制，强调师德建设既是学校工作考核和办学质量评估的重要指标，也是高校广大教师资格定期注册、业绩考核、职称评审、岗位聘用、评优奖励的首要内容。①

（2）舆论约束

舆论是社会中相当数量的人对于一个特定话题所表达的个人观点、

---

① 张烁：《铸师德，靠什么》，《人民日报》2013年7月11日第18版。

态度，它对人的行为具有约束作用。舆论约束的重点，一是舆论宣传；二是评价监督。高校要通过舆论宣传大力弘扬真善美、鞭挞假丑恶，要借助多方力量构建较为全面的师德评价监督体系。在高校教师思想政治工作中，构建长效机制，重点靠教育，抓手是宣传，核心是考核，关键是监督，突破口是奖惩。《国务院关于加强教师队伍建设的意见》明确指出，要"建立健全教育、宣传、考核、监督与奖惩相结合的师德建设工作机制"，"建立师德评价体系，形成师德正向导向机制。师德评价体系应该涵盖思想政治、教书育人、爱岗敬业等多个方面"[①]。要构建社会、学校、教师、家长、学生"五位一体"的监督网络，特别注重搭建面向社会、教师、家长、学生的意见箱、投诉电话等监督举报渠道和反馈平台，建好舆论评价监督体系。

（3）惩处约束

教育行政部门和高校要依据教育法、教师法、教师资格条例、教育行政处罚暂行实施办法、事业单位工作人员处分暂行规定等法律法规，遵循公开、公平、公正，教育与惩处相结合的原则，以教育帮扶为主，惩戒为辅，对违纪违规的教师作出相应处理；对已涉嫌犯罪的教师，应当移送司法机关依法追究刑事责任。对于触犯"底线"，尚不构成违法犯罪的情况也应出台相关惩戒制度，一旦违规违纪，应依规令其退出教师队伍。

（4）自我约束

在所有约束机制中自我约束是最高层面的约束，也可以称之为自我修养或自律。《左传》提到："太上有立德，其次有立功，其次有立言，虽久不废，此之谓不朽。"首先人生最高的境界是立德、实现道德理想，其次是追求事业、建功立业，再次是知识渊博思想深邃、著书立说。宋理学家张载曾言："师范也者，学子之根核也。师道不立，而欲学术之能善，是犹种粮莠而求稻苗，未有能获也。"[②] 孔子一贯倡导教师要以身作则，为人师表，特别提到："子师以正，孰敢不正？"而对于学生而言，

[①] 陈加友：《新时期高校教师思想政治状况调查研究》，《教育教学论坛》2014年第4期。
[②] 汪满林：《梁启超高等教育思想探微》，《高等理科教育》2014年第3期。

"亲其师，则信其道；信其道，则循其步"，"其身正，不令则行。其身不正，虽令不从"。可见，自律是保证教师具备高尚师德的一种重要品质。唐朝开元名相张九龄曾言："不能自律，何以正人？"在高校教师思想政治工作中，广大高校教师的自我约束就是"自律""自省""慎独"。高校教师理想信念模糊，思想政治觉悟较低，信仰缺失，爱国意识淡薄等问题的出现，除了受外界因素的影响以外，和高校教师自身的原因也是分不开的。因此高校教师在工作、生活和学习中，一定要严格要求自己，加强自我教育，增强辨别是非的能力，自觉抵制西方自由化思潮和意识形态的冲击，树立正确的世界观、人生观和价值观。各高校应引导广大教师实现自我约束、自我管理、自我评价、自我反省、自我批评、自我调控和自我教育，并促进他们通过自己要求自己，变被动为主动，自觉地遵循法律、公德，约束自己的言行，不断在德行、学问、爱心和授业技能等多方面加强修养，为国家前途、民族命运尽心、尽职、尽责。

第十四章

增强新时代高校教师思想政治工作实效性

高校教师肩负着立德树人的崇高使命，他们的思想政治状况具有很强的示范性，不仅关乎自身的思想觉悟、政治立场、道德品质和世界观、人生观、价值观等个人素养，也关系到所教育学生的思想培养和人格塑造。重视高校教师思想政治工作，着力提高他们的思想政治素质，是推动高等教育发展的重要保障。在全面深化高校教师队伍建设改革中，教师思想政治工作是一块短板，还存在实效性不强的困境。立足高校实际，针对当前高校教师思想政治工作实效性不强的现状，着重分析其深层次原因，在此基础上提出推行去行政化改革、加强政治理论学习、重视理想信念教育、发挥文化育人作用、强化党的思想引领、创新思政工作方式、深化师德师风建设、加强考核评价监督等有效措施。

教育是民族振兴、社会进步的重要基石，教师要严格要求自己，不断完善自己，要执着于教书育人，有热爱教育的定力、淡泊名利的坚守。加强高校教师思想政治教育，对促进教师的全面发展和提升高校教学质量，都具有重大和深远的意义。如何激发高校教师树立崇高的职业理想？如何建成一支理想信念坚定、本领过硬、品格高尚的高素质教师队伍？习近平总书记在北京大学的讲话为我们指明了方向，他说："教师思想政治状况具有很强的示范性。要坚持教育者先受教育，让教师更好担当起学生健康成长指导者和引路人的责任。"① 可见，新时代全面深化高校教

---

① 习近平：《在北京大学师生座谈会上的讲话》，人民出版社2018年版，第4—5页。

师队伍建设改革的关键是增强教师思想政治工作实效性，这也是高校需要破解的难题。

第一节　新时代高校教师思想政治工作的实效性现状

高校教师思想政治工作实效性是指思想政治工作预期目标达到的程度和思想政治工作任务实际完成的状况，其主要体现在高校教师思想政治工作的纵横向效果对比上，纵向进行历史性对比，横向考究不同思想政治教育形式的效果和教师的受教育影响。近几年，各地区各部门各高校采取了一些举措加强高校教师思想政治工作，也取得了一些可喜变化，但实效性不强的问题依然存在。诸如政治信仰迷茫，理想信念模糊，思想觉悟不高，职业道德淡化，言行失范等现象还在一定范围内存在。

一　政治信仰迷茫

信仰是人们对认定体现着最高生活价值的某种对象的始终不渝的信赖和执着追求。一个国家的强盛、一个民族的进步，有赖于正确信仰的引领和支撑。同样，高校教师队伍的强大，也需要政治信仰的引领和支撑。随着高校招生规模的扩大，教师数量也不断增大，教师的思想政治素质出现了参差不齐的现象。调查表明，当前绝大多数高校教师政治立场坚定，但在社会上的负面影响下少数教师政治信仰有所削弱，存在一些困惑和迷茫。在新媒体时代，享乐主义等不良思潮冲击着教师的思想，非主流价值观与许多诱惑都对高校教师的政治信仰产生了一定的影响。一些教师政治信仰还停留在感性阶段，没有形成深入系统的理解，也就难以做到内化、当作信仰追求。思想与行为的脱节也是当下少数教师信仰弱化的一种表现，再加上西方意识形态的渗透，很容易造成部分高校教师精神空虚、政治信仰迷茫。

二　理想信念模糊

高校教师思想状况的主流是积极向上的，但在社会主义市场经济背景下，一些人陷入利益第一的思想误区，也有少部分教师在思想观念方面存在一些矛盾与困惑，极少数教师也深受该思想的误导，出现理想信念不坚定现象：有的教师存在着对党的路线、方针、政策关注不够，缺乏政治敏锐性和责任意识；有的教师思想政治观念淡薄，只教书不育人，忽视帮助学生树立正确的"三观"和道德观，甚至迎合学生的某些不健康意识；有的教师在学术上出现急功近利心态，表现为实用主义盛行，总以自我发展的视角去认识政治问题，在课题研究和发表论文等方面肯下功夫、肯出力，把评奖评优、职称晋升作为实现个人价值的一种手段，参与政治活动都是以实现个人利益为出发点；有的教师不能理性对待社会发展过程中的各种困难，对于社会主义道路产生怀疑；有的教师看到当前社会中的一些不良现象，出现理想信念的动摇。这些现象致使部分高校教师无法正确引导学生，不利于大学生的健康成长。

三 思想觉悟不高

高校教师的基本职责是教书育人，是一个培养人才塑造人才的职业，其思想觉悟会在工作中一点点影响到大学生。调查表明绝大多数高校教师思想觉悟高，然而少数教师会出现思想觉悟不高的现象：有的教师缺乏自身修养，人生追求逐渐淡化，为了获得更多额外的报酬，经常从事学校之外的社会兼职工作，这些工作大量占用其本职工作的精力；有的教师不注意自身形象，工作浮躁，态度不严谨，课前准备不认真、课堂讲解不热情，上课不沟通，下课不交流；有的教师责任感不强，明显趋利，只注重完成教学科研工作，不愿意担任班主任，很少参与学生教育管理工作；有的教师以自我为中心，重享受轻奋斗、重物质轻精神，政治观念淡化，集体主义意识淡薄，爱国情结薄弱。这些虽是个别现象，但也会损害教师的形象，不利于教师队伍的整体发展。

四 职业道德淡化

习近平总书记以"无上光荣"这四个字形容教师这一职业："人

民教师无上光荣，每个教师都要珍惜这份光荣，爱惜这份职业，严格要求自己，不断完善自己。"① 但有的高校教师在选择教师作为自己的职业时，仅把教师当作一种工作和谋生手段，没有自身职业发展规划，也没有考虑到教师是一份神圣的职业，更没有考虑到教师负有教书育人和立德树人的责任。有的高校教师对如何在教师职业上成长缺乏清醒的认识，忽视自身职业道德素养的提升，在价值取向上表现为自我化的特点，思考的不是如何培养好人才，而是如何更好地利用各项政策为自己谋利益。有的高校教师缺乏对教育事业的忠诚，责任心淡化，对学生缺少关心，认为课外辅导是额外劳动，经常以精力不足而推辞。有的高校教师在以科研成果、工作业绩为主要指标的考核制度下，重业务轻德育、重科研轻教学，爱岗敬业精神出现缺失现象。有的高校教师总是关心着自己的职称晋升和岗位提升，把更多的时间和精力放在能够明显带来显性收益的工作上，职业道德有所淡化。

第二节　新时代高校教师思想政治工作实效性不强的成因分析

当今世界发生的广泛变化和当代中国发生的深刻变革对教师思想产生了复杂影响，高校教师思想政治工作的实效性会受到社会思潮、教师职业认同度、思想政治教育内容、思想政治教育形式和思想政治评价激励机制等多种因素的影响。教育管理部门与高校可以通过专题研究，把握新时代高校教师思想新动态，找到问题症结并采取有效的应对举措。

一　社会思潮的不良影响

信息时代扩大和加快了各种社会思潮的传播面和速度，使得多元社会思潮对高校教师的影响不断加深。随着我国市场经济的发展，功利主

---

① 习近平：《坚持中国特色社会主义教育发展道路　培养德智体美劳全面发展的社会主义建设者和接班人》，《人民日报》2018年9月10日第1版。

义社会思潮日益盛行,追功逐利成为社会的"时尚"。① 例如当前,一些人为了满足自身虚荣心理在朋友圈等炫耀消费水平。越来越多的高校教师受到快速挣钱、超前消费、贪图享受为特征的畸形消费文化的影响,并深陷其中、难以自拔。同时,社会生活以获利为驱动,以消费为目的,淡化对精神思想的追求,影响到思想文化意识形态。此类错误思潮在高校教师中得以传播,致使少数教师不再愿意吃苦耐劳,缺乏艰苦奋斗的精神,放松了自己应尽的责任与义务。

二 教师职业认同度不高

高校教师与社会上有些行业相比工资收入较低,收入对支撑住房、养育子女等开支而言显得捉襟见肘,同时承受着教书育人、职称头衔、工作婚姻家庭生活和科学研究等多重压力,在这种低收入和高压力的鲜明矛盾下容易产生职业困扰。受市场经济影响,少数教师过度地追求功利主义、实用主义、物质主义,过于追求物质回报,职业理想缺失,奉献精神不足,责任感不强,职业认同度较低,也会形成职业倦怠。有的高校教师是被迫选择教师职业,不是基于教育的本真和教师的初心,想的是少付出少劳累,而这又形成一个恶性循环,少付出少劳累往往得不到学生的认同,领导的肯定,学校的奖励,难以实现自我价值和提升职业声望,因而职业幸福感与获得感很低。

三 教育内容缺乏针对性

当前大多数高校的教师思想政治工作内容主要是政治理论学习、意识形态引导、中华优秀传统文化教育和爱国主义教育。思想政治教育工作在加强教师能力建设,关心关怀教师的成长、发展,研究解决具体问题方面存在滞后性,容易使教师对思想政治教育产生逆反心理。高校教师由于自身的知识水平、经验阅历以及思想道德素质存在差异,在接受思想政治教育过程中精神状态也不一样。因此在开展教师思想政治教育

---

① 宋晓松:《高校教师思想政治教育研究》,《牡丹江师范学院学报》(哲学社会科学版) 2016年第4期。

时，如不能分析个体之间的差异，分层分类开展有针对性的差别化教育，则容易导致思想政治教育工作实效性不强。另外，高校教师思想政治教育工作对教师在工作、生活、学习、情感等方面遇到难题缺乏好的应对能力，不能很好地帮助调适，很容易走向极端。

四 教育形式缺乏吸引力

从目前的高校教师思想政治教育情况来看，思想政治教育形式相对落后，对网络时代的高校教师早已失去了吸引力，更缺乏说服力，存在教育形式单一、时效性差等问题。传统的教育形式过于固化，多数仍然沿袭讲座、报告会等模式，该方法吸引力不足，同时实效性也越来越小，甚至在师生中产生应付情绪，从而导致教育走形式轻效果，甚至只是流于表面的形式。在教师思想政治教育建设的实践中，传统宣传教育形式，没有利用好互联网这一平台将教育的形式与时俱进，增加其新鲜感，因而就调动不了教师积极参加学习的主动性和积极性。有的思想政治教育工作者没有从教师的个性特点出发采用贴近高校教师特点的思想政治教育理论和手段，而是粗暴灌输，容易引起教师的抵触。思想政治教育工作只有运用合适的方法，才能密切联系教师生存发展中的各种困惑，提供更具有吸引力的内容和服务，做到有的放矢。

五 评价激励机制不完善

评价激励是促进教师思想政治教育工作的有效手段，教师思想政治教育评价激励机制在整个教育工作中占据十分重要的地位，只有通过评价激励把教师的积极性调动起来，才能实现教育效果的最大化。但当前高校教师思想政治教育却缺乏有效的评价激励机制，导致这一教育活动的实效性不强。有的高校在开展教师思想政治教育工作过程中，没有建立系统性的教育评价机制，没有运用多样化的考核制度和综合评价标准，难以科学地评价教师的思想政治素质。有的高校虽然建立了教师思想政治教育工作评价机制，但是并未将思想政治教育工作作为教师年度考核、职称评聘以及职务晋升的主要依据，很难激励教师不断提高自身的思想政治素质。只有按照高校教师的实际需求采取精准的评价激励手段，才能有效地调动教师工作的积极性和教书育人的主动性。

第三节　新时代增强高校教师思想政治工作实效性的途径

高校教师思想政治教育工作是一项系统工程，需要充分调动学校各级各部门的力量。增强高校教师思想政治工作实效性需要着力从推行去行政化改革、加强政治理论学习、重视理想信念教育、发挥文化育人作用、强化党的思想引领、创新思政工作方式、深化师德师风建设、加强考核评价监督等方面影响教师，提升教师为人师表、教书育人的意识。

一　推行去行政化改革

当前，我国高校依然存在教育行政主管部门以行政权力过度干预高校管理，高校内部以行政权力过度干预学术和教学的"行政化"现象，束缚了高校办学自主权的落实。从政府角度来看，"行政化"主要表现为政府对高校的管理和控制太多、太强，管办评不分；从高校内部权力运行机制来看，"行政化"主要表现为行政权力与学术权力的关系失衡，各种资源集中在机关和行政部门。高校行政化影响了大学正当的价值追求和学术的良性发展，钳制了高校学术创新能力，削弱了教师的认同感和凝聚力。高校"去行政化"就是要解决政府部门对学校管理的行政化和学校内部管理的行政化两个方面的问题，让学者真正处于大学的中心，让教师拥有一种富于创造性的教学科研环境和一种充满文化情趣的生活方式，真正成为学校的主人，感受到作为一名高校教师的尊严和快乐。

（一）政府部门对高校管理的去行政化

高校外部去行政化，需要转变政府职能，明确政府权限，减少行政干预。一是要完善高等教育法制体系，推进依法治校。通过修订《高等教育法》，理顺政府与高校的关系，对政府权力形成有效的法治规制，为高校的自主办学提供法律保障。二是要在具体的制度设计上做到教育管理、自主办学、社会评价，三者分离。明晰政府、学校和社会之间的权责利关系，形成长效机制促进三者之间良性互动，加快转变政府职能，构建政府依法进行管理、学校依法自主办学、社会依法参与监督的高校治理新格局。三是要改变政府对高校的管理行为，扩大高校的办学自主权。政府对高等教育宏观管理的职能就是调控和服务，此即政府管理高校的边界。政府教育行政部门应转变高等教育行政观念，尊重和遵循教育与学术逻辑，减少对大学教育与学术的不当行政干预。

（二）高校内部管理的去行政化

高校内部去行政化，需要平衡行政权力与学术权力之间的关系。一是要强化大学章程的约束，划分高校内部学术权力、行政权力边界，明确各方的职责权限、决策程序，不断提升高校治理的制度化水平，形成办学自主权全面有效行使的机制。二是要完善高校学术决策体制，建立有效的学术管理决策模式，提高以教授为代表的学术力量在高校内部治理中的话语权，确保教授拥有学术自主权，实现"专家治校""教授治学"，使高校回归其学术本位。三是要突显师生的管理权，建立由师生组成的非行政化的决策咨询机制。弱化高校师生的"被管理者"身份，强化其管理身份，让师生全程参与决策而不是行政决策之后仅仅让师生去执行，形成制衡行政权力的力量。四是要实行依法监督，完善民主监督程序。构建高校管理和决策的民主制度，通过教代会、学代会等制度为学校的科学管理建言献策，对学校重要管理职务进行民主评议与考核，保障师生群体在民主管理中的权利。

二 发挥文化育人作用

高校教师思想政治教育过程实质上是将先进文化成果内化为教师个人内在力量的过程。在教师思想政治教育工作中发挥文化育人作用是实施渗透教育的有益尝试，不仅推动了高校教师思想政治教育的文化融入，而且推动了以文化人的隐性思想政治教育。

（一）中国传统文化和地方精神文化融入高校教师思想政治教育

"讲好中国故事"，客观、全面、辩证地向高校教师展现真实的中国，是中国传统文化和地方精神文化融入高校教师思想政治教育的有效途径。这些见证中国不断成长发展的点滴故事，具有强大的影响感召和强化引领作用，凝聚着浓郁的爱国情怀和民族情感。高校教师受榜样效应潜移默化的影响后，大多都会渐渐地接受榜样标准，进而模仿榜样的方式行事，通过行为的自我调节、自我强化，接受榜样所蕴含的精神文化，无形中形成良好的价值观念。这种隐性化的渗透教育以无意识性的形式传递给高校教师正能量，容易引起高校教师思想的共鸣、情感的认同，从而能够增强高校教师思想政治教育的吸引力、感染力和实效性。

（二）校园文化融入高校教师思想政治教育

校园文化是高校教师成长发展的环境保障，高校应在精神引领、风气培养和环境文化建设等方面全面提升校园文化建设水平，使校园文化建设成为加强和改进教师思想政治教育的有效途径。一是坚持以校园文化活动为载体，做到思想政治教育融入各项文化活动中，营造良好的校园文化育人氛围。二是通过不断变化校园文化活动形式和涉及范围，增强活动吸引力和实效性。

三 创新思政工作方式

当前，新媒体已经成为教师获取资讯和沟通交流的重要平台，移动媒体以其信息的即时性和有效性受到广大教师的青睐。思政工作者要与时俱进，通过积极探索"互联网+"工作模式，利用各种新媒体及时了解教师的思想状况，有针对性地以视频、图片等教师喜爱的形式，积极探索思想政治教育新载体，加强网络思想政治教育阵地、队伍、平台、品牌建设，开展网络文明和网络法制教育，打造特色鲜明、功能互补、多平台联动的网络教育体系。[①]

（一）利用网络平台进行信息推送

契合微媒体时代高校教师的需求和实际，运用微信、微博、APP等"微媒介"平台，采用教师喜爱的网络语言，把"教师思政"教育内容编辑形成动漫、电影、党课，把认真践行教师的初心和使命作为"微倡导"

---

① 夏建国、蔡丽元、王枫：《关于新媒体时代高校教师政治理论学习模式创新的研究综述及启示》，《思想政治课研究》2016年第1期。

推送给教师。① 推送的"微内容"要有丰富的理论基础,也要结合教师的实际需求,把理论知识变得形象生动,增强教育内容的艺术性,从而产生"先声夺人"的效果,在教师群体中引起思想共振、心理共鸣。

(二)利用网上精品栏目进行互动

高校可创建独具特色的网上栏目,通过手机 APP、电台、广播等对教师进行良性互动与适当引导。一是利用手机 APP 等平台,通过新闻推送、教育信息发布、主页展示等互动栏目进行评论、转发、分享,让话语暖起来。② 二是利用微视频、微动漫、微电影,将学习教育内容形成视频短片,并将微视频展播,利用微博转发、点赞开展互动,学习教育更形象、更生动,使教师得到启发与触动。三是利用微媒体开展高校教师"师德标兵""我心目中的好老师"的评选活动,通过投票、网络展示等方式进行互动,宣传高校教师的先进事迹,不断提高教师的影响力。③ 四是可以设置"老师,我想对您说"等栏目开展师生互动,让老师聆听学生的心声,激励教师爱岗敬业。

四 加强考核评价监督

新时代加强高校教师思政工作考核评价监督需不断完善高校教师思想政治工作评价机制,将教师思想政治素养纳入高校人才培养考核,开展教师思想政治工作定期调研。

(一)加强对高校教师思想政治工作的考核评价

一是将教师思想政治素养纳入高校人才培养考核。将教师思政工作开展情况纳入学位点申报、学科建设、人才培养评估等申报工作考察指标。二是不断完善高校教师思想政治工作评价机制。加强对教师思想政治素养的考核评价,并且提高到与教学、科研同等重要的高度。坚持定

---

① 关春兰、梁方正:《自媒体时代高校青年教师思想政治工作探析》,《高教探索》2017年第 8 期。

② 赵明炬:《新媒介文化影响高校思想政治教育接受机制探析》,《黑龙江高教研究》2015 年第 4 期。

③ 李怀杰、夏虎:《大数据时代高校思想政治教育模式创新探究》,《思想教育研究》2015 年第 5 期。

性分析和定量分析相结合、工作评价和效果评估相结合,研究制定系统完备、指标合理、方法科学的评价体系。思想政治考核结果要运用在干部选拔、职称评定、骨干教师认定等工作中,激励教师自觉加强思想政治教育。

(二) 加强对高校教师思想政治工作的监督

一是建立健全一岗双责的教师思政工作责任追究机制。建立高校教师思政工作责任清单,加强对高校各级领导干部的监督,推动各项工作落地生根、开花结果。建立领导干部抓教师思政工作述职评议考核制度,对履行不力的,要追究主体责任。二是完善教师思想政治工作定期调研、重大问题报告、舆情快速反应机制。① 定期研判教师思想政治工作成效,推动高校教师思想政治工作往深里走、往实里走、往心里走。

第四节 新时代增强高校教师思想政治工作实效性成功经验的个案分析

近年来,厦门大学在学校思想政治工作中不断加强教师思想政治工作,注意落实中央和教育部要求,参考兄弟学校经验,从关键节点、环节弱点、工作难点上进行攻关,强化系统性、协同性,夯实基层党建根基,努力引导教师崇德尚业、立德树人。

一 加强组织领导

学校在统筹党的建设和制定事业发展规划中把教师队伍建设、开展教师思想政治工作作为基本的内容,列为事业发展的保障性措施。党委常委会经常研究教师思想政治工作。学校党委、行政部门负责进行教师思想政治工作顶层设计,制定教师队伍建设的任务和目标,承担教师思想政治工作的主体责任。明确规定学院党委书记是单位教师思想政治工作的第一责任人和直接负责人,不再另外安排副书记负责教师工作。学

---

① 牛凤燕:《新媒体时代大学生思想政治教育话语的现代转换》,《社会科学战线》2018年第12期。

校通过制定完善内部文件要求教师党支部充分发挥对教师的引领关怀作用。2017 年，厦门大学根据中央文件规定较早设立了党委教师工作部，并确定了专门的岗位编制；2019 年，设立党委人才工作办公室，加强了力量配备。设立机构时，学校注意把握部门之间的内在联系，将教师工作部与宣传部合署，将人才办与学校人事处合署，人才办领导与组织部、宣传部领导相互兼任，努力实现抓思想政治和抓业务发展的有机统一。

二　坚持党建引领

2018 年厦门大学召开第十一次党代会，提出以一流党建引领世界一流大学建设。2019 年学校召开党的建设工作会议，提出以创新基层党建为根基夯实教师思想政治工作基本面。党委通过文件明确教师党支部在教师队伍建设中履行政治把关和师德把关职责，强化党支部团结、带领、教育、服务全体教职工的作用。举办教工党支部书记研讨班、培训班，制定教师党支部书记"双带头人"培育工程实施方案。规定"双带头人"标准，实现党支部书记的集中轮训全面覆盖。完善党支部政治理论学习制度，要求党员教师开展"双周政治理论学习"和所有教师进行团队集体建设，开展"做新时代'四有'好老师和'四个引路人'"，学习实践与"弘扬爱国奋斗精神、建功立业新时代"活动。结合对口扶贫、东西协作，组织教师到革命老区、西部地区开展学习教育活动，传承党的红色基因，坚定党员理想信念。2019 年 6 月学校党委组织党支部书记在对口扶贫单位宁夏隆德县办培训班，参训人员在接受革命传统教育的同时主动为当地干部群众开展多场智力扶贫讲座，返校后还组织本单位教师义务为隆德县办了不少实事和好事，发动更多教师关心、支持参与党和政府的扶贫攻坚行动。

三　注重平台牵引

学校充分挖掘各类专业课程蕴含的思想政治教育元素，打造有情怀的通识课程，通过教师的"课程思政"，引导学生正确认识中国、认识世界，牢固树立"四个自信"。2020 年 1 月下旬新冠病毒引起的疫情暴发后，厦门大学立即组织公共卫生学院、生命科学学院、药学院等单位教师带领部分学生开展应急科研攻关。学校党委迅速组织医学院、人文学院、经济学院、马克思主义学院教师上线开设"疫情防控的历史回望和现实思考"系列讲座，安抚情绪、引导理性思考，把师生引导到同舟共济、科学防控的正确轨道。参与科研攻关和授课的教师在实际工作和与疫情的斗争中经受了考验，受到了锻炼。厦门大学鼓励教师带领学生投身创新创业和精准扶贫事业，将知识有效转化为生产力，进一步助力乡村振兴。2017 年学校修改教师聘任条例，鼓励教师参加挂职锻炼、开展社会实践，"把论文写在祖国的大地上"。学校推行"一站式"学生社区综合管理改革，从 2019 年开始恢复辅导员住进学生宿舍制度，部分学院安排教师轮流入驻学生公寓，向学生公开设立交流时间，与学生面对面交流。学校注意完善本科生导师制，加大对研究生导师的培训力度，进一步发挥导师在思想引领和社会主义核心价值观培育方面的作用。

四　加强正向激励

弘扬优良师德师风，在教师队伍建设中强化教书育人的正确导向，大力营造优良校园文化氛围。2015 年，学校邀请部分校友撰写当年任课教师和指导老师呕心沥血、潜心育人的回忆文章，编辑出版《我的厦大老师》一书。书籍出版后，学校党委将该书赠送给全校所有在职和离退休教师，并作为学校赠送新入职教师的"礼物"，极大地激发了"厦大老师"的集体荣誉感。学校加强教师荣誉体系建设，举办新教师"第一堂课"引荐勉励仪式、优秀教师表彰和老教师荣休仪式，彰显尊师重教传统，传承爱岗敬业精神，激发教师的职业认同感和自豪感。开展全校教学比赛和青年教学技能大赛，鼓励全体青年教师互相观摩学习。评选"我最喜爱的十位老师"，开设"师德师风讲堂"，深度挖掘教师坚守讲台、无私奉献、甘为人梯的感人事迹。建设教师发展服务机构，主动服务教师教学能力和业务水平的提升。选派教师参加对口支援项目，到中央和国家机关、地方政府、大型企业、基层乡镇或驻外机构挂职任职，拓宽教师的事业领域和贡献渠道。2019 年，厦大美籍教师潘威廉为中国代言的故事产生强烈的社会反响，不仅展示了外籍教师对中国的热爱，而且对广大国内教师也产生了巨大震动。

五 强化制度约束

学校把制度建设摆在突出位置,坚持科学管理、严格要求,研究制定进一步加强和改进教师思想政治工作的实施意见、贯彻落实新时代高校教师职业行为准则和处理师德失范行为的实施办法等,形成较为完整的教师思想政治工作制度体系。2016 年,厦门大学落实《教育部关于建立健全高校师德建设长效机制的意见》,制定教师违纪处分条例,强化了对教师行为的纪律要求,后又根据《教育部关于高校教师师德失范行为处理的指导意见》进一步完善了处理办法,将社会关注度较高的遵守学术规范、教学纪律和互联网管理法规,正确处理师生关系和认真执行科研经费使用管理规定等问题分别进行细化要求。学校坚持政治标准和学术标准相统一,完善"入职"考察机制,突出师德考核的重要位置,将考评结果作为教师职务晋升、导师遴选、人才项目推荐、课题申报、评奖评优、出国研修等的重要依据,对师德考评不合格的教师予以严格限制。

第十五章

新时代高校教师思想政治工作的现实困境与路径选择

教师是教育发展的第一资源，高校培养社会主义建设者和接班人关键在教师，做好高校教师思想政治工作意义重大、影响深远。当前，我国高校教师思想政治工作状况总体保持健康向上的态势，在新的国际环境和社会环境中也面临观念性、方法性、制度性等困境。针对新问题，基于协同理论提出落实教师发展保障制度，建立高效的工作体系，输送高品质教育资源，打造高水平服务供给，营造向上的校园环境等破题策略，提升高校教师的思想政治素质，激发高校教师育人工作的积极性、主动性、创造性，进而为高校落实立德树人的根本任务打下坚实的队伍基础，推进铸魂育人。

立德树人的成效是检验学校一切工作的根本标准，教师是教育发展的第一资源，是完成"立德树人"这一任务的基础。习近平总书记强调，高校教师要坚持教育者先受教育。教师自己首先要明道、信道，才能引导学生扣好人生第一粒扣子。当前，高校教师思想政治状况较好，幸福感和获得感明显增强。同时也应看到，少数高校教师理想信念模糊、职业道德与职业情感淡化、执教能力薄弱，个别教师不能为人师表、言行失范；高校对教师思想政治工作重视不够、工作方法不够创新、工作针对性和实效性不强。为此，科学把握高校教师思想政治工作的现实困境、寻求路径创新就值得挖掘与探讨。从协同理论的角度来看，系统内部各组成部分的相互作用是系统能否发挥协同效应的关键，当系统朝着又好又快的方向发展，证明其内部协同效果呈现出良好态势。① 本

---

① 宓旭峰：《高校思想政治教育生态系统协同创新研究》，《高教探索》2018年第7期。

研究将基于协同理论角度，从多维角度思考建构高效的思政工作体系路径。

第一节　新时代高校教师思想政治工作的现实困境

高校教师思想政治工作在改进中不断加强，切实提高了教师的获得感。但是高校教师思想政治工作也存在着不容回避的问题，这些问题有的是客观因素所致，有的是高校主观上重视不够，调查显示当前存在的问题主要表现在以下五个方面。

一　重科研轻育人的思政教育二元悖论

目前，部分高校过分强调科研和学科建设在学校发展中的作用，以科研和学科建设为中心，片面地要求教师做好科学研究，对教师的思想政治教育工作重视不够。一方面，在评职称和年终考核时以科研成果为主，一些教师在考核的重压和引导下就会花大量的时间和精力进行科学研究，对于教师的思想政治工作不够重视。另一方面，有些教师认为自己的学术水平高，自然思想政治素质也高；有些教师认为做好学问就可以了，思想政治教育可有可无；有些教师认为政治理论学习跟自己的教学科研工作没有多大关系，学学就可以了。此外，一些教师出于自身岗位晋级、评优奖励的压力，客观上大部分时间都用在了教学科研上，思想政治学习很少，无心顾及自身思想政治素质培养的状态，存在重学术轻思想政治工作、重科研轻课堂教学现象。

二　思政工作缺乏亲和力囿于形式主义

一方面，有的高校负责思想政治工作的领导干部缺乏对新形势的深入思考，缺乏对思想政治工作对象的思想实际的准确把握和了解，经常以开会和文件学习的形式来开展教师思想政治工作，囿于形式主义，从而导致思想政治工作针对性不强。另一方面，教师思想政治教育工作缺乏创新，凭经验办事，工作拘泥于传统的方式方法，时代性不强，没有准确把握思想政治工作的规律，从而导致思想政治工作缺乏吸引力。此外，一些高校教师对政治学习活动不重视，参与政治学习的热情不高。有部分高校教师认为思想政治教育比较空，缺乏时效性，其内容对高校教师适用性不强，不能满足自身发展的需求，因而对思想政治工作的认同与内化缺失。

三 教师师德师风缺位趋向功利主义

我国高等教育改革在不断深入，高校教师有了更多的社会服务机会，从校外获得收益的概率增大，相对而言逐渐淡化了对学校的归属感。教书育人工作被有些高校教师仅仅看作谋生的手段，对待学生和对待工作缺乏情感，师德水平也有待提高。有的教师将自身角色仅仅定位为教书匠；有的教师一味热衷于科学研究；有的教师不停地在"走穴"赚钱；有的教师急功近利、心浮气躁、追逐虚名，不能静下心来专心治学、倾心育人。把自己定位为教书匠的教师，上课就来，下课就走，学生成长中的思想困惑、心理健康、精神关怀等问题没有被纳入教师职业的视野。把自己定位为研究者的教师，终日埋头于论文和课题之中，关注的是成果数量和科研经费，至于学生的需求和在参与研究的过程中学到了什么并不在他们的视野之内。

四 教师言行道德失范不能为人师表

高校教师言行失范表现是多方面的，包括无意识的言行失范，价值观出现偏差的言行失范，职业压力造成的言行失范，师德情感冷漠缺乏爱心的言行失范，育人意识淡薄缺乏责任心的言行失范，敬业精神不足缺乏进取心的言行失范，师表形象不佳缺乏修养的言行失范，道德沦丧出现的言行失范行为等。具体表现有：工作和生活中遇到挫折面对学生大发牢骚，宣泄自己的不满情绪；发表不利于学生健康成长的言行；以家长的社会地位来决定对待学生的态度；支使学生跑腿办私事；向学生推销学习用具，收受家长礼品礼金，向家长索要财物，违规收取招生劳务费，违规收取管理服务费，挪用公款，套取勤工俭学资金等利用工作之便谋取不正当利益的行为；丑化党和国家领导人形象、曲解党和国家政策、诋毁英雄模范人物等不当和错误言论；敷衍教学，批阅试卷中失职舞弊，在阅卷过程中违规为学生更改分数，招生考试中存在考试舞弊行为；学术不端、买卖假学历证书；向学生发送淫秽性语言，与学生发生不正当关系等。这些违反师德师风要求的行为，虽属个别现象，但其性质恶劣，影响极坏，严重损害了高校教师的社会形象和职业声誉。

五　教师价值观偏差受不良社会思潮影响大

"互联网+"时代，信息传播的门槛被史无前例地降低，网络不仅吸收和传播以社会主义核心价值观为主流取向的正面信息，同时也容纳和传递反映西方资产阶级自由化意识形态及人生价值观的大量负面信息。[①] 从西方输出的各类负面信息，以潜移默化的方式渗入高校教师的思想意识之中，深刻影响着高校教师的价值观念。新媒体的广泛运用，深刻改变着广大高校教师的思维方式。当前，西方社会的网络强势话语正在削弱高校教师思想政治工作的主导力，多样化网络思潮的话语表达稀释了高校教师思想政治工作的辐射力，代表不同社会分层的网络话语离散了高校教师思想政治工作的整合力。良莠不齐的网络信息潜移默化地影响着高校教师的思维模式与价值判断，使其容易出现对我国社会主导价值观以及对自身应有的积极向上的价值观的偏离和行为失范。

第二节　当前高校教师思想政治工作陷入困境的原因

一　高校教师思想政治工作受重视程度不够

相对于高校教学等其他工作而言，教师的思想政治教育受重视程度不够，经常是处在说得多做得少的状态。一方面，当前高校竞争日趋激烈，外界对高校发展评判的标准主要是教学科研工作和学科建设的好坏。

---

① 石若坤、胡宜安：《"互联网+"时代高校思想政治教育的新常态》，《高教探索》2018年第6期。

为了提高学校的知名度，有些高校把整体工作的重心放在学科建设和教学科研工作上。另一方面，部分高校内部评价体系主要是围绕专业建设、科研成果等方面设定。这些高校将主要精力放在学校声誉上，大多关注课题、论文和杰出校友的数量，工夫下在提升学校"层次"和"排名"上。此外，在学校考核指标的指挥棒下，教师容易出现学校考核什么就做什么的策略。各高校一般不会把教师思想政治素质作为核心考核指标，思想政治教育不太受教师重视。

二 高校教师思想政治工作的内容和形式单一

高校教师思想政治教育的内容相对单一，形式也趋同，灵活性和适应性差，不能满足教师个性化、多层次的需求，不太受教师的欢迎。高校教师思想政治教育活动多数还是进行集中学习，主要是以听报告或者念稿子的形式来传达文件，比较枯燥乏味，教师参与的热情不高。一方面，教育内容与教师需求存在距离。一些高校对党的创新理论理解不透，对教师的切身问题关注不多，导致教师期盼的有效供给不足。思想政治教育缺乏对教师生活和工作的关注，还不能满足教师日益增长的需要和主体意识的觉醒。另一方面，教育形式缺乏创新，导致思想政治教育缺乏吸引力。在互联网时代背景下，教育者在信息方面的优势渐渐消失，如果还是运用"开开会议"的"老办法"，很容易使教师产生抵触情绪，从而事与愿违。

三 高校教师思想政治工作的制度不健全

健全的教师思想政治工作制度是有效开展教师思想政治教育的重要保障。目前部分高校的教师思想政治工作制度尚未建立健全。一方面，相关的考评制度不健全。高校的上级主管部门对高校开展教师思想政治工作方面的监督考评机制还不健全，还没有将教师思想政治教育作为高校十分重视的"双一流"建设等项目的考评指标。部分教育主管部门和高校缺乏对教师思想政治工作的监督，也没有制定严肃的问责制度。这就容易导致教师思想政治工作在高校考评制度中体现不足：一些高校还没有制定相关考评制度；一些高校考评制度难以操作；一些高校存在重业务、轻思想的现象，① 教学科研考评制度内容翔实，而涉及教师思想政治工作的内容较少。另一方面，有些高校教师思想政治工作责任不明确，难以形成良好的工作局面。由于高校很多行政职能部门都涉及教师管理的工作，各部门存在职能交叉等情况，从而容易出现管理盲区，难以形成固定的、延续性、连贯性的政策。

四 高校教师思想政治工作受多元化思潮的冲击

当今世界，文化交流、交融、交锋日益频繁，面临各类因素的挑战。一方面，随着改革开放的深入，"一带一路"的推进，经济全球化进程在不断加快。特别是党的十八大以来，我国以更大力度实施对外开放，我国的开放大门越开越大，教师思想政治工作的环境也在快速变化。伴随着各种文化相互激荡，高校教师思想政治工作也从封闭走向开放，多元化社会思潮威胁着社会主义核心价值观。西方发达国家从多方面对高校教师进行渗透，带来严峻的挑战。另一方面，随着高等教育国际化的深入推进，高校教师队伍中引进了大量具有海外经历的教师，他们不可避免受到西方文化的影响，就容易崇尚西方价值观。此外，高校部分教师在多元化社会思潮的影响下，会出现功利主义的思想。由此导致缺乏事业心，一味追逐金钱利益，职业道德丧失。

五 高校教师思想政治工作支持体系相对薄弱

高校教师思想政治工作体系还不健全，党组织在教师思想政治工作中的主导作用缺失。一方面，有些基层党组织相对薄弱，开展高校教师思想政治工作没有想法，也没有方法。一些教师党支部在教师中的影响力较弱，对开展教师思想政治工作本领不强、腰杆不硬、底气不足，党组织生活质量不高。另一方面，教师思想政治工作主管职能部门相对薄弱，还没有建立高效的网络体系，缺乏专门的工作力量，难以形成齐抓共管的合力。一些高校的教师思想政治工作出现了管理机构设置不到位、

---

① 李辉、光焕竹：《关于构建高校教师思想政治工作长效机制的思考》，《思想理论教育》2018年第7期。

人员配备不到位的窘境。此外，一些高校虽然成立了"党委教师工作部"等部门专门管理教师思想政治工作，但该部门多数也是与人事处等部门合署，俗称"一套人马，两块牌子"，还不能统筹解决教师思想政治工作中的问题。

第三节 高校教师思想政治教育工作的路径选择

科学把握高校教师思想政治工作的现实困境，从高校教师思想政治工作的观念、方法和制度等方面进行创新，破解发展瓶颈，基于协同理论，从制度保障、体系建设、资源配置、供给侧改革和校园环境建设五个方面优化内在结构体系，寻求发展动力，增强工作的针对性和实效性。

一 落实教师发展保障制度

（一）实施教师"职业准入"制度

设置合理的"职业准入期"，执行高校教师任职资格准入制度，要求高校教师入职前必须坚持正确的政治方向，忠于高等教育事业，具有较好的思想品德，拥有扎实的马克思主义理论基础和一定的教学能力、科研水平。[1] 评估方式可以采用笔试和面试相结合的方式，笔试主要考察教育学知识、心理学知识、教育法律法规等，面试主要考察应试者的语言表达能力、逻辑思维能力和教育实践情况。高校教师准入标准可以从教育信念、专业知识、学术研究、教育技能、指导评价学生、人际交往能力这六个方面来设定。具体评估可以从语言交流评估、职业技能评估、解决问题能力评估、职业态度评估、思维能力评估五方面开展。这些教育实践能力有利于入职者成为一个符合现代社会发展的教育者。

（二）完善教师培养制度

如今，大多数高校没有建立良好的教师培养制度，出现了"重引进轻培养"的不良情况。高校愿意不惜重金引进专家，却不愿多花经费培

---

[1] 戚文闯：《民国时期大学"教授治校"制度的特点分析》，《高教探索》2020年第10期。

养现有教师。现状是教师培训机制不够完善，参与培训的机会少，支持教师进行培训的经费不够。高校要不断完善教师队伍的培养制度，通过"外引内培"建设一支素质高、能力强的教师队伍。通过"建立各种平台、严格培训制度、强化参与实践"等方法，不断拓展教师成长发展空间，增加教师职业的吸引力，激发教师培育人才的潜力。建立制度开展定期的教学实践分阶段培养和跟踪性培养，并进行阶段小结汇报。同时，高度关注教师不同阶段的变化和遇到的瓶颈，建立相应的辅导机制，促进教师间的学习与交流。

（三）建立教师地位和待遇保障制度

高校吸引优秀人才从事教育事业，需要不断提高教师的地位，使高校教师能够全力投入工作，同时要让社会上尊师重教的良好风尚深入人心。薪资是对高校教师育人工作的直接肯定，是高校教师实现自我价值的一种体现，也是高校教师判断其是否得到学校认可和肯定的一个重要标准，提高教师薪资待遇可以极大调动高校教师工作的主动性和积极性。薪资待遇的不断改善能够稳定教师队伍。这需要进一步完善高校教师地位和待遇保障机制，出台相应制度性文件，明确学校和地方政府职责，实行教师待遇保障清单式管理，开展督导核查，严管到底，防止反弹，真正将保障高校教师工资待遇的政策落实到位，创设良好的教书育人环境。

（四）完善大学治理结构实施"教授治校"制度

新时代大学治理需要探索新的发展理念。在党委领导下的校长负责制，进一步推进大学权力分配改革，有效改进大学内部治理结构，走出中国的"教授治校"之路。① 通过制度设计实现"依法治校、教授治学、民主监督、社会参与"。"教授治校"确立了教授在大学决策管理中的主人翁身份地位，为大学的学术自由和稳定提供了很好的制度保障。建立和实施"教授治校"制度，推动教授参与大学治理的角色合法化，这种民主管理风格提升了教授在高校的地位和声望。② "教授治校"的实施，

---

① 张继明：《知识生产模式变迁视角下大学治理模式的演进及其反思》，《江苏高教》2019年第4期。

② 郭强、胡金平：《取其形，舍其神：近代大学评议会制度的外部起源、内在理路及评价》，《高教探索》2020年第6期。

从根本上提高了学者们对人才培养和教学科研的热情，因为这种理念是让最有学术头脑的人管理大学的学科专业建设。①"教授治校"能够有效激发教授学者们主动参与到学校的建设和发展中来，使大学成为教师找到自身价值的地方。②

二　建立高效的工作体系

（一）建立一体化工作体系

高校教师思想政治教育工作是一项系统工程，需要进行全盘规划、宏观统筹，通过凝聚与整合教师思想政治工作力量，实现系统提升。一方面，要着力转变思想观念，抓好顶层设计，明确责任主体和领导责任，把各项责任抓好、使各项任务落实到位。形成多方因素协同推进、各有分工、相互配合的教师思想政治教育工作合力。③另一方面，要全面搭建党委统一领导、有关部门各负其责、党政齐抓共管、完善合理的一体化领导机制，形成良好的工作格局，一级抓一级、层层抓落实，真正使工作产生实效、落到实处。此外，可设立"党委教师工作部"等师德建设专门机构，形成多部门联动、责权明确、分工协作、多渠道融入、全校教师共同参与的工作机制。

（二）构建行之有效、科学合理的评价体系和工作规程

一方面，要构建教师思想政治教育工作的各级各类责任部门分层分类评价体系。在考核指标的设置上要科学，根据不同部门的特点和职责，分类建立健全涵盖责任、权力和贡献等要素，科学合理、各有侧重的评价标准。对高校职能部门，着重评价其决策、监督、服务等职责；对院系基层管理部门，着重评价其反馈、落实等职责。在评价方法上，要科学合理，运用多指标综合评价方法和基于标杆管理评价方法等。另一方

---

① 杨岭：《中国特色现代大学制度的构建——基于自由与秩序平衡的视角》，《高教发展与评估》2020年第2期。
② 郭强：《"教授治校"之困：北洋政府时期大学评议会的教育立法嬗变及其制度局限》，《济南大学学报》（社会科学版）2020年第2期。
③ 程奎、严蔚刚：《提升高校教师思想政治素质：意义、标准和路径》，《黑龙江高教研究》2019年第1期。

面，要有对高校教师个人的评价。对高校教师个人的思想政治评价要突出师德师风，把它作为评价教师的第一标准，并且采取多种方式进行综合评价。在教师综合评价指标体系中探索建立有效的教师诚信评价机制和基本素养评价机制。对于新引进的教师，还要建立师德筛查机制。

（三）建立党组织主抓的工作机制

一方面，高校党委要发挥好政治核心作用，确保落实党的有关教师思想政治教育工作的决策部署。以政治建设统领院系党建工作，充分发挥院系党组织在教师思想政治教育工作中的凝心聚力作用。另一方面，要加强和规范党内政治生活。完善理论组学习制度，提升理论水平，切实解决基层党组织弱化、虚化、边缘化等问题。此外，依托院系教研室建设党支部，探索支部建设与团队一体化、与平台一体化的路径。树立"党的一切工作到支部"的鲜明导向，在教师党支部落实书记"双带头人"工程，把思想政治工作落实到教师支部，落实到每一个党员教师。充分发挥教师党支部的作用，使教师思想政治工作与业务工作良性互动、双促双推。

（四）严格落实工作责任制

一方面，推动各级党组织担负起意识形态工作主体责任。领导班子对本部门意识形态工作负主体责任，书记是第一责任人，分管领导是直接责任人，其他班子成员对职责范围内的意识形态工作负领导责任。另一方面，建立清单制度。首先是查摆教师思想政治教育工作方面的问题，理出问题清单。然后分析问题，查找原因，制定解决问题的路线图，拟定任务清单。最后，设定解决问题的时间表，明确具体责任人，拟定责任清单。此外，建立教师思想政治教育工作督察制度。对于教师思想政治工作中存在的问题，依照问题清单、任务清单和责任清单进行跟踪督察改进，及时了解解决问题的进展情况，确保意识形态和教师思想政治教育工作落实见效。

（五）选优配强工作队伍

一方面，坚持正确用人导向，配备的高校领导干部不仅要有担当的责任心，还要有成事的真本领，既要有想干事、真干事的自觉，又要有会干事、干成事的本领。按照忠诚、干净、担当的干部标准选优配强院系领导班子。高校领导干部真正能够把高校教师对美好生活的向往作为奋斗目标,既帮助他们解决生活中的实际问题,又为他们解开思想上的问题,更好地聚民心、强信心、暖人心、筑同心。另一方面,推动高校教师党支部书记普遍成为党建带头人和学术带头人。教师党支部书记带头教育、管理、监督和服务党员教师和普通教师,带领团队进行学术攻关。此外,强化"四个意识"教育培养,把"三严三实"内化于心、外化于行。高校干部队伍既要敢于直面矛盾和问题,又要善于化解矛盾和问题,提高教师思想政治教育工作的说服力和引领力。

三 输送高品质教育资源

(一)把政治建设摆在首位

一方面,我们党要在高校旗帜鲜明讲政治。把增强"四个意识"、坚定"四个自信"、做到"两个维护"作为首要任务,使高校教师始终自觉维护党中央权威和集中统一领导,自觉在思想上政治上行动上同党中央保持高度一致,进一步提高政治站位和政治觉悟。另一方面,强化高校教师的政治担当,竭力恪尽职守,尽心尽力担当作为,履行好党和人民赋予的职责。高校的根本任务是"立德树人",教师有政治担当,就会树立以学生为中心的理念,在课程中融入思政元素,致力于培养德智体美劳全面发展的可靠接班人。此外,要把学习作为政治责任,增强高校教师的政治敏锐性和政治鉴别力。密切关注社会思潮间的互动和交锋,提升高校教师鉴别重大是非的能力。

(二)加强理论武装

一方面,强化马克思主义理论教育。马克思主义始终站在时代前沿,要提高马克思主义理论修养。坚持读原著、坚持学原文、坚持悟原理,坚持系统深入学、坚持充满感情学、坚持针对问题学、坚持付诸实践学、坚持不断跟进学,在深入学习中领会掌握精神实质、核心内容,做到真学真信、真懂真用。另一方面,深入学习习近平新时代中国特色社会主义思想,学会用其立场、观点和方法分析问题、解决问题,进一步增强高校教师的理论认同、思想认同、政治认同、情感认同。习近平新时代中国特色社会主义思想是在当今世界经历新变局的历史条件下形成和发展起来的,是对马克思列宁主义的继承和发展,是对中华优秀传统文化和革命文化、社会主义先进文化的传承和发展。此外,要按照学懂弄通做实的要求,在入脑入心上下功夫,自觉往心里走、往深里走、往实里走,做到了然于胸、运用自如,在武装头脑的同时,能指导实践、推动工作。①

(三) 提升道德素养

一方面,通过教学与研讨积极引导高校教师学习好、领会好、贯彻好、落实好习近平总书记关于"四有好老师""四个引路人""四个相统一"等重要讲话精神,积极打造品质高尚、知识过硬、综合能力较强的教师队伍。另一方面,通过完善职业道德和强化职业认同感引导教师以德施教。按照"教书育人、为人师表"的要求,引导教师在思想上做标杆,在道德上做表率,在行为上做示范,全力培养社会主义的合格建设者和可靠接班人,同时严肃处理有职业道德问题的教师。此外,高校教师要以身作则,在引领与示范中教会学生专心"做事"、踏实"做人",在潜移默化中起到"春风化雨"的作用,以自身道德素养的提升引导学生成长发展。

(四) 注重服务育人

一方面,强化各类组织的服务育人职责,把这一工作记在心里、扛在肩上、抓在手中,增强自觉为广大教师服务好的意识。要进一步加强同教师的联系,更加深入了解教师的生活处境、心理健康和工作状态,紧扣广大教师最现实、最直接、最关心的重大实际问题,找准高校教师思想政治教育工作的着力点和突破口。要坚持以人为本,正向面对教师生活和工作中的困难,千方百计为他们创造发展条件、解决实际困难。②不断满足教师的生存与发展需求,真正重视教师关切,倾听和回应教师亟须,积极疏导教师工作和生活的压力,关注教师的心理健康状况,多层面开展心理疏导。另一方面,尊重教师的主体地位,保障教师的权益,让他们感受到精神的充实感。做到思想上积极引领、政治上充分信任、

---

① 张毅翔、武昉:《论高校思想政治工作方法的评价向度》,《思想政治教育研究》2018年第6期。

② 熊晓梅:《立德铸魂 靶向发力 开辟高校教师思想政治工作新境界》,《中国高等教育》2017年第18期。

生活上关心照顾，不断提升教师的自我实现感。此外，要改善教师的工作条件，提高教师待遇水平，让广大教师共享高校发展成果，安心从教，热心从教。

四 打造高水平服务供给

（一）完善供给的内容

一方面，从培养"政治素质过硬、业务能力精湛、育人水平高超"[①]的高校教师的角度出发，根据教师思想实际来确定供给内容。通过意识形态教育，提高高校教师辨别是非的能力，增强高校教师拒腐防变的能力，坚定马克思主义信仰，思想上坚持正确导向，弘扬正能量。另一方面，要开展中国特色社会主义认同教育，发挥教育对中国特色社会主义制度认同的建构作用，清除当前高校教师之中存在的各种阻抗中国特色社会主义制度认同的制约因素，凝聚中国特色社会主义思想共识，增强中国特色社会主义道路自信、理论自信、制度自信、文化自信。要开展中国梦宣传教育，以增强高校教师的责任感、使命感和奋斗精神为重点，着力引导高校教师深刻认识中国梦，并通过实践载体增强高校教师对中国梦的认同。树立高校教师良好的形象，做到执着于教书育人，有热爱教育的定力、淡泊名利的坚守。[②] 此外，要加强安全法治等知识教育，完善高校教师的知识结构，帮助他们树立法治意识，依法治教，更好地做好立德树人工作。

（二）优化供给的形式

一方面，遵循因事而化的工作规律，丰富接地气的有效载体，提供便捷高效的服务供给。随着教师需求的加深以及新媒体的出现，传统的不联系工作和思想实际的"说教"教育不能适应时代的发展。[③] 开展朋

[①] 刘伟：《深刻领会做好新时代教育工作的根本遵循》，《中国高等教育》2018年第22期。

[②] 陈东琼：《新时代高校青年教师思想政治工作论析》，《思想教育研究》2018年第12期。

[③] 关春兰、梁方正：《自媒体时代高校青年教师思想政治工作探析》，《高教探索》2017年第8期。

辈互学互助活动，进行自主学习交流，更能满足高校教师的内心诉求。开展"教师联谊会""教师沙龙"等教师喜闻乐见的活动，鼓励教师讲出自己的教育故事、抒发师道理解。在工会等活动中为教师之间的良性互动提供支持，让他们广泛交流学习，实现成果分享与资源共享，达到互相劝勉，彼此身体力行。另一方面，大力开展基于教师发展的思想政治教育。根据高校教师事业发展的需要，帮助他们挖掘发展潜力，为他们打造施展才能的平台，使理想信念教育落地生根。此外，引导教师深入广阔的社会，开展体验和实践活动，促进他们深入群众加强学习，培养开放的眼界，激发其带动社会进步的志向和能力，从而实现自我价值。

（三）拓展供给的载体

一方面，用网络的传播力、感染力提升思想政治教育的说服力、影响力。当前，网络已成为高校教师获取信息的重要途径，传统的灌输、宣传和说服话语的环境已发生改变。高校要坚持"受众在哪里，教育的阵地就延伸到哪里"的理念，实现在轻松愉悦的论述中说服人、打动人、感染人、影响人，增加教育的互动性。另一方面，在虚拟网络空间，要善于拓宽学习交流的平台。顺应媒体融合的发展趋势，应活用微博、微信、微视频和移动客户端，提升网络文化建设的新效能。改进说话方式，建立新媒体话语模式，力求在内容深度、接受效度以及传播广度上实现统一，将"大理念、大道理"变成"微行动、微故事"。此外，要加强互联网内容建设，注重正面宣传和正面引导，激发网络空间正能量，提高教育效果。

（四）增强供给的精准性

一方面，将传统工具性教育转向适应性更强的目的性教育。针对高校教师群体个性化、多样化的差异，要与时代发展的步伐相一致，切实增强供给的灵活性。改变供需脱节现象，实施精准化供给，满足高校教师思想政治教育的真实需要。另一方面，充分运用大数据统计分析的优势，及时掌握影响教育成效的因素。通过开展高校教师思想状况调查，对相关数据进行挖掘和分析研判，准确把握高校教师平时的行为习惯和学习方式方法上的需求。精准安排符合高校教师需求的思想政治教育活动，让教师真正融入思想政治教育过程。此外，要通过促进教育服务的精细化，塑造高校教师完整的人格，坚毅的心态，让教师真正体悟思想政治教育的强大生命力。

五 营造向上的校园环境

（一）营造良好的人文环境

一方面，大力培育和践行社会主义核心价值观，为高校教师提供源源不断的精神动力和道德滋养。弘扬时代新风，形成风清气正的校园文化氛围，促进正能量的传播与扩散，拒绝消极落后文化。另一方面，积极构建优秀德育文化场域。大力弘扬中华传统文化的优秀思想精髓，汲取智慧营养，充分发挥优秀文化的感染与渗透作用，以文化人、以文育人，引导广大教师增强主人翁意识。大力弘扬尊师重教的良好风尚，让高校教师成为让人羡慕、受人尊敬的职业。此外，通过挖掘师德典型，开展"典型示范专项行动"，对充满时代感、饱含正能量的先进个人进行宣传，树立一批师德高尚、学生爱戴的榜样人物。发挥榜样的力量和楷模的示范作用，用身边人、身边事教育人、鼓舞人，带动高校教师见贤思齐、积极向上、奋发进取。

（二）营造良好的舆论环境

一方面，营造风清气正的高校政治生态。通过报告会、新媒体等途径，讲好身边优秀教师的故事，调动广大教师的创造性，推动高校内涵式发展。通过打造体现本校特色、反映社会主流、切合时代脉搏的高校舆论软环境，充分发挥舆论软环境的熏陶作用，提升对高校师生的感召力。另一方面，要确保讲堂课堂成为立德树人的重要阵地。加强课堂、讲座、讲坛的管理，严明课堂讲授纪律，严守课堂教学意识形态安全底线和红线。加强文化、访学、科研活动管理，筑牢意识形态领域反渗透斗争的坚强防线。此外，要加强网络舆论引导，营造清朗网络空间。学校要切实加强网络舆论治理，弘扬主旋律、传播正能量。要筑牢教师的思想意识，提高教师的信息甄别能力，避免被网络谣言误导。要重视和加强网络舆情应对工作，引导广大教师理性表达观点，着力培育积极健康的网络文化。

(三) 营造良好的制度环境

一方面,要将师德师风作为第一标准纳入教师素质评价指标体系。高尚的师德师风是高水平教师的第一标准,第一标准应该是高于论文数量、科研经费、教学时数等的更高标准,这个观念的确立需要具体化到教师的考核指标体系中。可以探索将网络正面发声等认定为教师成果,在职务评聘和评奖评优中予以体现,激励教师正面响应,营造有利于弘扬高尚师德的制度环境。另一方面,教育行政主管部门考核高校时要力戒"重业务、轻思想"的顽疾。要将教师思想政治教育工作作为有关领导干部奖惩任免的重要依据,作为高校"双一流"建设的硬指标。此外,要完善高校内部治理结构,建设现代学校制度。通过完善教师准入和退出机制,深化教师聘任制度改革,加强聘后服务,发挥教师在办学治校中的作用。

总之,加强高校教师思想政治工作,应当从实际情况与问题出发,坚守立德树人根本任务,以落实教师发展保障制度、建立高效的工作体系、输送高品质教育资源、打造高水平服务供给、营造向上的校园环境为抓手,推动教师素质的整体提高。

结　　语

　　高校教师的思想政治教育工作是一个综合性很强的系统工程，需要全社会共同来关注，更需要广大教育工作者不断研究和努力。做好新时代高校教师思想政治工作需要在把握基本规律的基础上找准问题，不断加强工作组织力，激发政治引领力、制度约束力、榜样带动力，培育自我驱动力，实现高校教师思想政治工作内生动力的持续生成和有效传导。加强高校教师思想政治工作既要靠教育引导，也要靠纪律与制度约束，高校要正确引导教师将生命融入学校发展与教育事业中，在实践中使高校教师思想政治工作效果得以不断提升。

参考文献

一 经典文献

《马克思恩格斯全集》第 1—2 卷，人民出版社 1995 年版。
《马克思恩格斯选集》第 1 卷，人民出版社 1972 年版；第 1 卷、第 4 卷，人民出版社 1995 年版。
《马克思主义经典著作选读》，人民出版社 1999 年版。
《列宁选集》第 1 卷、第 4 卷，人民出版社 1972 年版；第 1 卷、第 4 卷，人民出版社 1995 年版。
《列宁全集》第 1 卷，人民出版社 2013 年版。
《斯大林全集》第 13 卷，人民出版社 1972 年版。
《斯大林文选》上册，人民出版社 1962 年版。
《毛泽东文集》第 6 卷、第 7 卷，人民出版社 1999 年版。
《毛泽东选集》第 1—3 卷，人民出版社 1991 年版。
《刘少奇选集》下卷，人民出版社 1985 年版。
《邓小平文集（一九四九———一九七四年）》（上），人民出版社 2014 年版。
《邓小平文选》第 2 卷，人民出版社 1994 年版。
《江泽民文选》第 1—3 卷，人民出版社 2006 年版。
《胡锦涛文选》第 1—3 卷，人民出版社 2016 年版。
《习近平谈治国理政》第 2 卷，外文出版社 2017 年版。

二 中文专著

陈万柏、张耀灿：《思想政治教育学原理》，高等教育出版社 2007 年版。

《党的十六大报告辅导读本》，人民出版社 2002 年版。

《道德经》，作家出版社 2016 年版。

改革开放以来的教育发展历史性成就和基本经验研究课题组：《改革开放 30 年中国教育重大历史事件》，教育科学出版社 2008 年版。

《构建社会主义和谐社会学习读本》编写组：《构建社会主义和谐社会学习读本》，中共党史出版社 2005 年版。

胡锦涛：《高举中国特色社会主义伟大旗帜 为夺取全面建设小康社会新胜利而奋斗——在中国共产党第十七次全国代表大会上的报告》，人民出版社 2007 年版。

江泽民：《论"三个代表"》，中央文献出版社 2001 年版。

《江泽民论有中国特色社会主义》，中央文献出版社 2002 年版。

中共中央文献研究室：《科学发展观重要论述摘编》，中央文献出版社 2008 年版。

《礼记》，辽宁教育出版社 1997 年版。

李传华：《中国思想政治工作全书》上卷，中国人民大学出版社 1990 年版。

《列宁专题文集·论无产阶级专政》，人民出版社 2009 年版。

林樟杰：《高等学校教育工作新认知》，上海教育出版社 2009 年版。

《毛泽东邓小平江泽民论青少年和青少年工作》，中央文献出版社 2003 年版。

《诗经》，北京联合出版公司 2015 年版。

《四书五经》，辽海出版社 2019 年版。

王树荫、王炎：《新中国思想政治教育史纲（1949—2009）》，人民出版社 2010 年版。

熊建生：《思想政治教育内容结构论》，中国社会科学出版社 2012 年版。

余源培、吴晓明：《马克思主义哲学经典文本导读》上卷，高等教育出版社 2011 年版。

中共中央宣传部：《社会主义核心价值体系学习读本》，学习出版社 2009 年版。

《中国共产党历史（1949—1978）》第 2 卷（上），中共党史出版社 2011

年版。

《中国教育年鉴（1949—1981）》，中国大百科全书出版社 1984 年版。

三　期刊论文

曹元：《新时期高校青年教师思想政治工作长效机制建构谫论》，《江苏高教》2019 年第 2 期。

畅宏达、赵培举：《关于新时期高校青年教师思想政治教育的思考》，《佳木斯大学社会科学学报》2019 年第 4 期。

陈东琼、宁秋娅：《新时代高校青年教师思想政治工作要有新作为》，《中国高等教育》2019 年第 1 期。

陈东琼：《新时代高校青年教师思想政治工作论析》，《思想教育研究》2018 年第 12 期。

陈加友：《新时期高校教师思想政治状况调查研究》，《教育教学论坛》2014 年第 4 期。

陈霄：《高校教师的思想政治工作怎么做》，《人民论坛》2017 年第 34 期。

程奎、严蔚刚：《提升高校教师思想政治素质：意义、标准和路径》，《黑龙江高教研究》2019 年第 1 期。

程奎、严蔚刚：《习近平高校教师思想政治工作思想探析》，《现代教育管理》2018 年第 2 期。

戴毅斌、刘雪姣、曾旗：《提升高校教师思想政治工作有效性的策略研究》，《黄冈师范学院学报》2021 年第 4 期。

范猛、许玉乾：《高校青年教师思想政治工作的时代嬗变及优化路径》，《国家教育行政学院学报》2015 年第 3 期。

冯利伟、马凤婷、王丽华：《师德建设视域下高校青年教师思想政治动态及应对策略研究》，《思想理论教育导刊》2019 年第 5 期。

伏姜：《高校青年教师思想政治工作创新机制研究》，《南京理工大学学报》（社会科学版）2021 年第 3 期。

高金玲：《高校青年教师思想政治教育创新研究》，《管理观察》2019 年第 22 期。

关春兰、梁方正:《自媒体时代高校青年教师思想政治工作探析》,《高教探索》2017年第8期。

郝勇:《新时代高校教师意识形态能力建设论析》,《学校党建与思想教育》2019年第14期。

何祥林、吴长锦:《高校青年教师思想政治工作现状与对策思考——基于6所高校的实证调研》,《思想教育研究》2016年第1期。

何祥林:《新时期高校青年教师思想政治教育创新发展》,《中国高等教育》2017年第1期。

侯连涛:《深化高校教师思想政治工作 全面提升师德师风建设水平》,《山东教育》2021年第9期。

侯锡铭:《论新时代高校青年教师思想政治工作》,《中国青年社会科学》2018年第3期。

纪朝彬:《新时代加强高校教师意识形态教育工作的思考》,《菏泽学院学报》2018年第3期。

贾玉叶、王慧娴、何翠屏:《高校青年教师思想政治教育工作新机制的构建》,《滁州学院学报》2019年第3期。

靳国庆、李人杰、王凯:《新时代高校教师思想政治素质考核评价指标体系的构建》,《中国高等教育》2019年第17期。

康秀云、郄厚军:《新中国70年高校教师思想政治工作的历程与经验》,《贵州省党校学报》2019年第6期。

蓝晓霞、张安梅:《加强高校思政工作重在提高青年教师思想政治素质》,《思想教育研究》2016年第12期。

李怀杰等:《大数据时代高校思想政治教育模式创新探究》,《思想教育研究》2015年第5期。

李辉、光焕竹:《关于构建高校教师思想政治工作长效机制的思考》,《思想理论教育》2018年第7期。

李敏:《基于"六个着力点"的高校师德师风建设》,《西部素质教育》2019年第13期。

李敏、颜吾佴:《高校青年教师思想政治教育的现状及对策——基于北京部分高校的调查研究》,《学校党建与思想教育》2020年第3期。

李瑞德：《当前高校教师思想政治工作中的深层次矛盾及应对策略》，《思想教育研究》2018年第7期。

李钰艳：《加强新时期高校教师思想政治工作的思考——以福建省H大学为例》，《福建医科大学学报》2018年第1期。

林长兴：《对新时期加强民办高校党组织建设的思考》，《教育探索》2013年第6期。

林长兴：《理工高校"1+X"微学分素质教育课程模式探析》，《高等工程教育研究》2014年第3期。

林长兴、刘海红：《民办高校"五位一体"基层党建工作机制探索》，《探索》2017年第1期。

林长兴：《试析高校学生参与管理的问题与对策》，《高教探索》2014年第2期。

林长兴：《外资企业党建工作体制机制创新发展的实证研究——基于浙江宁波社会调查的理论分析》，《探索》2014年第1期。

林长兴、熊红斌：《民办高校党组织发挥政治核心作用的内在要求和实践方略》，《理论导刊》2017年第5期。

刘建军、张苗苗：《高校教师思想政治工作：意义、原则和方法》，《思想理论教育》2018年第7期。

刘莉、林长兴：《民办高校党组织功能定位与作用发挥研究》，《理论导刊》2013年第10期。

刘里卿：《运用新媒体开展高校教师思想政治工作探析》，《河北广播电视大学学报》2021年第6期。

刘丽颖、左双双：《习近平关于高校教师思想政治工作重要论述研究》，《辽宁师范大学学报》2020年第1期。

刘武根、屠永永：《论新时代增强高校教师思想政治工作实效性的途径》，《思想理论教育导刊》2019年第10期。

刘洋：《运用大数据提升高校思想政治理论课教学实效的反思》，《思想理论教育》2021年第11期。

骆郁廷：《论高校党组织思想政治工作的主体责任》，《思想理论教育》2017年第3期。

马俊、王长华：《新时代高校教师思想政治工作的内涵、特征和优化路径——学习习近平关于高校教师思想政治工作的重要论述》，《社会主义研究》2018年第6期。

马欣、仝泽民：《新时期加强高校青年教师思想政治工作的路径》，《东华大学学报》2018年第4期。

牛凤燕：《新媒体时代大学生思想政治教育话语的现代转换》，《社会科学战线》2018年第12期。

乔力广：《高校青年教师网络思想政治教育研究》，硕士学位论文，西南石油大学，2014年。

史秋衡等：《立德树人的历史责任与路径设计》，《中国高等教育》2018年第24期。

宋晓松：《高校教师思想政治教育研究》，《牡丹江师范学院学报》（哲学社会科学版）2016年第4期。

孙若梅、薛蜜：《加强和改进高校教师思想政治工作的对策研究》，《智库时代》2018年第31期。

万金城：《高校党委教师工作部的运作与功能定位》，《思想理论教育》2018年第7期。

王蓓金、马骁：《当前高校教师思想政治工作中存在的问题与对策研究初探》，《黑龙江教育》2021年第2期。

王迪钊：《新时代下高校青年教师思想政治状况分析研究》，《华北电力大学学报》（社会科学版）2018年第4期。

王芳：《新时期如何做好高校青年教师的思政工作》，《文学教育》2019年第10期。

王静、王志军：《高校创业教育支持体系建设》，《高教发展与评估》2023年第1期。

王帅：《供给侧视域下思想政治教育获得感的缘起、逻辑生成与构筑》，《江苏高教》2018年第7期。

王志军：《基于产教融合的高校创业教育实践平台建设研究》，《黑龙江高教研究》2022第10期。

王志军：《应用技术型大学教师发展的实践路径——基于博耶的"多域

学术观"》,《高等工程教育研究》2015 年第 3 期。

吴华琳:《关于提高地方高校专任教师综合素质的思考》,《闽南师范大学学报》2019 年第 2 期。

郗厚军、康秀云:《习近平总书记关于高校教师思想政治工作论述的理论意涵、主要内容及基本特质》,《思想理论教育》2018 年第 12 期。

《习近平关于高校教师思想政治工作的重要论述》,《社会主义研究》2018 年第 3 期。

夏吉莉、白显良:《加强高校教师思想政治工作的几点思考》,《学校党建与思想教育》2018 年第 17 期。

夏建国等:《关于新媒体时代高校教师政治理论学习模式创新的研究综述及启示》,《思想政治课研究》2016 年第 1 期。

熊红斌:《浙江精神融入当地高校教师思想政治工作的特殊意义及有效路径》,《时代教育》2022 年第 33 期。

熊晓梅:《立德铸魂 靶向发力 开辟高校教师思想政治工作新境界》,《中国高等教育》2017 年第 18 期。

徐成芳、张艳宏:《当前高校青年教师思想政治教育的挑战及应对》,《吉林化工学院学报》2013 年第 2 期。

徐洁:《新时期如何加强高校海归教师的思想政治教育》,《文教资料》2019 年第 23 期。

徐振剑:《新形势下加强高校教师思想政治教育工作的思考》,《思想理论教育导刊》2017 年第 8 期。

颜先卓、王志军:《高校创业教育的认知偏差》,《高等工程教育研究》2018 年第 4 期。

杨洁、朱炎军:《高校青年教师思想政治发展现状研究》,《学校党建与思想教育》2019 年第 18 期。

姚则会:《新时代提升高校青年教师思想政治工作实效性的思考》,《教育评论》2021 年第 9 期。

冶治玲、王志军:《基于最优演化策略的社交网络舆情传播控制方法》,《系统科学与数学》2022 年第 6 期。

尹喜、韩弘峰:《增强高校青年教师思想政治教育工作的实效性探析》,

《思想教育研究》2013年第11期。

尤玉军:《中国特色社会主义认同视域中的高校青年教师思想政治工作创新》,《思想教育研究》2013年第11期。

张地珂、喻芒清、刘国华:《新形势下高校青年教师思想政治工作的困境与对策》,《学校党建与思想教育》2017年第23期。

张海赴:《思想政治工作必须坚持马克思主义的灌输论》,《沈阳师范大学学报》1990年第1期。

张苗苗:《习近平关于教书育人的重要命题》,《思想教育研究》2019年第4期。

张彤芳:《深入开展高校教师思想政治教育》,《中国高等教育》2017年第18期。

张武装:《高校青年教师思想政治教育话语的有效性探析》,《湘潭大学学报》2018年第5期。

张彦:《激活新时代高校教师思想政治工作内生动力》,《国家教育行政学院学报》2020年第3期。

张扬:《高校教师思想政治工作亟待加强》,《求是》2002年第6期。

赵明炬:《新媒介文化影响高校思想政治教育接受机制探析》,《黑龙江高教研究》2015年第4期。

赵庆寺:《高校党委教师工作部的制度逻辑与实践策略》,《思想理论教育》2018年第12期。

赵琼:《高校青年教师思想政治素质问题研究》,硕士学位论文,中北大学,2016年。

赵晓旭:《新时代高校青年教师思想政治素养的研究》,《科教文汇》2019年第7期。

赵阳子:《高校党委教师工作部建设:职能发挥探赜》,《思想理论教育》2019年第2期。

中共教育部党组:《努力培养造就堪当民族复兴大任的大国良师》,《求是》2018年第4期。

朱光好、闫东:《高校青年教师思想政治工作体制机制研究——以北京市高校为例》,《思想教育研究》2015年第6期。

四 学位论文

陈琳:《高校教师思想政治教育角色定位研究》,硕士学位论文,南京林业大学,2016 年。

龚正虹:《新时代高校青年教师思想政治工作研究》,硕士学位论文,江西财经大学,2019 年。

郝文斌:《高校教师思想政治工作实证研究——以黑龙江 75 所高校为例》,博士学位论文,哈尔滨师范大学,2010 年。

刘忠艳:《高校教师思想政治道德素质模型构建及实施策略研究》,硕士学位论文,西南大学,2014 年。

马金凤:《高校青年教师思想政治工作对策研究》,硕士学位论文,大连理工大学,2015 年。

孙云龙:《高校青年教师思想政治素质培养研究》,硕士学位论文,沈阳航空航天大学,2017 年。

王丽:《高校青年教师思想政治素质现状及对策》,硕士学位论文,河北师范大学,2014 年。

张静:《当代社会思潮对高校青年教师思想的影响及对策研究》,博士学位论文,华中师范大学,2016 年。

张艳:《高校教师思想政治教育研究》,博士学位论文,西南大学,2013 年。

周涛:《高校青年教师思想政治工作的现状及对策研究》,硕士学位论文,重庆工商大学,2012 年。

五 报纸文章

陈宝生:《切实推动高校思想政治工作创新发展——深入学习贯彻习近平总书记教育工作重要讲话精神》,《光明日报》2017 年 8 月 4 日第 11 版。

习近平:《在北京大学师生座谈会上的讲话》,《人民日报》2018 年 5 月 3 日第 2 版。

《习近平在北京市八一学校考察时强调:全面贯彻落实党的教育方针努力

把我国基础教育越办越好》,《人民日报》2016年9月10日第1版。

《习近平在第二十次全国高等学校党的建设工作会议上的讲话》,《人民日报》2012年1月5日第1版。

习近平:《在庆祝中国共产党成立95周年大会上的讲话》,《人民日报》2016年7月2日第2版。

张烁:《用新时代中国特色社会主义思想铸魂育人贯彻党的教育方针落实立德树人根本任务》,《人民日报》2019年3月19日第1版。

后 记

看到这本凝聚自己 15 年高校思政工作体悟的《高校教师思想政治教育研究》，就要与诸位同仁们见面了，照例草撰几笔，以飨读者。

作为一个长期在高校思政工作岗位战线奋斗的老兵，深感高校教师思想政治工作的重要性和艰巨性。15 年来，在此岗位上，克勤克己，如履薄冰，同时收获了许多经验体会和心灵感动。我常怀一个梦想，希望有一天，高校教师都能真正成为学生的良师益友。我想，高校要做到这一点，是离不开党的正确有力领导，离不开思想政治教育工作的洗礼和锤炼的。这也是我一直关注高校思想政治教育研究，并撰写本书的初衷所在。2018 年，作为课题负责人，有幸承担了浙江省哲学社会科学规划高校思想政治工作专项课题"讲好浙江故事：浙江精神融入高校教师思政工作研究"项目；2020 年作为课题负责人，有幸承担了教育部人文社会科学研究专项任务项目（高校辅导员研究）"新时代劳模精神融入大学生劳动教育的路径研究"。这既让我感到高兴，也使我倍感责任重大。以后的许多日日夜夜，都贡献给了书稿的撰写。可以说，这本书成了我日常工作外的核心和主旋律。寒来暑往，数易其稿，此中甘苦，也成了最好的收获和纪念。

需要指出的是，这本书是课题组共同努力的成果。同时，要感谢吴勇、张海峰诸位同仁，为本书撰写提供材料和帮助；感谢蒋天颖副校长，帮助审阅修改稿件，并提出宝贵建议。

本书的出版也得到了中国社会科学出版社的大力支持，在此一并向他们致以诚挚的谢意！

熊红斌

2022 年 4 月 5 日